NAN FANG YU YAN XUE

南方语言学

广东省普通高校人文社会科学重点研究基地暨南大学汉语方言研究中心

本书出版获得广东省高水平大学建设经费资助

甘于恩　主编

第十辑

中国出版集团

世界图书出版公司

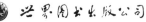

图书在版编目(CIP)数据

南方语言学. 第十辑/甘于恩主编. —广州:世界
图书出版广东有限公司,2016.5
ISBN 978-7-5192-1373-2

Ⅰ.①南… Ⅱ.①甘… Ⅲ.①汉语方言—方言
研究—丛刊 Ⅳ.①H17-55

中国版本图书馆CIP数据核字(2016)第115308号

南方语言学(第十辑)

责任编辑:魏志华
出版发行:世界图书出版广东有限公司
　　　　　(广州市新港西路大江冲25号　邮编:510300)
电　　话:(020)84451969　84453623　84184026　84459579
http://www.gdst.com.cn　E-mail:pub@gdst.com.cn
经　　销:各地新华书店
印　　刷:广州市怡升印刷有限公司
版　　次:2016年5月第1版
印　　次:2016年5月第1次印刷
开　　本:889mm×1194mm　1/16
字　　数:360千
印　　张:12.75
ISBN 978-7-5192-1373-2/H·1057
定　　价:42.00元

目 录

Table of Content

Research on Language Application

Chinese History

Comments

Ph.D. Dissertation Abstracts

A Complete List of No.1-9 of South China Linguistics

Postscript

关于编写《苏州方言语法》的几个问题①

谢自立¹ 刘丹青² 石汝杰³

（1.中国人民大学；2.中国社会科学院语言研究所；3.日本熊本学园大学, shiruj_pro@hotmail.com）

【提 要】汉语方言的研究，语法是一个亟需重视的方面。本文重点讨论苏州方言语法研究的课题，提倡编写一部详细分析方言虚词的语法书。论文讨论了方言语法研究的现状，认为全面地逐个描写一个方言的虚词能系统地反映其语法特点，如果各大方言都这么做，将大大推动汉语研究的发展。并讨论了编写这样的方言语法书的目的、方法和具体措施。

【关键词】方言语法 苏州方言 方言虚词

一

近年来，汉语方言学出现了新的繁荣。从过去的只重语音，变成语音、词汇、语法并重；同时，现代汉语语法学也更加重视对方言材料的研究。不过，现有的方言语法研究大多是个别现象的描写，这是很不够的。汉语各大方言之间差异很大。其中语法差异虽然比语音、词汇差异小，但毕竟明显存在，并且体现在构词法、构形法、语法范畴、词类、虚词、句法结构、复句、语气表达等所有这些层级上，从而使差异带有某种体系性。体系性的差异需要体系性的描写。目前已有的大量方言音系记录和不少方言词汇集及方言词典都属于体系性的描写，相比之下，方言语法的研究要薄弱得多。因此，体系性的方言语法描写已经是摆在我们面前的一项紧迫任务。

在目前情况下，要编写一部详尽描写方言语法的系统性的著作确有诸多困难。由于语法比语音、词汇抽象，因此，难以通过几次调查把语法规律概括得很全面。现在一般的做法是，根据一些常见的语法手段和建立在普通话基础上的若干条语法例句来找方言的对应现象，这样做常常会局限于语法例句，甚至找不到适当的对应现象，而把真正有特色的现象遗漏了，因为差异不只是语法形式的或语法意义的，还有两者结合的差异。可以设想，以找对应为基础写成的方言语法书，跟普通话语法书的"同"大大盖过"异"，价值也就不高了。如果有了深入的调查，掌握了大量材料，在编写时也较难处理与普通话同的部分，收之则差异淹没在一致中，不收则不成体系。

---

① 本文为提交全国汉语方言学会第四届学术研讨会（1987年9月，北京）的论文，这一次由石汝杰修改润色后发表。论文写作的时间已经过去近30年，这一时期中，汉语方言语法的研究有了突飞猛进的进步，也出现了大量研究成果，与本文提到的当时"现状"有相当的不同了。但是，迄今还没有出现本文提倡的那种形式的著作。这也是本文值得发表的意义所在。为了保持原作的面貌，也作为对谢自立老师（1934—2010）的纪念，这里不作大的改动。

我们设想，作为解决这种困难的一个可取办法是：在重点描述一个方言和普通话的相异之处的同时，罗列该方言的各种虚词，一个个地详细描写，把对语法面貌的重点勾勒和对虚词的词典式的描写结合起来。汉语基本上是一种分析语，虚词在语法中的作用很重要，又比较好把握，便于成为调查和研究的下手处，从深入剖析一个个虚词着手比较容易达到对整个语法系统的全面了解和认识。赵元任先生曾认为，汉语方言间的语法差别差不多就是虚词的的差别（赵元任1928：118，1979：12），这虽然是极而言之，但是，在虚词运用上，各方言的特点表现得更明显一些，这却是事实。如果适当放宽收词范围，描写得全面细致一些，再加上一个语法体系简述，就能大致勾勒出方言语法特点的全貌，又不会有同淹没异或不成系统的弊病。

按照这种设想，我们正在编写一部新型的《苏州方言语法》[①]。从苏州话开始这项工作是很有意义的。吴语是北方话以外的第一大方言。在地理和语言类型上又介于北方话和闽、粤等南方方言之间，苏州话则是吴语（至少是北部吴语）的代表。跟其他非官话方言相比，除了编者自己的口语和实地收集外，苏州方言在材料上也有较多的有利条件。首先，有一些较忠实地反映口语实际的书面材料，便于进行"书斋工作"，先据现成材料整理出条目及规律条例，然后仔细核对和补充，这样做效率显然比凭空构想或凭空调查要高。其次，有大量评弹（弹词和评话）录音材料，其中很多都体现了现代苏州方言的实际，其内容涉及日常生活和社会环境等多方面，并且有大量对话（"白"）及叙述性语言（"表"）的运用。一般情况下，"田野工作"和"内省"式研究都不易得到这么丰富的成段话语素材。

其他外语的方言研究，似乎不见（大概也不必）以系统描写虚词的方式来表现一个方言语法面貌的情况，因为它们跟汉语不一样；国内目前也同样没有看到过这方面的详细讨论。这里，我们把自己的想法和做法摆出来。在具体介绍这本书的编写工作以前，先一般地探讨一下汉语方言虚词研究的作用，因为我们的编写工作就是围绕着怎样充分发挥这些作用而展开的。

二

全面地逐个描写方言虚词能既系统又集中地反映方言语法特点，因此，能对语言研究和其他一些方面起到多种作用。如果汉语的主要大方言都能这么做，都有这么一本书，相信将大大推动我们的汉语研究向前发展。

（一）有利于全面认识方言语法实际

通过从方言出发进行的详细深入的描写，能够看出方言语法的真实情况，并消除从普通话出发找对应造成的某些误解。比如：苏州话的"笃"[to?⁵]，常被人认为相当于普通话的"们"。其实，详细的描写可以表明，苏州方言并没有复数后缀，除了在"唔笃"（你们）、"俚笃"（他们）这两个词中兼表复数外，"笃"在其他地方只表示集合、集体等意义。接在一部分普通指人名词后，表示某一类人的集合，如"朋友笃"，前面一般不能加领属定语；接在专有名词后表示某人所在的一个集体，如"王强笃"（王

① 这里提到的《苏州方言语法》，是1985年前后，由刘丹青倡议并提出详细计划、谢自立老师牵头进行的一项共同研究，参加者除了这里的三人以外，还有汪平、张家茂两位。这些活动及互相交流，主要是以通信的方式进行的，也曾利用谢老师回苏州探亲的机会在苏州碰头。在多次通信、面谈以后，形成了体例和写作规范，也做了具体分工。本文是这一过程中写成的。本书已经基本完成，因为种种原因拖延至今，尚未正式出版。目前，已经发表的成果有：五人联合署名的《苏州方言里的语缀》，分两段发表在《方言》1989年第2、3期；谢、刘两人署名的《苏州方言变形形容词研究》（《中国语言学报》第5期，1995年）。

强他们、王强一家）。普通话的"王强的朋友们"、"同志们，你们好"，这些"们"都不能简单地用"笃"来对应。相反，"笃"的许多用法也不能直接"翻译"成"们"，如"到王强笃去"（到王强家去），"王强笃家小"（王强的老婆）。更重要的是，通过对一个个具体虚词的比较，能够比单个词的解释更清楚、更系统地反映语法实际。比如，有人根据"王强笃家小"、"王强笃爷"（王强的父亲）、"王强笃厂里"（王强的厂里），认为"笃"有时是结构助词，相当于"的"。我们比较"笃"和"葛"（的），就可以发现，"笃"能连接的领属定语和中心语的适用面很窄。而且用了"笃"还都能再加"葛"，如"王强笃葛家小"。实际上，当中心语是表示隶属关系和其他社会关系、单位团体时，苏州话就要求作领属定语的名词代词后加"笃"，这时"葛"（的）可用可不用，"笃"虽然起了一点结构助词的作用，但实际上仍属表集体的后缀，即使有了"葛"也往往不能删去。

（二）有利于普通话语法的研究

方言是同一语言（汉语）的地域变体，跟普通话当有许多共同之处。而普通话的有些语法现象，在方言中表现得更加清楚，因此，详细研究方言的虚词对普通话语法的研究也会有不少启发。

日本学者木村英树（1983）指出，普通话中的语尾"着"[tʂə]应是两个，一个是进行体语尾，一个是表示持续的补语性语尾。试证之以方言。在北京话以外的好多方言中，表示持续的"着"也可以改用"了"而意义不变。如"墙上挂着（/了）一幅画"、"骑着（/了）马找马"，表示进行的"着"就不能换成"了"，如"他正写着字"。在苏州话中，区别更加明显。因为没有专用来表进行体的助词，是用其他手段表示的，如使用相当于"着"的"勒海"；而持续体则有一部分可以用表示完成体的"仔"来兼表，如"墙头浪挂仔一幅画"、"骑仔马寻马"。这个"仔"正相当于不少北方方言中的"了"。上述情况表明，在汉语中，持续体跟完成体比较接近，因为持续状态可以看作是由一个动作（如"挂"）完成以后所留下的状态（挂着画），而离进行体反而较远；即使它们在北方话中用了同一个[tʂə]，但还是呈现出木村氏所指出的那许多对立。

赵元任先生在《中国话的文法》中，大大扩展了主语的范围，包括传统上的：（1）主语；（2）句首时地状语；（3）偏正复句中的偏句。假如把他的主语理解为动态的语用结构的话题，而不一定是静态的语法结构的主语，那么这样划定主语的范围也不无理由。在苏州方言中，提顿助词的出现频率极高，提顿助词的语法位置主要有三，即传统上的：（1）主语后，如"我是，吃勿落哉"（我可吃不下啦）；（2）某些状语，尤其是句首时地状语后，如"明朝是，我勿去哉"（明天，我不去了）；（3）偏正复句的偏句后，如"倷去是，我勿去哉"（你去的话，我不去了）。这大致就是赵元任先生的"主语"后的位置。而且，一个提顿助词用于这三种位置，表达的语法意义明显一致。可见，这三种成分确有某种共同性，因而在苏州话中都能用提顿助词来标明其话题地位。

（三）有利于汉语史的研究

对汉语方言虚词的详细研究肯定能为汉语语法史的研究提供极丰富的活材料、活证据，就跟方言音系和方言词汇分别对汉语语音史和词汇史所起的作用一样。后两者已经做出了很大的贡献，而前者则还望尘莫及，亟待加强。

最明显的是方言虚词保存了历代汉语的成分，如苏州话的"为兹"（因此）、沙洲县（今改名张家港）境内常熟话的"是故"（所以）、太仓话的"饶"（再、任）、常州话的[tia]（哪、何。源于"底"）、吴江话的"者"（……的话），从中还可以看到古代某些语法现象在现代的发展和分化。元曲中常用"得来"作连接结果、程度补语的助词，如"学得来一天星斗焕文章"（元王实甫《西厢记》第二本第一折）、"醉的来似端不杀的老鼠一般"（元康进之《李逵负荆》第二折）。这个"得来"在吴语许多方言中还保存着，如苏州话的"响得来人也吓得杀"、"恨得来要命"（"得来"也可以弱读为"得勒"）。有些方言中还只用一个"来"，如川沙话"好来邪"（好得很）、吴江话"跑来快"。由于"得来"、"来"常用于连接表程度的补语，因而发展出语气词的用法，直接表程度，如苏州话"好得来"、"响得啦"（啦＝来＋啊），上海话"好来"，川沙话"便宜来"等等。

有些方言虚词未必与古汉语有什么联系，而其用法却能为汉语史研究提供不少启发，这或许是更加宝贵的材料。比如，管燮初曾认为甲骨文中有一个连词"叀"；侯镜旭（1982）指出，"叀"虽然用在两个并列成分之间，其实是一个起停顿作用的语气词。两种说法其实不一定矛盾。在苏州话中，最常用的连接并列成分的助词是"勒"，如"老张勒老王"、"跳勒跑"，这个"勒"跟提顿助词"勒"有明显联系，后者在苏州话中有多种作用，其中之一是用在几个并列的成分后，如"老张勒，老王勒"、"跳勒，跑勒"。作为起连接作用的助词，"勒"靠前读，跟前一成分组成一个连读组，不能靠后读，这跟普通话的"和"、苏州话的"搭"（和）完全不同，显示了提顿助词的本色。可见，提顿助词有连接作用是极其自然的。甲骨文的"叀"正是这种情况。再比如，吴江话内部的语音和词汇都比较一致，但人称代词的形式却异常纷纭，县内七个大镇，几乎镇镇不同，同一个镇的同一个代词又可能有几个变体，使词形达数十个之多。由此看来，上古汉语人称代词的繁复也就不足为怪了。而北方话的"我、你、他"可以从哈尔滨管到昆明，难怪有人对这种繁复的真实性产生怀疑。

（四）有利于其他方言的研究

方言之间的语法差异往往多而细微，研究者往往有难以下手之感。现在，已经有《现代汉语八百词》这样的以虚词为主、描写详尽的语法词典，为调查研究方言语法提供了许多方便，要是再增添几部类型相仿的书，相信能起到更大的参考作用。

在同一大方言区内，这种作用就更加明显。有了对苏州方言虚词的详细描写，至少在吴语区北部各地不难看出：哪些是相同的，如结构助词"葛"（的）在各地普遍存在；哪些是对应的，如上海的"拉"、无锡的"里"、常州的"家"，都大致对应于苏州的后缀"笃"；哪些是出入较大的，比如苏州话用"仔"的，无锡话要分别"则"［tsəʔ⁵］和"着"［zɑʔ²³］，"吃仔再走"要说"吃则再走"，"街浪（上）走仔一趟"要说"街酿走着一趟"。在这样一本苏州方言语法的基础上，再编一本各地方言虚词的比较词典，就可以在不很大的篇幅中把许多吴语方言点的语法实际反映出来。

（五）有利于发现汉语特点，丰富语言学理论

由于这本书以系统反映方言语法为宗旨，因此能通过它看出汉语语法的某些特点，并以此丰富语言学理论。比如：我们在苏州话中收集到了比一般设想要多一些的形态成分，这些形态成分在形式上和语法作用方面都很不同于西方语言的形态。有的构形成分必须跟重叠手段配合，如："法、勒"可以构成动词的重叠形式，以表示动作的重复和轻量，"A法A法"（飘法飘法）、"A勒A"（飘勒飘），但不能光说"A法"、"A勒"。形态的运用往往跟形象性、生动性、表情性有关，而缺少抽象的语法范畴。因而这些形式并不改变分析语的基本性质，但又确实只能看作形态现象，而不是句法现象。主要基于西方语言的

传统形态学和主要基于北方话，特别是书面语的汉语语法学对此都重视不够。另外，可以看到，在中国南方和东南亚的许多语言中都有类似现象，而中国的北方话里则少得多。因此，深入挖掘这些现象，对汉藏语系的比较、对语言类型学和语言地理学都有重要意义。

除了语言学方面的价值外，详细描写方言虚词还有其他一些作用：可以为注释古代文献，特别是中近古和近代的地方性或民间文献提供一些材料；可以为外地人学习方言、听懂方言服务；可以帮助文艺工作者准确搜集、记录和整理民间文艺。由于虚词数量少而使用频率高，可以在必要时帮助测定一个人的籍贯，也可以为鉴定佚名著作的作者及其方言提供一些参考。

三

本节介绍《苏州方言语法》的编写原则和具体做法。

（一）全书框架

本书分为音系介绍、语法概述、用法研究三部分。

音系介绍为读者提供苏州方言音系（声韵调）、连读变调和文白异读的基本情况。

语法概述，以相当的篇幅从形态、词类、句法结构、句子等方面描述了苏州方言语法的概貌，其中又着重提出与普通话不同的侧面加以详细讨论。这样，读者对苏州话的语法特点能有深入的了解，同时又能看到其语法结构的全貌。

第三部分用法研究，即本书的重点所在。在这一部分内，对一个个虚词的意义、用法进行详尽的描写，这种做法与《现代汉语八百词》有相同之处。这些虚词按词类分章编排，每章内按需要适当分节。最后两章为名量配合表和形容词的生动形式表，这一部分的具体编写原则和方法详见下文。

为读者阅读方便，书末还附有本书所用方言实词索引和本书所收虚词条目索引等。

（二）用法研究部分的详细介绍

1. 虚词的范围

对"虚词"采取传统的宽泛理解，包括狭义虚词、虚化中的实词、封闭性强（其成员可列举）的实词，有构词构形作用的虚语素或虚化语素。分类从细，使标注的词性有较大的信息量。本书把它们分为28个类别（同音词、同形词均分立条目）：

（1）表示相对时点的时间名词，如：今朝（今天）、开年（明年）。

（2）可以后附的表方位的名词，如：里向（里面），当中。此外有不独立使用、只能后附的，如：浪（上）。

（3）系词，如：是、赛过（像、等于）。

（4）存现动词，如：有、勒（在）。

（5）助动词，如：有得（能够、得以）、高兴（愿意）。

（6）只能或可以作补语的趋向动词，如：出来（想出来）、得来（拿得来）。

（7）指别词，如：哀/该（这）、弯/归（那）。

（8）代词，如：俚（他）、啥（什么）。

（9）特殊量词，如：星（些。前面可以用指别词、不能用"一"以外的数词）

（10）副词，如：总归（反正、终究）、侪（全、都）。

（11）发问词，如：阿（阿去：去不去，去吗）。

（12）介词，如：拨（给、被）、望（朝、向）。

（13）连词，包括关联词语，如：搭（和）、但不过。

（14）结构助词，如：葛（的）、得来（得）。

（15）连接助词，如：勒（刀勒枪：刀和枪）。

（16）时态助词，如：仔（了₁）、歇/歇过（过）。

（17）语气助词，如：哉/啧（了₂）。

（18）提顿助词，如：末、是。

（19）上述16—18四类以外的其他助词，如：勒套（钢笔勒套：钢笔什么的）。

（20）叹词，如：噢、划亦（用于表示突然想起）。

（21）前缀，如：阿（阿［aʔ］哥、阿［ɑ］姨，两个不同的"阿"）。

（22）中缀，如"糊里糊涂"中的"里"。

（23）后缀，如：头、子、笃。

（24）准后缀，如：坯（笨坯：笨蛋）、腔（贼腔：丑态、怪相）。

（25）叠词尾，如：…法…法（飘法飘法）。

（26）准叠词头，如"一飘一飘"中的"一"。

（27）准叠词尾，如：透（好透好透：极好）。

（28）准词嵌，如：勒（飘勒飘）。

2. 方言性

尽量收录跟普通话不同的词，包括词形不同，或词形相同而意义用法有别的词语。词形、意义和用法跟普通话完全相同，但确实活跃在方言口语里的虚词也收，只在读书、讲课、报告等场合中使用的不收。还要收录：（1）目前在新一代中出现的一些虚词，但是只收其中跟普通话不同并且已经定形、已经成为主流形式的那一些，如"帮"的连词、介词用法。（2）今天只在评弹等曲艺中使用的、跟普通话不同的词，有的还见于晚清的苏白小说，可以认为是早期的方言词，也适当收录。

3. 词目用字

本字明显的，照写本字；本字难以确定的，写同音字或本地流行的方言字（包括合音字）。同音字有几种习惯写法的，根据从俗、从简和便于区分的原则选定其中一个为正体，如［ləʔ²³ hɛ⁵²］（在）有"勒海、嘞嗨、嘞海、勒嗨"等写法，取第一种为正体。［kəʔ⁵］（的）有"个、葛、格、介"等写法，"个"易与量词混淆，"格"读［kɑʔ⁵］、"介"读［kɑ⁴¹²］，与实际读音不合，所以取"葛"为正体。有文白异读的字，根据其在本词里的读音，在词目字下分别标上单横线（白）和双横线（文），如"外加"［ŋa²² kɑ⁴］（而且）、"愈加"［jy²² tɕiɑ⁴］。

（三）注释

每一条目的注释由标音、意义说明、用法说明、引例等几部分构成。

标音采用国际音标。双音节以上的词同时标出变调。某些语素在词中发生不规则音变的，标实际读音，加括号说明其本读，如"不过"［piəʔ⁵ kəu³⁴］（"不"，本音［pəʔ⁵］）。各词所标读音均以中年以上城区人的最常见的读音为准。只出现在评弹等曲艺和少数老年人中的旧读以及主要出现在青年人中的新起读音（如尖团不分的形式）都不收。

写法相同、读音和意义都不同的，属同形词，一律分立条目，归入相应的词类，如：

阿¹[a$ʔ^5$]（前缀）、阿²[$ɑ^{44}$]（前缀）、阿³[$a\text{ʔ}^5$]（发问词）

后面依次是意义、用法和引例。某些词离开具体用法很难说清意义的，也可结合用法释义。释义一般都采用描述式，避免对释式，即使某一词的意义和用法跟普通话中另一词相当，也应在描述后再补充说明。少数语义单一的时间词之类不受此限。同一词的意义或用法不止一个时，应分项描述，力求全面细致。注释中视情况另列"注意"、"比较"两个项目，前者用于辨别与本方言有关现象的异同，后者用于比较方言跟普通话或其他邻近吴语方言的异同。这两种项目，涉及整个条目的，列条目末尾；只与条目里某个项目有关的，列在该项末尾。如果同一节内几个相关的词放在一起，"比较"、"注意"可列在最后一个词的末尾。注释语言力求明确凝炼，不作论文式的发挥，一般不溯源。

同义条目采取分收合说的办法，词目多出，注释合一，选择其中最常见的一条详说，其余条如果意义用法全同，径写"见某条"；稍有差异的则只写其差异处（包括用法、年龄、雅俗、场合等），相同处写"参见某条"即可。同义条目如属语音交替形式或词形有明显联系的，非详说条目一律只写"见某条"，详说的条目上用括号写上附条，并在主条注释后用【 】引出附条，说明异同，如"【哀[$ɛ^{44}$]】（该），"哀"注释完毕后，写"【该】同'哀'，可以自由替换，青年用'哀'较多"。再如："【勒辣[lə$ʔ$ la$ʔ$]】；勒浪（勒海、勒里、辣里、勒笃）"。

每项用法说明之后，都必须有一定数量的引例（词组或句子），一般不注明出处，不加注释，只有在需要通过注释反映虚词意义或句子的结构意义时，在全句的右下角转译，但须从严掌握。

参考文献

[1]侯镜旭.论甲骨刻辞语法研究的方向[J].中华文史论丛（增刊），语言文字研究专辑（上）[M].上海：上海古籍出版社，1982.

[2]木村英树.关于补语性词尾"着[zhe]"和"了[le]"[J].语文研究，1983（2）.

[3]赵元任.现代吴语的研究[M].清华学校研究院，1928（北京：科学出版社，1956）.

[4]赵元任.汉语口语语法[M].吕叔湘，译.北京：商务印书馆，1979.（原名《中国话的文法》，有丁邦新中译本）

徐城话音系及其相关问题①

张屏生　吕茗芬

（台湾高雄中山大学）

【提　要】徐闻当地主要通行的语言是黎话，属于闽南话的一种（以下简称"徐城话"）。根据我们初步的调查，它有一些独特的音韵特点，另外也出现一些词形差异较大的词汇。本文通过实地调查的材料，整理出徐城话的音系，并讨论它的音韵特点以及词汇现象。

【关键词】黎话　闽南语　徐闻闽语

一、前言

徐闻县位于中国大陆最南端，广东省西南部，徐闻县境东起前山镇的罗斗沙，西至西连镇的响栏角，北起下桥镇的山寮村，南至龙塘镇的排尾角，东北起和安镇的北莉岛，西南至角尾乡的灯楼角。居粤、琼两省交汇点，是海南岛进出大陆的必经之地。徐闻当地主要通行的语言是黎话，属于闽南话的一种（以下简称"徐城话"）。根据我们初步的调查，它有一些独特的音韵特点；另外也出现一些词形差异较大的词汇。本文通过实地调查的材料，整理出徐城话的音系，并讨论它的音韵特点以及词汇现象。

徐城话的调查时间是2012年9月，主要发音人冯荣，大学毕业，中学老师，徐城镇西门村人，会说普通话、粤语，调查时年59岁。

二、徐闻闽南话音系

（一）声母方面

（1）徐城话有p-、ɓ-、pʰ-、m-、v-、t-、ɗ-、tʰ-、l-、n-、ts-、tsʰ-、s-、z-、k-、kʰ-、ŋ-、h-、ɸ- 等19个声母。

（2）有部分在其他闽南话读p-的例字在徐城念ɓ-（有的材料记ʔb-）。

（3）[v]在语流中有时候摩擦不明显，会念成[w]或[ʋ]，这部分的例字大部分是在其他闽南话读b-的例字，例"马"ve³¹。少数来自于其他闽南话读h-的例字，例如"法"vak⁵。

---

① 本文为科技部"粤西闽语的调查比较研究"（一）（102-2410-H-110-012-）和国家社科基金重点研究项目"粤、闽、客诸方言地理信息系统建设与研究"（13AYY001）阶段性成果之一。

（4）有部分在其他闽南话读 t- 的例字在徐城念 ɗ-（有的材料记ʔd-）。例"刀"ɗo³³。

（5）有部分在其他闽南话读 g- 的例字在徐城念 ŋ-（有的材料记ʔd-）。例"牙"e¹¹。

（6）在其他闽南话读 s- 的例字在徐城念 t-，例"心"tim³³。

（7）有部分在其他闽南话读 tsʰ- 的例字在徐城话念 sʰ-，例"凿"sʰak¹。但是 sʰ- 和 s- 发音人认为是同一个音位的。①

8. 以 i 起头的音节有时候会因为强化作用而产生摩擦［ʑ-］，音位上记成［z-］。比较特别的是这种情况并没有运作的很规律，所以会有不一致的情况，例"姨"念 i¹¹，但是"夷"却念 zi¹¹。

（二）韵母方面

徐城话的韵母是由［a、o、e、i、u、y］6 个主要元音，［i、u］2 个介音，［i、u、m、p、ŋ、k、ʔ］7 个韵尾所构组，排列如下：

表1　徐城话韵母表

a 巴	ai 拜	au 包	am 贪	aŋ 枋	ap 鸽	ak 北
o 刀	oi 买			oŋ 公		ok 国
ə □①						
e 马		eu 乌	em 森	eŋ 灯	ep ②	ek 色
i 比		iu 周	im 阴	iŋ 斤	ip 竹	ik 笔
ia 车		iau 鸟	iam 店	iaŋ 窗	iap 汁	iak 鹿
io 摇				ioŋ 雄		iok 酌
ie 屄③				ieŋ 鞭	iep 唧④	iek 切
u 龟	ui 规			uŋ 分		uk 不
ua 碗	uai 乖			uaŋ 桑		uak 发
		uou 喔⑤				
ue 灰				ueŋ 边		uek 灭
ye 皮				yeŋ 贫		
			m̩ 姆			
12	4	5	5	11	5	10

① "喽……" lə⁵⁵ ……（假声）呼鸭声。

② "□被" nep⁵ pʰye³³ 用脚踢被子的动作。

③ "猪屄" tu₃₃ lie¹¹ 公猪的生殖器。

④ "唧" tsiep⁵ 小口喝酒。

⑤ "喔喔喔" ɔu⁵¹ uɔu⁵¹ uɔu⁵¹ 狗叫声（假声）。

---

① 把塞擦音 tsʰ- 读成 s- 的现象，学术界称之为"出归时"。徐城也有这种现象，但是徐城和其他地区（漳浦，台湾的关庙、茄萣）的"出归时"又有不同，在其他闽南话读 tsʰ- 的音在徐城有两种走向：和以 i 起头韵母相拼的音节读 s-，和 u 起头以及其他开口呼的韵母相拼的音节读 sʰ-，本文在音位处理上把它归为［s］，［s-］、［sʰ-］是有定分音。在调查的过程中，遇到有明显送气的字音，我们会请发音人辨识是接近普通话的 c- 还是 s-，发音人都认为是接近 c-。

（1）徐城话有 52 个韵母，其中舒声韵有 37 个，促声韵有 15 个。

（2）[o] 的音值接近 [ɔ]，不过基于音标使用的考虑仍将它记成 [o]。

（3）[e] 的音值接近 [ɛ]，不过基于音标使用的考虑仍将它记成 [e]。

（4）[iŋ、ik] 的音值是 [iŋ、ik]。

（5）[ueŋ、uek] 是出现在和 p-、pʰ-、ɓ-、m- 拼合的音节。①

（6）[ye] 是出现"皮"这个例字，发音人有时念 [pʰyɛ¹¹]，有时念 [pʰuɛ¹¹]；但是在核实的时候，发音人又会念成 [pʰuɛ]。

（7）[yeŋ] 是出现"贫"这个例字，发音人念 [pʰyeŋ¹¹]。

（8）[iek] 的音值在语流中像是 [iək]。

（9）[uou] 是出现在象声词，用来表示狗叫声。

（三）声调方面

徐城话有 8 个基本调，相关资料的调值对照如下：

表2　徐闻和其他相关语料声调比较表

声韵调名	阴平	阴上	阴去	阴入	喉阴入	阳平	阳上	阳去	阳入	喉阳入
十五音调名	上平	上上	上去	上入		下平	下上	下去	下入	
调序	第一声	第二声	第三声	第四声	第四声	第五声	第六声	第七声	第八声	第八声
调类代码	1	2	3	4	4	5	6	7	8	8
①《县志》	24	42	21	5		11	33	55	1	
②林伦伦	213>22	52	21	5		11	33	55	2	
③陈. 下洋	24	31	21	5		11	33	55	1	
④张. 徐城	33>13	31	11/15	5	55	11	33	55	1	33

注：上述材料①是徐闻县志的材料，②林伦伦（1996）的材料，③陈云龙，蔡蓝（2005）的材料，④是笔者调查的语料。

1.基本调

（1）阴平调是中平调，记成 [33]。

（2）阴上调是中降调，记成 [31]。在语流中有时也会念成 [53]。

（3）阴去调是低升调，记成 [15]，但是在语流中有时也会念成 [13]、[11]。

（4）阳平是低平调，记成 [11]。

（5）阳上是中平调，记成 [33]。

（6）阳去是高平调，记成 [55]。

（7）带 -p、-k 的阴入和阳入，分别记成 [5]、[1]。

（8）其他闽南话的喉阴入，徐城念成 [55]，没有 -ʔ，和阳去调相同。

（9）其他闽南话的喉阳入，徐闻城念成 [33]，没有 -ʔ，和阳上调相同。

---

① 在模仿这种音节的时候先将声母和开头的 u 拼合再接续底下的音节会比较容易模仿，例"宾"可以先拼 ɓu、再拼 eŋ，不要用 ɓ—ueŋ 的方式。

2. 连读变调

表3　徐城话连读变调表

	阴平 33	阴上 31	阴去 11/15	阴入 5	阳平 11	阳上 33	阳去 55	阳入 1
阴平 33	新衫 $tiŋ^{33}\,ta^{33}$	新米 $tiŋ_{33}\,vi^{51}$	天气 $t^hi^{33}\,k^hi^{15}$	乌色 $eu^{33}\,tek^5$	乌云 $eu_{13}\,huŋ^{11}$	风雨 $huaŋ_{13}\,heu^{33}$	冰雹 $ɓeŋ^{33}\,p^hau^{55}$	三十 $ta_{13}\,tsap^1$
阴上 31	苦瓜 $k^heu^{31}\,kue^{33}$	海口 $hai^{31}\,k^hau^{31}$	水库 $tsui_{51}\,k^heu^{15}$	紫色 $su^{31}\,tek^5$	海墘 $hai_{51}\,ki^{11}$	×	手炼 $siu^{31}\,lieŋ^{55}$	九十 $kau^{31}\,tsap^1$
阴去 11/51	破衫 $p^hua^{15}\,ta^{33}$	汽水 $k^hi_{13}\,tsui^{51}$	喙罩 $s^hui^{15}\,tsau^{11}$	退色 $t^hui^{11}\,tek^5$	菜园 $s^hai^{15}\,hui^{11}$	细雨 $toi^{15}\,heu^{33}$	×	四十 $ti^{15}\,tsap^1$
阴入 p.t.k 5	鋛针 $kik^5\,tsiam^{33}$	竹笋 $tip^5\,sun^{31}$	北莉 $pak^5\,loi^{15}$	竹壳 $tip^5\,k^hak^5$	北良 $pak^5\,lio^{11}$	沃雨 $ak^5\,heu^{33}$	北插 $pak^5\,s^ha^{55}$	七十 $sit^5\,tsap^1$
× 55	借衫 $tsio^{55}\,ta^{33}$	借米 $tsio^{55}\,vi^{53}$	芥菜 $kai^{55}\,s^hai^{15}$	八一 $poi^{55}\,ik^5$	刺鞋 $sia^{55}\,oi^{11}$	泼雨 $p^hua^{55}\,heu^{33}$	借册 $tsio^{55}\,s^he^{55}$	八十 $poi^{55}\,tsap^1$
阳平 11	红衫 $aŋ^{11}\,ta^{33}$	无米 $vo^{11}\,vi^{31}$	无厝 $vo^{11}\,s^hu^{11}$	无色 $vo^{11}\,tek^5$	鱼塘 $hu^{11}\,to^{11}$	楼上 $lau^{11}\,tsio^{33}$	棉被 $mi^{11}\,p^hye^{55}$	无力 $vo^{11}\,lak^1$
阳上 33	厚衫 $kau_{55}\,ta^{33}$	有米 $u^{33}\,vi^{31}$	有厝 $u^{33}\,s^hu^{11}$	有色 $u^{33}\,tek^5$	雨鞋 $heu_{55}\,oi^{11}$	厚雨 $kau^{33}\,heu^{33}$	妹丈 $mye^{33}\,ɗio^{55}$	五十 $eu_{55}\,tsap^1$
阳去 55	被单 $p^hye^{55}\,taŋ^{33}$	×	被套 $p^hye^{55}\,t^hau^{11}$	×	后年 $au^{55}\,hi^{11}$	后面 $au^{55}\,min^{33}$	喈喈 $ŋam^{55}\,ŋam^{55}$	后日 $au^{55}\,zik^1$
阳入 p.t.k 1	俗衫 $tok^1\,ta^{33}$	秫米 $tsuk^1\,vi^{31}$	肉桂 $ziok^1\,kui^{11}$	绿色 $liak^1\,tek^5$	日头 $zit^1\,t^hau^{11}$	十二 $tsap^1\,zi^{33}$	读册 $t^hak^1\,s^he^{55}$	六十 $lak^1\,tsap^1$
× 33	白衫 $ɓe_{55}\,ta^{33}$	白米 $ɓe^{33}\,vi^{31}$	白菜 $pe^{33}\,s^hai^{15}$	白色 $pe^{33}\,tek^5$	白云 $pe^{33}\,huŋ^{11}$	落雨 $lo^{33}\,heu^{33}$	×	食力 $tsia^{33}\,lak^1$

三、音系特点

笔者以传统十五音韵书《汇音妙悟》和《汇集雅俗通十五音》韵类例字的音读作为讨论的依据，如下：

（1）《汇音妙悟》中的"羹"韵（《雅俗通》"经"韵）部分例字徐城话的音读如下：①部分念 ai 韵：如"反、居（户～）、有（硬）、前（头～）、千蚕笋（鸡毛～）、间拣裥、眼（龙～）"；②部分念aŋ韵，如"茈"；③部分念iaŋ韵，如"肩"；④部分念ieŋ韵，如"先、研"；⑤部分念uaŋ韵，如"还"。

（2）《汇音妙悟》"高"韵（《雅俗通》"沽"韵）例字徐城话大部分念 eu 韵，如"补脯布步部、扶钴、箍、乌、芋"；少部分念u韵，如"图、杜、土、素"。

（3）《汇音妙悟》中的"科"韵（《雅俗通》"伽"韵）例字徐城话音读如下：①念 ue 韵，如"飞赔、配、糜、果髻、髓撦、挼、灰火货"；②念 o 韵，例"菠"；③念 e 韵，例"尾、短袋、螺、坐、月"；④念 ye 韵，如"皮被、妹"；⑤念 oi 韵，如"雪"；⑥念 ak 韵，如"袜"；⑦念 uek 韵，如"郭"。

（4）《汇音妙悟》"居"韵（《雅俗通》"居"韵）例字徐城话部分念 u 韵，例"猪箸、去、鱼、锄、煮薯蛏字自、蛆鼠、车；部分念 i 韵，例"除徐、女吕虑、语"。

（5）《汇音妙悟》"青"韵部分例字（《雅俗通》"更"韵）徐城话大部分念e韵，如"柄平病、彭、郑、静、青生姓、经更、硬"。这些例字在漳州腔念 ɤ 韵。

（6）《汇音妙悟》"青"韵部分例字（《雅俗通》"栀"韵）徐城话念 i 韵，如"边扁变、染年、见、棉面、甜、天添、钱、埕、圆院"。这些例字在一般闽南话都念 ĩ 韵。

（7）《汇音妙悟》"箱"韵（《雅俗通》"姜"韵）例字徐城话念 io 韵，如"张长涨场丈、两量娘梁凉让量、樟浆章螿蒋桨掌酱痒上（~车）、鲳枪厂抢唱墙象像匠上（~水）、箱伤赏鲞（鸭~）相想、姜、腔、乡香、鸯养羊杨样"。这些例字在漳州腔念 iɤ 韵，在泉州腔念 ĩũ 韵。

（8）《汇音妙悟》中的"恩"韵（《雅俗通》"巾"韵）例字徐城话大部分念 iŋ 韵，如"斤巾筋根近、勤、银、恩"；少部分念 ieŋ 韵，例"芹、恨"。

（9）《汇音妙悟》"香"韵（《雅俗通》"姜"韵）例字徐城话大部分念 iaŋ 韵，例"将浆张章奖桨掌香乡享响"。这些例字在偏漳腔念 iaŋ 韵。

（10）《汇音妙悟》"鸡"韵（《雅俗通》"稽"韵）例字徐城话念 oi 韵，如"蹄、犁、众（多）、黍洗细、鸡街疥膎、溪契、挨矮鞋会"、"笠、节截、狭"。

（11）《汇音妙悟》"杯"韵（《雅俗通》"稽"韵）例字徐城话念 oi 韵，如"买卖"、"八"。台湾一般闽南话念 e/eʔ 韵，部分同安腔念 ue/ueʔ 韵；潮汕话念 oi/oiʔ 韵。

（12）《汇音妙悟》中的"关"韵（《雅俗通》"官"韵、"观"）例字徐城话部分念 uai 韵，例"悬县"；部分念 ue 韵，如"关"，台湾一般闽南话念 uãi、uan 韵，泉州腔念 ũi 韵。

（13）《汇音妙悟》中的《汇音妙悟》中的"飞"韵（《雅俗通》"桧"韵）徐城话念 ui 韵，如"废、血"。

（14）《汇音妙悟》中的"毛"韵（《雅俗通》"裈"韵）例字徐城话念 ui 韵，如"门问、断、软、砖钻、穿川（尻~）、酸损算、光、卷、昏园远、黄"。这些例字在漳州腔念 ũi 韵。

（15）《汇音妙悟》中的"毛"韵（《雅俗通》"扛"韵）例字徐城话大部分念 o 韵，如"塘长堂肠丈、汤糖、疮、仓床（眠~）、扛、钢、康糠、秧"；少部分念 uaŋ 韵，例"庄、桑"；或 aŋ 韵，例"仓、方"，这些例字在长泰腔念 ɤ 韵。

（16）《汇音妙悟》中的"风"韵（《雅俗通》"光"韵）例字徐城话念 uaŋ 韵，如"风"。泉州、潮汕念 uaŋ 韵。

四、徐城话的词汇特点

（一）词形特殊的词汇

徐城话和福建闽南话、粤东潮汕话词形不同的词汇，如下：

（1）"金黍" kim³³ toi³¹/⁵¹ 玉米。

（2）"荨芥" liŋ³³ kai¹¹ 九层塔。

（3）"蕉子" tsio³³ tsi³¹ 香蕉。

（4）"番石榴" huaŋ³³ tsio⁵⁵ lau¹¹ 释迦。

（5）"柴冬瓜" sʰa¹¹ taŋ³³ kue³³ 木瓜。

（6）"迷子" mi¹¹ tsi³¹ 荔枝。

（7）"糜" mue¹¹ 饭。徐闻把"饭"叫"糜" mue¹¹。

（8）"飿" pua³¹ 用米粉做成的块状米食。

（9）“漏粉” lau$_{13}$ huŋ^{31} 米苔目。

（10）“鸡阉” koi^{33} iam^{33} 已经被阉的公鸡。一般叫“阉鸡”。

（11）“蚶蜍” kam^{11} tsu^{11} 癞蛤蟆。

（12）“徐良团” ts^{h}i^{11} liaŋ^{11} kia^{31} 壁虎。

（13）“蚓虫” zi^{33} t^{h}aŋ^{11} 蚯蚓。

（14）“破破碗” p^{h}ua^{15} p^{h}ua^{15} ua^{51} 蝴蝶。

（15）“念蠳” liam^{55} mi^{33} 蜻蜓。

（16）“螯蚜” ŋau^{33} ŋe^{33} 蜘蛛。

（17）“长骹螯蚜” to^{11} k^{h}a^{33} ŋau^{33} ŋe^{33} 长脚蜘蛛。

（18）“蘑菇虫” mo^{55} keu^{33} t^{h}aŋ^{11} 水种蚁。

（19）“蝉蛴” tsam^{11} tse^{11} 蝉。

（20）“雷公马” lui^{11} koŋ$_{13}$ ve^{31} 螳螂。

（21）“光虫” kui^{33} t^{h}aŋ^{11} 萤火虫。

（22）“海龙宫鱼” hai$_{51}$ liaŋ^{11} koŋ^{33} hu^{11} 鲸鱼。

（23）“楛杖” ku$_{13}$ t^{h}o^{33} 用来帮助步行的拐杖。

（24）“公祖” koŋ^{33} tseu^{31} 祖公。指庙里的神明。

（25）“公祖” koŋ$_{11}$ tseu^{55} 曾祖父。

（26）“姑奶” ku^{33} nai^{31} 夫的姊姊。

（27）“两襟” no^{55} k^{h}im^{33} 连襟。

（28）“做北代” tso^{55} pak^{5} tai^{33} 木匠。

（29）“做严水” tso^{55} niam^{11} tsui^{31} 泥水匠。

（30）“脰蒂” tau^{11} ti^{55} 脖子。

（31）“加胳” ka^{11} lo^{55} 腋下。

（32）“羼” lie^{11} 男性生殖器。

（33）“乖手” o^{55} siu^{31} 右手。书面语叫“右手” iu^{33} siu^{31}。

（34）“坏手” ŋuai^{15} siu^{51} 左手。书面语叫“左手” tso^{31} siu^{31}。

（35）“手豚” siu^{31} tuk^{5} 手肘。也叫“挣头” tsaŋ^{55} t^{h}au^{11}。

（36）“做北寒” tso^{55} pak^{5} kua^{11} 打冷颤。

（37）“做北寒病” tso^{55} pak^{5} kua^{11} pe^{33} 疟疾。

（38）“挽瘕” maŋ^{55} he^{55} 气喘。

（39）“血山崩” hue^{55} tua^{33} paŋ^{33} 血崩。有的方言叫“血崩山”、“崩血山”

（40）“李闯” li^{31} s^{h}uaŋ^{31} 眼睛斜视。

（41）“雀鸡瞑” tsiau^{55} koi^{33} me^{11} 夜盲症。

（42）“狗目膣” kau^{31} mak^{1} tsi^{33} 眼睛长针眼。比喻看到女人不应该看到的地方，会得这种眼病。也叫“狗目签” kau^{31} mak^{1} siam^{33}。

（43）“偝囡仔” ma^{55} noŋ^{31} kia^{31} 背小孩。

（44）“药老鼠” io^{33} lau^{55} su^{51} 用药毒死。徐闻不用“毒”。

（45）“谎狗” huaŋ^{31} kau^{31} 引诱。

（46）“随” s^{h}ui^{11} 蹲。

（47）"瞌觉" kʰoi⁵⁵ kiau¹¹ 睡觉。

（48）"肚枵" teu₅₁ oi⁵⁵ 肚子饿。

（49）"我们" va₁₃ maŋ¹¹ 我们。

（50）"咱侬" neŋ³¹ naŋ¹¹ 咱们。

（51）"汝们" lu₃₃ maŋ¹¹ 你们。

（52）"伊□们" i₁₁ e³³ maŋ¹¹ 他们。

（53）"□" niaŋ³³ 谁。

（54）"发羊痫" huak⁵ io¹¹ sʰai³¹ 羊痫风。

（55）"磨难" mo¹¹ nan¹¹ 生病。

（56）"旋乐" siaŋ¹¹ lok¹ 陀螺。

（57）"显" hieŋ³¹ 漂亮。

（58）"讨" tʰo³¹ 要。

（59）"紧" kiŋ³¹ 紧。

（60）"太" tʰai¹⁵ 太。例 "食太胀" tsia³³ tai¹⁵ tio¹⁵。

（61）"乞" kʰi⁵⁵ 给予。例 "我个纸乞汝" va³¹ kai¹¹ tsua³¹ kʰi⁵⁵ lu⁵¹（我一块钱给你）。

（62）"乞" kʰi⁵⁵ 被。例 "伊乞我拍死" i³³ kʰi⁵⁵ va⁵¹ pʰa⁵⁵ ti⁵¹。

（63）"婶嫂" tsim³¹ to³¹ 妯娌。

（64）"罗家" lo¹¹ ke³³ 女婿（陈述）。

（65）"澈洁" tʰɛ⁵⁵ kɔi⁵⁵ 干净。

（66）"开契鬼" kʰai³³ mak⁵ kui⁵¹ 吝啬。

（二）徐城话和普通话词形相近的词汇

（1）"菠菜" po³³ tsʰai¹⁵ 菠菜。

（2）"菠萝" po³³ lo¹¹ 菠萝。

（3）"豆腐脑" tau³³ hu³³ nau³¹ 豆花。也叫 "豆腐花" tau¹¹ hu¹¹ hua⁵⁵。

（4）"豆腐乳" tau³³ hu³³ zi⁵⁵ 豆腐乳。

（5）"丑" sʰiu³¹ 丑。也叫 "难睇" o⁵⁵ o¹¹。

（三）徐城话和粤语词汇词形相近的词汇

（1）"火鸡" hue₅₁ koi³³ 打火机。

（2）"马蹄子" ve³¹ toi¹¹ tsi³¹ 荸荠。

（3）"冲凉房" tsʰoŋ³³ lio¹¹ paŋ¹¹ 浴室。

（4）"老公" lau₅₅ koŋ³³ 丈夫（陈述）。

（5）"老婆" lau₅₅ pʰo¹¹ 妻子。

（6）"倾盖" kʰeŋ⁵⁵ kai¹¹ 聊天。书面语叫 "聊天" liau¹¹ ti³³。

（7）"饮茶" im³¹ te¹¹ 喝。

（8）"癫佬" tieŋ³³ lau⁵¹ 疯子。

（9）"喑" $ŋam^{55}$ 对。

（四）徐城话和客家话词形相近的词汇

（1）"邻舍" $lieŋ_{33} tia^{31}$ 邻居。

（2）"牛轭头" $vu^{11} e^{55} tʰau^{11}$ 牛轭。

（3）"鸡毛扫" $koi^{33} mo^{11} tau^{15}$ 鸡毛掸子。客家话词汇。

（4）"锯锉" $ku^{15} to^{11}$ 锉刀。"锉" 念 $tsʰo^{11} > so^{11} > to^{11}$。

（5）"嫩姜" $noŋ^{55} kio^{33}$ 嫩姜。

（6）"艾菜" $ŋai^{55} sʰai^{11}$ 茼蒿。

（7）"番豆" $huaŋ^{33} tau^{15}$ 花生。

（8）"虱囝" $tik^{5} kia^{51}$ 曾孙。

（9）"鼎铲" $tia^{31} sʰaŋ^{31}$ 锅铲。客家话叫 "镬铲"。

（10）"讨老婆" $tʰo^{31} lau_{55} pʰo^{11}$ 讨老婆。

（11）"汝食胀盲" $lu^{51} tsia_{51} tio^{15} meŋ^{33}$ 你吃饱了吗？

（五）徐城话和潮汕话词形相近的词汇

（1）"孥囝" $noŋ_{51} kia^{31}$ 小孩子。

（2）"鹰婆" $iŋ^{33} po^{11}$ 老鹰。潮阳话叫 "□鹰婆" $liau_{33} eŋ_{33} po^{55}$。书面语叫 "老鹰" $lau^{55} iŋ^{33}$。

（3）"乜个" $mi^{55} kai^{11}$ 什么？

（4）"力" lak^{1} 努力。

参考文献

［1］王文胜.处州方言的地理语言学研究［M］.北京：中国社会科学出版社，2008.

［2］甘于恩，周洪涛.典型特点与变异特点——域内闽语与周边闽语之语音比较［J］.暨南学报（哲学社会
    科学版），2005（2）.

［3］李新魁.广东的方言［M］.广州：广东人民出版社，1994.

［4］李如龙.论汉语方言的区域特征［C］//汉语方言的比较研究.北京：中华书局，2003.

［5］李如龙.方言词汇比较研究的历史文化意义［D］，"21 世纪人类的生存与发展"国际人类学学术会
    议.厦门大学，2000.

［6］李如龙.从特征词看莆仙话和粤琼闽语的关系［D］.庆祝詹伯慧教授八十华诞暨从教五十八周年纪念
    论文，2011.

［7］吴松弟.中国移民史 第四卷——辽宋金元时期［M］.福州：福建人民出版社，1997.

［8］林伦伦.粤西闽语词汇的构成特点［J］.语文研究，1996（1）.

［9］林伦伦.粤西闽语的音韵特征［J］.语文研究，1998（2）.

［10］林伦伦，陈小枫.广东闽方言语音研究［M］.汕头：汕头大学出版社，1996.

［11］徐芳敏.古闽南语几个白话韵母的初步拟测［J］.台大中文学报，1995（7）.

［12］徐闻县市编纂委员会.徐闻县志·第四十七章〈方言〉［M］.广州：广东人民出版社，2000.

［13］张振兴.广东省雷州半岛的方言分布［J］.方言，1986（3）.

［14］张振兴.闽方言古浊去今读阴平调的现象［D］.//第二届闽方言学术研讨会论文集.广州：暨南大学出版社，1992.著名中年语言学家自选集——张振兴卷［M］.合肥：安徽教育出版社，2004.

［15］张屏生.潮阳话和其他闽南话的比较［D］.中国文化大学中国文学研究所硕士论文，1992.

［16］陈云龙.粤西闽语音变研究［J］.上海师范大学，人文语传播学院，汉语言文字学，方言学博士论文，2012.

［17］陈云龙.福建移民与粤西闽语［J］.南方语言学，2012（4）.

［18］陈鸿博，林家修，林登萍.雷州半岛多方言现象的形成及原因［J］.泸州医学院学报，1997，20（6）.

［19］詹伯慧.略论闽语研究的西进［D］.湛江师范学院学报，2008，29（2）.

［20］詹伯慧，甘于恩.雷州方言与雷州文化［J］.学术研究，2002（9）.

［21］蔡叶青.海康方言志［M］.广州：中山大学出版社，1993.

［22］蔡叶青，张振兴.雷州方言词典［M］.江苏：江苏教育出版社，1998.

乡土语言教育的观察与省思

——以芦洲地区的闽南语教学为例

张以文

（台湾师范大学）

【提　要】语言是人类记忆的载体，也是一个族群存在的指标。台湾自第二次世界大战结束以来，强力推行"国语"为标准语，导致台湾青年人乡土语的能力逐渐下降。"解严"后，政府才调整其语言政策。《国民中小学九年一贯课程暂行纲要之实施要点》颁布后，乡土语教育正式实施，然而教师和教材上都有缺失。

芦洲话属于同安腔闽南话，它和台湾普通腔闽南话有显著的语音差异。笔者透过对芦洲居民和小学的闽南语教材的调查分析，发现目前芦洲青年层的闽南语语音已和芦洲话不同，其中乡土语教育是变异的关键。

【关键词】语言政策　乡土语言教育　芦洲话

一、前言

语言是一个族群存在的指标，对族群中的每一个人而言，语言同时具有归属的象征意义。台湾由于地理及历史的因素，族群文化呈现多元的面貌。长久以来，台湾政府推行的语言政策并未重视语言和族群之间的联系，自第二次世界大战结束后，当时统治台湾的国民政府强力推行"国语"为标准语，这样的语言政策环境导致台湾的青年人口使用乡土语的能力逐渐下降，直到1987年解严后，台湾政府才开始认真思考本土语言的重要性，加上台湾人民的本土意识苏醒，政府因而调整了语言政策的走向。为了挽救本土的语言，台湾政府于1998年颁布《国民中小学九年一贯课程暂行纲要之实施要点》，因此小学开始推动本土语言教育，然而实施的过程中，不论是教师和教材上都存在着缺失（参见张屏生，2001）。

芦洲地区的闽南话（以下简称"芦洲话"），按移民聚落的分布与活动历史属于同安腔闽南语。笔者透过对芦洲老、中、青三个年龄层居民和当地小学所使用的闽南语教材进行调查，试图了解本土语言教育的实施对于台湾本土语言的维持是否有正向的影响。结果显示，目前芦洲青年层的闽南语语音已和老年层有很大的不同。从社会语言学的角度来分析芦洲话的变异，外来人口大量迁入以及乡土语言教育的推行是两大因素，其中又以后者最为关键。

二、台湾战后的语言政策

根据陈美如《台湾光复后语言教育政策之研究》，台湾在战后的语言教育政策可划分为三个阶段，分别是改制稳定期（1945—1969）、计划贯彻期（1970—1986）、多元开放期（1987—迄今）。[①] 乡土语教育

---

① 陈美如：《台湾光复后语言教育政策之研究》，台湾师范大学研究所硕士论文，1996年。

真正开始实施是在20世纪90年代以后，故本文以1987年为分水岭，将台湾在战后的语言教育政策做一番梳理。

（一）台湾"解严"前的语言政策

国民政府自1945年接管台湾，次年即发布命令宣布废除报章杂志日文版的版面，禁止使用作家使用日文创作。1947年发生"二二八"事件之后，国民政府全面禁止日语的使用。国民政府初期的语言政策方向主要是去除日本在台湾留下的影响，以"国语"为尊，为"国语"的推行创造有利的条件。但是这样刚性的政策方针使台湾人一时之间无所适从，因为国民政府忽略了一般民众在语言转换过程中遭遇的挫折感，也让台湾人对于学习"国语"的意愿低落。国民政府后来也注意到这个现象，为了让"国语"更加普及，采取的应对方式却是用更为极端的手段，除了日语之外，台湾其他的本土语言也被列入管制对象，硬性规定台湾的民众只能使用"国语"作为沟通的媒介，甚至以偏激的言论来贬低台湾其他本土语言的价值，企图压缩其地位与使用空间。1965年，"加强推行国语计划"颁布，当中明订：

（1）各级学校师生必须随时随地使用国语，违者依法处理。

（2）禁止电影院播放方言。

（3）街头宣传禁止使用方言。

（4）各级运动会禁止使用方言报告。

（5）严加督导电影院勿以方言翻译。

以上这些措施完全是针对本土语言（方言）而设立。学校教育方面，国民政府在1976年去函各县市政府，重申贯彻国语教育，并规定凡公务机关、公共场所、学校教学以及师生同学交谈应一律使用"国语"（《台湾省政府公报》1977秋35期），这些限制也让本土语言不断萎缩，严重打击了台湾以本土语言为母语的族群，直到1987年"解严"之后，政府对本土语言的复兴才开始有具体的作为。

（二）台湾"解严"后的语言政策

台湾宣布"解严"之后，言论开放，本土语言教育的呼声甚嚣尘上，正式浮上台面。从20世纪90年代开始，有学校试图自行创办本土语言的教学。首先是台北金华小学在1990年成立闽南语班，此举获得了社会各界普遍的赞美与认同，民主进步党执政的县市随后亦纷纷跟进，但他们多半是利用课余时间来进行教学活动，只有台北市、宜兰县、花莲三县才将其纳入正规的上课时间。[1]1993年，教育部决议将乡土语言教育纳入小学课程中，并在公报中表示将本土语言教育纳入每周一节的"乡土教学活动"（《教育部公报》1993）。所谓的"乡土教学"，内容除了语言之外，还包括历史、文化等各个方面。1994年，教育部更扩大了乡土教育的范围，将乡土艺术活动纳入中学课程里；1998年，政府又颁布"国民中小学九年一贯课程暂行纲要之实施要点"，本土语言教育在国民小学正式全面启动。从正面的角度观之，本土语言纳入国民教育课程显示出台湾在语言政策上的重大突破，同时也是乡土语言教育的里程碑，台湾的教育由此进入多元文化的时代。但是这样改革的成效，曹逢甫在《族群语言政策——海峡两岸的比较》提出四个面向的质疑：

（1）政策与行政的配合；

（2）师资的来源及管道；

---

[1] 江文瑜：〈台湾母语教育现状之探讨〉，《华文世界》，1995年75期，页61。

（3）教材的编选；

（4）学生、老师以及社会的反应。①

本文所探讨的芦洲话为台湾的闽南方言，从教材面论述，近年来相关人士对闽南语教材的检讨多半是在书写符号系统或是课文内容，尤其以前者的讨论最多。书写系统其实指的就是标音的方式，用罗马拼音还是"国语"注音符号各有利弊。台湾早期在兴办闽南语教学时，可以说是"各自为政"的状态，如宜兰县完全是"捡现成"的注音符号系统；屏东县是注音符号与罗马拼音双行。②学界的共识倾向是用罗马拼音符号，原因在于此举方便现代字处理，且易于流通，即使学童必须要再学习一套新的音标也不以为会成为累赘；注音符号虽是学童惯用的音标系统，但是用注音符号代替闽南语标音会出现一些音节标注困难的情况，这样反而有碍学习，不过若是作为教学过渡时期的辅助工具，用注音符号也无可厚非。③目前的闽南语教科书的标音系统都是以罗马拼音（台罗）为主，下面佐以注音符号。

标音系统抉择的问题看起来是暂时得到了解决，但是在此背后还有一个极大的问题，那就是教科书上面所注标音，其标准应该如何制定？④洪惟仁在《台湾诸语言之分布与融合消长之竞争力分析》中指出，台湾的闽南语方言又可以分成许多次方言，有泉州腔、漳州腔，泉州腔下面还可以区分三邑、同安、安溪、厦门等不同的口音。⑤既然有这么多不同的方音，倘若选择其中一地之音作为通行教材的标音准则，对于其他的次方言口音来讲都是不公平的。对此，笔者在调查芦洲话语音系统的同时，也对照了当地小学所使用的闽南语教材中的标音，发现两者是不一样的音系。

三、芦洲话音系与当地闽南语教材之比较

（一）芦洲话音系

芦洲区位于台北盆地西北，淡水河下游西岸处。林秀英于《芦洲的寺庙与聚落》一文提到："淡水河下游一带，同安人数相当多，其分布的区域，自新庄以北的淡水河南岸，以及艋舺以北的淡水河北岸。"由此可知芦洲的在地人多为同安人后裔。⑥

依洪惟仁《台北地区闽南语的方言类型与方言分区》所载，"同安腔"的分布是由淡水、北投南下，经八里、芦洲、三重、社子等地。⑦但是关于芦洲话的音韵和词汇特色，目前只有张屏生《台北县芦洲方言记略》以及《台北县芦洲同安腔闽南话语汇稿》有详尽的介绍，笔者参照张屏生的语料且调查核实，将芦洲话的音韵系统整理如下：

1. 声母

（1）声母方面有 $[p\text{-}]$、$[p^h\text{-}]$、$[b\text{-}]$（$[m\text{-}]$）、$[t\text{-}]$、$[t^h\text{-}]$、$[l\text{-}]$（$[n\text{-}]$）、$[ts\text{-}]$、$[ts^h\text{-}]$、$[s\text{-}]$、$[k\text{-}]$、$[k^h\text{-}]$、$[g\text{-}]$（$[\eta\text{-}]$）、$[h\text{-}]$、$[\phi\text{-}]$ 等14个，其中 $[b\text{-}]$、$[l\text{-}]$、$[g\text{-}]$ 只拼阴声韵和阳声韵，$[m\text{-}]$、$[n\text{-}]$、$[\eta\text{-}]$ 只拼鼻化韵，所以这两套声母可以合并为一套，例如"马"记作 $[be^{51}]$、"猛"记作 $[b\tilde{e}^{51}]$，但是记音时习惯上还是记成"马"$[be^{51}]$、"猛"$[m\tilde{e}^{51}]$。

① 曹逢甫：《族群语言政策——海峡两岸的比较》，台北：文鹤出版社，1997年版，第52-53页。
② 方南强：《闽南语母语教学的回顾与前瞻》，《华文世界》，1994年第74期，第51页。
③ 黄美金：《台湾地区本土语言教材之探讨》，《华文世界》，1995年第75期，第38页。
④ 周泰顺：《闽南语教学之探讨》，《师友》，1999年第388期，第92页。
⑤ 洪惟仁：《台湾诸语言之分布与融合消长之竞争力分析》，《台湾风物》，1989年第39卷第2期，第43-80页（收录于《台湾方言之旅》第71页）。
⑥ 林秀英：《芦洲的寺庙与聚落》，《台湾文献》，1978年第29卷第1期，第176-180页。
⑦ 洪惟仁：《台北地区闽南语的方言类型与方言分区》，《台湾语文研究》，2009年第3卷第1期，第239-309页。

（2）没有［dz-］声母，在其他闽南话念［dz-］声母的音节，在芦洲话都念［l-］，例如："日头"高雄腔念［dzit^{1} tʰau^{13}］，芦洲话念［lit^{1} tʰau^{13}］。

2. 韵母

芦洲话的韵母是由［a、ɔ、o、e、i、u］6个主要元音，［i、u］2个介音，［i、u、m、p、n、t、ŋ、k、ʔ］9个韵尾所构组，排列如下：

表1　芦洲话舒声韵母表

a 巴	ai 拜	au 包	ã 馅	ãi 指	ãu 脑	am 贪	an 钉	aŋ 枋
ɔ 补			ɔ̃ 毛			ɔm 蓊①		ɔŋ 王
o 刀								
e 马			ẽ 嗯②					
i 比		iu 抽	ĩ 甜		ĩu 张	im 阴	in 因	iŋ 生
ia 车		iau 妖	iã 影		iãu 猫	iam 店	ian 仙	iaŋ 凉
io 烧								ioŋ 中
u 龟	ui 规			ũi 横			un 温	×
ua 歌	uai 乖		uã 换	uãi 楇			uan 湾	
ue 溪								
			m̩ 姆					
			e 方					
10	3	3	8	3	3	4	5	5

表2　芦洲话促声韵母表

aʔ 百		auʔ □③	ãʔ 哂④	ãiʔ 凹⑤	ãuʔ 嗻⑥	ap 十	at 踢	ak 摔
ɔʔ □⑦			ɔ̃ʔ 膜					ɔk 国
oʔ 桌								
eʔ 伯			ẽ 脉					
iʔ 铁		iuʔ 搙⑧	ĩʔ 躄			ip 入	it 一	ik 色
iaʔ 壁		iauʔ □⑨	iãʔ □⑩		iãuʔ □⑪	iap 叶	iat 切	iak 摔
ioʔ 尺								iɔk 足
uʔ □⑫	uiʔ 血						ut 熨	
uaʔ 活				uãiʔ □⑬			uat 斡	
ueʔ 八			uẽʔ 挟					
			m̩ʔ 摁⑭					
			eʔ 物					
10	1	3	8	2	2	3	5	5

① "贵蓊蓊" kui^{51} sɔm^{33} sɔm^{55} 形容很贵的样子。

② "嗯" hẽ^{11} 表示肯定的语气词。

③ □ kauʔ^{3} 碾压。

④ "哂" sãʔ^{3} 被水呛到。

⑤ "凹" nãiʔ^{3} 凹下去。

⑥ "嗕" $nãu^{3}ʔ^{3}$ 轻咬。

⑦ "□" $hɔʔ^{3}$ 摇动。

⑧ "搐" $tiuʔ^{3}$ 抽痛。

⑨ "□" $hiauʔ^{3}$ 物体龟裂卷起。

⑩ "□" $hiãʔ^{3}$ 衣服的动作。

⑪ □□ "□□" $ŋĩ_{33}$ $ŋĩ^{55}$ $ŋiãu_{11}$ $ŋiãuʔ^{5}$ 蠕动的样子。

⑫ "□" $suʔ^{3}$ 吸。

⑬ 涩 "□□" $siap_{5}$ $huãi_{11}$ $huãiʔ^{5}$ 形容很涩的样子。

⑭ "摁" $hʔʔ^{3}$ 打。

（1）芦洲闽南话有 83 个韵母，其中舒声韵有 44 个，促声韵有 39 个。

（2）[a] 介于标准元音 [a]、[ɑ] 之间，和 [i] 拼合时，舌位偏前；和 [-u、-ŋ、-k] 拼合时，舌位偏后。

（3）[o] 的音值接近标准元音 [ɔ]，不过为了音标使用的考虑仍将它记成 [o]。

（4）[iŋ、ik] 中间有明显的过渡音 [ə]，本文略去不写。

（5）[ian、iat] 的音值接近 [ien、iet]，有时也会念成 [en、et]，可是因为音类归并的考虑，仍然记成 [ian、iat]。

（6）[m̩、ŋ̍] 是鼻音自成音节作为韵母，其中 [-m] 只拼声母 [h-]、[ɸ-]；[-e] 可拼声母 [p-]、[m-]、[t-]、[tʰ-]、[n-]、[ts-]、[tsʰ-]、[s-]、[k-]、[kʰ-]、[h-]、[ɸ-]。但是声母 [p-]、[pʰ-]、[m-]、[t-]、[tʰ-]、[n-]、[ts-]、[tsʰ-]、[s-]、[k-]、[kʰ-] 和韵母 [-ŋ] 相拼时，中间会有一过渡音 [ə]，本文略去不写。

3. 声调

（1）本调：芦洲话的本调和闽南话[①]一样。

（2）连读变调：芦洲话的连读变调和普通腔的连读变调大致相同，只有阳平变低平调。芦洲话变调例举如下：

表3　芦洲话连读变调表

	阴平 55	阴上 51	阴去 11	阴入 3	阳平 13	阳去 33	阳入 5
阴平 55	西瓜 si_{33} kue^{55}	粗碗 $tsʰɔ_{33}$ $uã^{51}$	青菜 $tsʰĩ_{33}$ $tsʰai^{11}$	阿伯 a_{33} $peʔ^{3}$	东䇘 $taŋ_{33}$ $piŋ^{13}$	阿妗 a_{33} kim^{33}	三十 $sã_{33}$ $tsap^{5}$
阴上 51	海边 hai_{55} $pĩ^{55}$	小满 sio_{55} $muã^{51}$	韭菜 ku_{55} $tsʰai^{11}$	掌甲 $tsiŋ_{55}$ $kaʔ^{3}$	海墘 hai_{55} $kĩ^{13}$	所在 $sɔ_{55}$ $tsai^{33}$	九十 kau_{55} $tsap^{5}$
阴去 11	菜瓜 $tsʰai_{51}$ kue^{55}	喙配 $tsʰui_{51}$ pue^{51}	惯势 $kuãi_{51}$ si^{11}	布尺 $pɔ_{51}$ $tsʰioʔ^{3}$	菜头 $tsʰai_{51}$ $tʰau^{13}$	细雨 sue_{51} $hɔ^{33}$	四十 si_{51} $tsap^{5}$
阴入 p.t.k	菊花 $kiɔk_{5}$ hue^{55}	竹笋 tik_{5} sun^{51}	福气 $hɔk_{5}$ $kʰi^{11}$	接骨 $tsiap_{5}$ kut^{3}	曲盘 $kʰik_{5}$ $puã^{13}$	捌字 pat_{5} li^{33}	七十 $tsʰit_{5}$ $tsap^{5}$
ʔ 3	铁钉 $tʰi_{51}$ $tiŋ^{55}$	掔裯 $kʰio_{51}$ $kãi^{51}$	拍拼 $pʰa_{51}$ $piã^{11}$	鸭角 a_{51} kak^{3}	歇寒 hio_{51} $kuã^{13}$	肉豆 ba_{51} tau^{33}	八十 pue_{51} $tsap^{5}$

---

① "标准腔" 也可称为 "优势腔"、"普通腔"、"通行腔"，其义为 "最具有广泛代表性的口音"，主要是指台湾南部高、屏一带的闽南语腔调。普通腔的语料是参考台湾 "教育部" 国语推行委员会 2011《台湾闽南语常用词辞典》(http://twblg.dict.edu.tw/holodict_new/index.html)。

续表

	阴平 55	阴上 51	阴去 11	阴入 3	阳平 13	阳去 33	阳入 5
阳平 13	芫荽 ian₁₁ sui⁵⁵	芦黍 lɔ₁₁ sue⁵¹	芹菜 kʰin₁₁ tsʰai¹¹	台北 tai₁₁ pak³	杨桃 ĩu₁₁ to¹³	门臼 me₁₁ kʰu³³	柴屐 tsʰa₁₁ kʰiaʔ⁵
阳去 33	偹巾 iaŋ₁₁ kun⁵⁵	屛鸟 lan₁₁ tsiau⁵¹	苋菜 hiŋ₁₁ tsʰai¹¹	面色 bin₁₁ sik³	五龙 gɔ₁₁ liŋ¹³	户碇 hɔ₁₁ tiŋ³³	五十 gɔ₁₁ tsap⁵
阳入 p.t.k ʔ 5	木瓜 bɔk₁ kue⁵⁵	秫米 tsut₁ bi⁵¹	肉桂 liɔk₁ kui¹¹	十八 tsap₁ pueʔ³	日头 lit₁ tʰau¹³	十五 tsap₁ gɔ³³	墨贼 bak₁ tsat⁵
ʔ 5	食熏 tsia₁₁ hun⁵⁵	食饱 tsia₁₁ pa⁵¹	食菜 tsia₁₁ tsʰai¹¹	落雪 lo₁₁ seʔ³	石头 tsio₁₁ tʰau¹³	食饭 tsia₁₁ pe³³	历日 la₁₁ lit⁵

4. 音系特点

为了方便叙述，本文使用旧韵书《汇音妙悟》的韵目来统括音类。《汇音妙悟》为清朝嘉庆五年（1800年）泉州府晋江人黄谦所编写的一部以泉州音为主的闽南语音韵书籍，芦洲话为偏泉腔，所以用其整理主要音韵。《汇音妙悟》本来是当时民众依音识字用的工具书，它们在辨别声韵上不见得精确，然大体以当地乡音为准，也就成了调查方言最好的间接材料。①

（1）《汇音妙悟》"熊韵"部分例字，芦洲话部分念［ãi］韵，如"反刑（刹）居（户~）有（硬）、前（头~）掌（~头仔）、笐（鸡毛~）、间肩拣裥楗（撑住）、眼（龙）研（擀）、觅（送）、扰"；部分念［iŋ］韵，如"千蚕（沙~）苋"；部分念［an］韵，如"芟（~菜）先"。

（2）《汇音妙悟》"高"韵例字，芦洲话念［ɔ］韵，如"补脯布步部、扶钴、箍、乌、芋"。

（3）《汇音妙悟》"科韵"例字，芦洲话念［e、eʔ］韵，如"菠飞赔倍焙、皮被、尾糜未妹、戴短、推退、螺、吹炊髓棰挼（找）、税、果粿过髻（鸡~）、课（空~）、灰火岁货回""欲（要）袜、啄、绝、说雪、郭、缺、月"。这些例字普通腔念［ue、ueʔ］韵。

（4）《汇音妙悟》"居韵"例字，芦洲话念［u］韵，如"猪除着（~名）箸、女吕虑、煮薯自、鼠处次字、车居举据锯、去、语、许鱼、预遇"。这些例字普通腔念［i］韵，部分同安腔念［u］韵。

（5）《汇音妙悟》"青韵"部分例字，芦洲话都念［ĩ］韵，如"柄平病、彭澎、郑、争井、青星醒、生牲性姓、经更羹鲠、坑、硬、婴"。这些例字在偏漳腔念［ẽ］韵。

（6）《汇音妙悟》"青"韵部分例字，芦洲话念［ĩ］韵，如"边扁变、染年、见、棉面、甜、天添、钱、墘、圆院"。

（7）《汇音妙悟》"箱韵"例字，芦洲话念［ĩu］韵，如"张长涨场丈、两量娘梁凉让量、樟浆章螫蒋浆掌酱痒上（~车）、鲳枪厂抢唱墙象像匠上（~水），箱伤赏鸯（鸭~）相想、姜、腔、乡香、鸯养羊杨样"。

（8）《汇音妙悟》"恩韵"例字，芦洲话念［un］韵，如"斤巾筋根近、勤芹、银、恨、恩"。这些例字普通腔念［in］韵，部分同安腔念［un］韵，部分安溪腔念［in］韵。

（9）《汇音妙悟》"香韵"例字，芦洲话大部分念［iɔŋ］韵；念［iaŋ］韵只有"良梁响彰漳（~州）"。

（10）《汇音妙悟》"鸡韵"例字，芦洲话念［ue、ueʔ］韵，如"底题蹄苎地、替、犁鑢（锯~）、做齐众（多）、初栖、黍洗细、鸡街疥鲑、溪契、挨矮鞋会""笠、节、切、莢、狭"。这些例字普通腔念［e、

---

① 罗常培：《汉语方言研究小史》，《罗常培语言学论文选集》，北京：中华书局，1963年。

e？〕韵，部分同安腔念〔ue、ue？〕韵。

（11）《汇音妙悟》"杯韵"例字，芦洲话念〔ue〕韵，如"买卖"、"八"。普通腔念〔e、e？〕韵，部分同安腔念〔ue、ue？〕韵。

（12）《汇音妙悟》"关韵"例字，芦洲话念〔ũi〕或〔uãi〕韵，如"关、惯悬县"。普通腔念〔uãi〕、〔uan〕韵，偏泉腔念〔ũi〕韵。

（13）《汇音妙悟》"飞韵"部分例字，芦洲话念〔ue、ui？〕韵，如"废"〔hue¹¹〕、"血"〔hui？³〕。

（14）《汇音妙悟》"毛韵"例字，芦洲话念〔e〕韵，如"方枫饭、门问、转顿断、传、软卵、砖钻全旋、穿川（尻~）、酸损算、光、卷管、卷贯、劝、荒昏园远、（手~）黄"。

（二）实际调查结果

为了更切合芦洲话目前的音系，笔者也到芦洲当地搜集实际的语音数据。发音人必须是土生土长，至少住过三代以上的芦洲人。从芦洲地方志的记载可知当地的芦洲小学附近一带开发较早，因此笔者以芦洲小学为核心，从附近的十个邻里展开调查，每个里老、中、青至少各一组调查样本，其中30岁以下（包含30岁）为青年层；31岁到60岁为中年层；61岁以上为老年层。发音人按性别、年龄以及访问次序个别编号，其方式为男性开头以m，女性为f；青年层为30、中年层为60、老年层为61；第一个访问者的序号用01，依此类推。①

目前芦洲在地老、中、青三代的闽南语之音韵结构是否仍保有芦洲话方言的特色，以下总叙其调查的结果，以音类方式呈现。

（1）日母字：日母字的读音在台湾闽南语方言中有三种变体，分别是〔l-〕、〔dz-〕、〔g-〕。芦洲话读为〔l-〕，普通腔则是读为〔g-〕，例如"日头"在芦洲话读作〔lit¹ tʰau¹³〕，普通腔则是〔git¹ tʰau¹³〕。针对日母字，笔者调查了"**日**头"、"写**字**"、"十**二**"、"**入**来"、"虾**仁**"、"**韧**"、"**润**饼"、"**挼**"等8个词汇，发现老、中、青三代依然维持着芦洲话〔l-〕的读法。

（2）〔o〕元音的变化：这组一共调查了"**蚵**仔"、"**芋**仔"、"水蜜**桃**"、"**涂**"、"**茄**"等5个词汇，目的是看〔o〕元音的演变。

a. "**蚵**仔"：芦洲话念〔o³³ a⁵¹〕，普通腔念〔ə³³ a⁵¹〕。多数发音人都念普通腔〔ə³³ a⁵¹〕，尤其是青年层。

b. "**芋**仔"：芦洲话念〔ɔ³³ a⁵¹〕，普通腔念〔o³³ a⁵¹〕。发音人都念〔ɔ³³ a⁵¹〕。②

c. "水蜜**桃**"："桃"在芦洲话中念〔tʰo¹³〕，普通腔念〔tʰə¹³〕。多数发音人念〔tʰə¹³〕，特别是青年层。

d. "**涂**"：芦洲话念〔tʰo¹³〕，普通腔念〔tʰɔ¹³〕。多数发音人仍维持〔tʰo¹³〕的读音。

e. "**茄**"：芦洲话念〔kio¹³〕，普通腔念〔kiə¹³〕。多数发音人念〔kiə¹³〕，尤其是青年层。

（3）"居韵"类："居韵"在台湾闽南语方言中有两种读音变体，分别为〔u〕和〔i〕。泉腔念〔u〕，普通腔念〔i〕。这一类笔者调查了4个词汇，分别是"**猪**"、"**鱼**"、"老**鼠**"、"番**薯**"。

a. "**猪**"：芦洲话念〔tu⁵⁵〕，普通腔念〔ti⁵⁵〕。多数人念〔ti⁵⁵〕。青年层皆念〔ti⁵⁵〕，中年层多数念〔ti⁵⁵〕，老年层中只有一位念〔ti⁵⁵〕，其余皆念〔tu⁵⁵〕。

b. "**鱼**"：芦洲话念〔hu⁵⁵〕，普通腔念〔hi⁵⁵〕。调查过程中，有发音人是两种都读，没有固定念法。读〔hu⁵⁵〕和读〔hi⁵⁵〕的人数基本上差不多，两种都读的只有三人。青年层多数读〔hi¹³〕，中年亦然；老年层刚好相反，大部分的人读〔hu¹³〕，只有两人读〔hi¹³〕。

---

① 以一组序号"f3001"为例，这组序号代表的意思为此发音人是第一个接受笔者访问的青年层女性。

② "蚵仔"跟"芋仔"是要观察发音人是否出现〔o〕、〔ɔ〕不分的情况，结果只有一位发音人出现了这样的情形。

c. "老鼠"：芦洲话念［niãu⁵⁵ tsʰu⁵¹］，普通腔念［niãu⁵⁵ tsʰi⁵¹］。一半的发音人仍旧维持［u］元音的读法，但是青年层皆为［niãu⁵⁵ tsʰi⁵¹］，这一点值得观察。

d. "番薯"：芦洲话念［han³³ tsu¹³］，普通腔念［han³³ tsi¹³］。多数发音人读作［han³³ tsi¹³］，特别是青年层皆为普通腔的读法。

（4）"科韵"类："科韵"在台湾闽南语方言中有三种读音变体，分别为［ə］、［e］、［ue］。泉腔念［ə］，普通腔念［ue］。这类调查的词汇有"炊粿"、"棉被"、"糜"等3个。

a. "炊粿"：芦洲话念［tsʰe³³ ke⁵¹］，普通腔念［tsʰue³³ kue⁵¹］。有部分发音人（以青年层居多）会出现"元音前后不一致"的情形。照理说，如果"炊"字读成［tsʰe³³］，"粿"字应该会读成［ke⁵¹］，然而有人却出现［tsʰe³³ kue⁵¹］或［tsʰue³³ ke⁵¹］的情况。芦洲话［tsʰe³³ ke⁵¹］的读法仍为多数，念［tsʰue³³ kue⁵¹］的人并不多。

b. "棉被"："被"在芦洲话念［pʰe³³］，普通腔念［pʰue³³］。大部分人仍维持［pʰe³³］的读法。

c. "糜"：芦洲话念［be¹³］，普通腔念［muẽ¹³］、［muãi¹³］。多数人依旧维持［be¹³］的读法。

（5）"关韵"类："关韵"在芦洲话念［uãi］韵，在普通腔念［uan］韵。这组调查的词汇有"关门"、"台北县"、"悬"（高）等3个。

a. "关"门：芦洲话念［kũi₃₃ me¹³］，普通腔念［kuãi³³ me¹³］。发音人多数读作［kũi³³ me¹³］。

b. "台北县"："县"在芦洲话念［kuãi³³］，普通腔念［kuan³³］。调查显示读［kuan³³］的人比读［kuãi³³］的只多3人。

c. "悬"：芦洲话念［kuãi¹³］，普通腔念［kuan¹³］。结果显示［kuan¹³］为多数。

（6）［a］、［e］元音的分别：这类调查的词汇为"骂"。"骂"在芦洲话念［mã³³］，普通腔念［mẽ³³］。多数人仍维持［mã³³］的读音。

（7）"青韵"类：这组调查的词汇有"三更半暝"、"井"、"生"（生孩子）3个。

a. "三更半暝"："暝"在芦洲话念［mĩ¹³］，普通腔念［mẽ¹³］。多数发音人仍维持［mĩ¹³］的读音。

b. "井"：芦洲话念［tsĩ⁵¹］，普通腔念［tsẽ⁵¹］。多数发音人依然维持［tsĩ⁵¹］的读音，然而青年层多数不会说这个词，可见"井"这个词汇可能正在消失当中。

c. "生"：芦洲话念［sĩ⁵⁵］，普通腔念［sẽ⁵⁵］。多数发音人仍旧维持［sĩ⁵⁵］的读音。

（8）"飞韵"类：这组调查的词只有"流血"。"流血"在芦洲话念［lau¹¹ huiʔ³］，普通腔念［lau³³ hueʔ³］。大部分发音人仍维持［lau¹¹ huiʔ³］的读音。

（9）"燹韵"类："燹韵"在芦洲话念［ãi］韵，普通腔念［iŋ］韵。调查的词汇为"还钱"。"还钱"在芦洲话为［hãi₁₁ tsĩ¹³］，普通腔是［hiŋ³³ tsĩ¹³］。多数人已经改念［hãi₁₁ tsĩ¹³］。

（10）"斤韵"类："斤韵"在芦洲话念［un］，普通腔念［in］。这组调查的词汇是"一斤"、"芹菜"、"银行"。

a. "一斤"："斤"在芦洲话念［kun⁵⁵］，普通腔念［kin⁵⁵］。多数发音人仍旧维持［kun⁵⁵］的读法。

b. "芹菜"："芹"在芦洲话念［kʰun¹³］，普通腔念［kʰin¹³］。多数发音人依然维持［kun¹³］的读法。调查过程中，青年层的发音人多数不会说这个词。

c. "银行"："银"在芦洲话念［gun¹³］，普通腔念［gin¹³］。多数发音人仍然维持［kun⁵⁵］的读法。青年层发音人多数不会说这个词，不然就是读错。

（11）"鸡韵"类："鸡韵"在芦洲话念［ue］韵，普通腔念［e］韵。这类调查的词汇有"鸡"、"溪"、"多"、"梳头"4个。

a. "鸡"：芦洲话念［kue⁵⁵］，普通腔念［ke⁵⁵］。多数发音人仍维持［kue⁵⁵］的读法。

b. "**溪**"：芦洲话念［kʰue⁵⁵］，普通腔念［kʰe⁵⁵］。大部分发音人依然维持［kʰue⁵⁵］的读法。

c. "**多**"：芦洲话念［tsue³³］，普通腔念「tse³³」。多数发音人仍维持「tsue³³」的读法。

d. "**梳头**"："**梳**"在芦洲话念［sue⁵⁵］，普通腔念［se⁵⁵］。调查过程中，许多发音人反而都说成"挏"［lua¹¹］这个词，所以"**梳头**"这个词汇没有达到预期目的。

（12）小称词词干元音增音变化：这类调查的词汇为"鸭仔"、"蜊仔"、"神仔"。

这些词汇都有小称词，选择这些词是要观察小称词词干元音增音现象的有无。

a. "**鸭仔**"：芦洲话念［ai⁵⁵ a⁵¹］，普通腔念［a⁵⁵ a⁵¹］。多数发音人并不会在"鸭"后面加上仔尾词［a⁵¹］，反而都说［a⁵¹］或［aʔ³］，因此"鸭仔"这个词没有达到原先预设的调查目的。

b. "**蜊仔**"：芦洲话念［lai³³ a⁵¹］，普通腔念［la³³ a⁵¹］。结果显示念［la³³ a⁵¹］者为多数，读［lai³³ a⁵¹］者的发音人以老年层居多。

c. "**神仔**"：芦洲话念［kai⁵⁵ a⁵¹］，普通腔念［ka⁵⁵ a⁵¹］。发音人多数念［ka⁵⁵ a⁵¹］，其中青年层发音人多数不会说这个词。

（13）喉阳入 -ʔ韵尾：这一类调查的词汇为"**白**"跟"**舌**"。①

a. "**白**"：芦洲话念［peʔ⁵］。为了检察其喉塞音韵尾［-ʔ］是否丢失，又调查了"扒饭"［pe³³pe³³］这个词汇。倘若喉塞音韵尾［-ʔ］丢失了，那"白"与"扒"这两个词汇就会音同而产生混淆。调查显示多数发音人仍保有喉塞音韵尾［-ʔ］，两者并未发生笔者预期的状况。

b. "**舌**"：芦洲话念［tsiʔ⁵］，多数发音人念［tsi⁵⁵］，其喉塞音韵尾［ʔ］发生丢失。

以上调查的统计呈现出一个极为鲜明的现象，就是青年层和中、老年层的闽南语能力和口音都有一定程度的落差。就闽南语的使用能力来说，有些词汇青年人大部分都不会说，例如"芹菜"、"银行"、"神仔"，这些都是常用的词汇；口音方面，以"居韵类"的词汇来说，"猪"、"鱼"、"鼠"、"薯"在芦洲话的元音皆为［u］，有别于普通腔的［i］，这一点也是芦洲话与普通腔清楚判别的标准，然而这些词汇青年层多数读作［i］而非［u］，可见芦洲话的腔调特征在年轻世代的芦洲人里已经式微，芦洲话也成为了濒危方言。根据戴庆夏《社会语言学概论》，濒危的判断标准有三项：

（1）丧失人口的数量比例。如果这个民族80%以上的人都已转用第二语言，并有增长趋势，其语言有可能是濒危语言。

（2）使用者年龄段的分布比例。如果这个语言只有中老年人懂得，青少年一代已失传，这种断代特征表明它已具有濒危的先兆。

（3）语言能力的强弱。如果只有听而没有说的能力，或说的能力很低，说明这个语言的功能已严重衰退，正在走向濒危。②

若以本次调查体现的情况来看，芦洲话的确是处于极为不利的状态。

（三）芦洲当地学校闽南语教材之分析

经过前面的分析，芦洲话的音系与共时音韵变化已经大致掌握。本文以芦洲小学的闽南语教材为对象，芦洲小学使用的闽南语教材以康轩版为主，课本编辑要旨的教学使用说明里明确地表示"闽南语标音以台湾'通行腔'为主，教师于教学时应尊重各地方音差，不宜要求学生统一腔调。"③可见编纂者也意识到台湾存在许多方言变体。课本标音以"通行腔"为准，"通行腔"等同"普通腔"，这里依照前面

---

① 这部分是要看喉塞音韵尾［ʔ］是否丢失。

② 戴庆夏：《社会语言学概论》，香港：商务印书馆，2004年，第5页。

③ 康轩文教事业编辑委员会：《小学闽南语课本》，台北：康轩出版社，2014年，第一册。

音类的框架，特别与课本中的标音两两比较，用以凸显其差异。

（1）日母字

表4

字音	芦洲话	课本
日	lit8	dzit8①
任	lim-7	dzim7
字	li7	dzi7
认	lim7	dzim7
二	li7	dzi7
人	lin7	dzin7

（2）"居韵"类

表5

字音	芦洲话	课本
鼠	tsʰu2	tsʰi2
猪	tu1	ti1
鱼	hu1	hi1

（3）"科韵"类

表6

字音	芦洲话	课本
糜	be5	muẽ5
粿	ke2	kue2

（4）"关韵"类

表7

字音	芦洲话	课本
关	kũi1	kũi1
悬（高）	kuãi5	kuan5
县	kuãi7	kuan7

（5）"青韵"类

表8

字音	芦洲话	课本
生	sĩ1	sẽ1
青	tsĩ1	tsẽ1
暝	mĩ5	mẽ5

---

① 课本里标示声调方式为台罗系统，本文为了叙述上方便对照，故将其声调转写为数字符号表示调类。

（6）"飞韵"类

表9

字音	芦洲话	课本
血	hui?³	hue?³

（7）"鸡韵"类

表10

字音	芦洲话	课本
洗	sue2	se2
未	bue7	be7
溪	kʰue1	kʰe1
鸡	kue1	ke1
多	tsue7	tse7
买	bue2	be2
卖	bue7	be7

除此之外，笔者也以问卷访问了芦洲国28位小闽南语教师的教学状况（问卷内容详参附录），其中几个项目点出了当前乡土语教学的问题。

（1）教师多半不是芦洲当地人：28位受访者中只有5位是芦洲人。意识到课本的标音不同于芦洲话者有13人，其中有告知学生芦洲话读音的只有5人，这5人当中有3人是芦洲人。

（2）教学时数每周约平均40分钟：乡土语教学的时段在正规教学时段只有安排1节的时数，明显不足。这样少量的乡土语言教育对挽救快速衰亡的本土语言能够起到多少救亡图存的作用，着实令人怀疑。

（3）学童本身（教学前）具备闽南语能力的比例：学童在未接受乡土语教育前就已经会说闽南语的比例，每个教师遭遇的状况都不大相同，但是以问卷题目的大方向来看，落在30%者居多，这样的情况认为逐渐下降者共有16人，占了一半以上；不一定者有11人；认为稳定成长的只有1人。可见闽南语在芦洲地区退化得十分严重。

表11　学童教学前具备闽南语能力之情形

比例	人数
7成以上	1
5~6成	4
3~4成	16
3成以下	7

表12　学童教学前具备闽南语能力之历年情形

状态	人数
稳定	1
逐年下降	16
不一定	11
不知道	0

四、结论

　　藉由田野调查，笔者整理并核实了芦洲话的音系；另一方面，从访谈中，我们可以得知芦洲小学的孩童具备闽南语能力的情形每况愈下，教师也多半不是芦洲当地人，所以很多人就不会察觉课本标音与芦洲话的差异，有告知学童芦洲话音韵的老师更是少之又少，加上教学时段只有每周一节，这样的状况就会使学童在学习时间不足的状态下，不一定得到地道的芦洲话，反而多数操持普通腔。这就使课本里表达"要尊重各地腔调"的声明形同虚设。倘若乡土语教育以这样的模式持续办下去，最终只会导致各地的次方言逐渐被普通腔消灭，相信这并非各界，尤其是教育部所乐见。

　　笔者以为，若要施行乡土语教育，教师最好是熟谙当地腔调的人，因此又以当地人最为合适。如果规定乡土语教师必须是当地人，这在当前的教育体系里也不太可行，而以师资培训、研习的方式来解决此问题的程度又非常有限，多数人的心态也是亡羊补牢，聊胜于无，这样的乡土语言教育的前景着实令人担忧。有人宣称乡土语教育应该在家庭施行，笔者也认为立意良善，不过这样做必须先提升族群的"语言意识"。语言意识指的是"人们对语言的识别能力及清晰度，以及固定的语言观念、认识。包括语音、词汇、语法以及语言教育的认识，形成比较成型的语言观念"。① 否则把乡土语教育的责任交给家庭也是"徒呼负负"。现在能做的就是先稳定本土语言的使用量，之后再逐步调整教学方向和策略，最后我们期待教育机构可以反省当前汇集的信息并改进本土语言教育政策，持续修正未来本土语言教育的实施。

参考文献

[1]方南强.闽南语母语教学的回顾与前瞻[J].华文世界，1994（74）.

[2]江文瑜.台湾母语教育现状之探讨[J].华文世界，1995（75）.

[3]李无未.日本明治时期北京官话课本研究的基本问题[J].吉林师范大学学报，2007（1）.

[4]林秀英.芦洲的寺庙与聚落[J].台湾文献，1978（1）.

[5]周长楫.福建境内闽南方言的分类[J].语言研究，1986（2）.

[6]周泰顺.闽南语教学之探讨[J].师友，1999（388）.

[7]洪惟仁.台湾诸语言之分布与融合消长之竞争力分析[J].台湾风物，1989（2）.//台湾方言之旅.

[8]洪惟仁.母语教学的意义与方法[J].国文天地，2002（6）.

[9]洪惟仁.台北地区闽南语的方言类型与方言分区[J].台湾语文研究，2009（1）.

[10]姚荣松.台湾闽南语常用词辞典（网络辞典）[M].2011，http://twblg.dict.edu.tw/holodict_new/index.html.

[11]张屏生.同安方言及其部分相关方言的语音调查和比较[J].国立台湾师范大学国文研究所博士论文，1996.

[12]张屏生.台北县芦洲方言记略[J].台北县立文化中心季刊，1996.

[13]张屏生.当前母语教育实施的困境[J].国文天地，2001（7）.

[14]张屏生.台北县芦洲同安腔闽南话语汇稿[J].未刊稿.

[15]黄沛蓉.当前语文问题论集[M].台北：国立台湾大学中国文学系，1994.

[16]黄美金.台湾地区本土语言教材之探讨[J].华文世界，1995（75）.

---

① 李无未：《日本明治时期北京官话课本研究的基本问题》，《吉林师范大学学报》，2007年第1期，第83-88页。

［17］康轩文教事业编辑委员会.小学闽南语课本(共十二册)［M］.台北：康轩出版社，2014.

［18］曹逢甫.族群语言政策——海峡两岸的比较［M］.台北：文鹤出版社，1997.

［19］陈美如.台湾光复后语言教育政策之研究［J］.国立台湾师范大学教育研究所硕士论文，1996.

［20］曾金金.九年一贯课程中的闽南语教材教法［J］.国文天地，2001（1）.

［21］刘绍桢.语言的幻相与实相—台湾语言运动之批判［J］.国文天地，1993（6）.

［22］芦洲乡志编辑委员会.芦洲乡志［M］.芦洲：台北县芦洲乡公所，1993.

［23］戴庆夏.社会语言学概论［M］.香港：商务印书馆，2004.

［24］罗常培.汉语方言研究小史，《罗常培语言学论文选集》［M］.北京：中华书局，1953.

附录一：调查字词表

1	日头	dzit$_1$ t^{h}au^{13}	lit$_1$ t^{h}au^{13}	git$_1$ t^{h}au^{13}
2	写字	sia$_{55}$ dzi^{33}	sia$_{55}$ li^{33}	sia$_{55}$ gi^{33}
3	十二	tsap$_1$ dzi^{33}	tsap$_1$ li^{33}	tsap$_1$ gi^{33}
4	入来	dzip^5·lai$_{11}$	lip^5·lai$_{11}$	lip^3·lai$_{11}$
5	虾仁	he$_{11}$ dzin^{13}	he$_{11}$ lin^{13}	he$_{33}$ dzin^{13}
6	韧	dzun^{33}	lun^{33}	
7	润饼	dzun$_{11}$ piã^{51}	lun$_{11}$ piã^{51}	
8	挼	dzue^{13}	le^{13}	
9	蚵仔	o$_{33}$ a^{51}	ə$_{33}$ a^{51}	
10	芋仔	ɔ$_{33}$ a^{51}	o$_{33}$ a^{51}	
11	水蜜桃	tsui$_{55}$ bit$_1$ t^{h}o^{13}	tsui$_{55}$ bit$_1$ t^{h}ə^{13}	
12	涂	t^{h}ɔ^{13}	t^{h}o^{13}	
13	茄	kio^{13}	kiə^{13}	
14	猪	tu^{55}	ti^{55}	tɨ^{55}
15	鱼	hu^{13}	hi^{13}	hɨ^{13}
16	老鼠	niãu$_{55}$ ts^{h}u^{51}	niãu$_{55}$ ts^{h}i^{51}	niãu$_{35}$ ts^{h}ɨ^{55}
17	地瓜	han$_{33}$ tsu^{13}	han$_{33}$ tsi^{13}	han$_{33}$ tsɨ^{13}
18	炊粿	ts^{h}e$_{33}$ ke^{51}	ts^{h}ue$_{33}$ kue^{51}	ts^{h}e$_{33}$ ke^{51}
19	被	p^{h}e^{33}	p^{h}ue^{33}	p^{h}e^{33}
20	糜	be^{13}	muẽ^{13}	be^{13}
21	关门	kũi$_{33}$ me^{13}	kuẽ$_{33}$ mũi^{13}	kuãi$_{33}$ me^{13}
22	台北县	tai$_{11}$ pak$_5$ kuãi^{33}	tai$_{11}$ pak$_5$ kuan^{33}	
23	悬	kuãi^{13}	kuan^{13}	
24	骂	mã^{33}	mẽ^{33}	
25	三更半暝	sã$_{33}$ kĩ$_{33}$ puã$_{51}$ mĩ^{13}	sã$_{33}$ kẽ$_{33}$ puã$_{51}$ mẽ^{13}	
26	井	tsĩ^{51}	tsẽ^{51}	
27	生	sĩ^{55}	sẽ^{55}	
28	流血	lau$_{11}$ huiʔ^3	lau$_{33}$ hueʔ^3	

29	还钱	hãi$_{11}$ tsĩ^{13}	hiŋ$_{33}$ tsĩ^{13}	han$_{33}$ tsĩ^{13}
30	一斤	tsit$_1$ kun^{55}	tsit$_1$ kin^{55}	tsit$_1$ kʰin^{55}
31	芹菜	kʰun$_{11}$ tsʰai^{11}	kʰin$_{33}$ tsʰai^{11}	kʰɨn$_{11}$ tsʰai^{11}
32	银行	gun$_{11}$ haŋ^{13}	gin$_{33}$ haŋ^{13}	gɨn$_{11}$ haŋ^{13}
33	鸡	kue^{55}	ke^{55}	
34	溪	kʰue^{55}	kʰe^{55}	
35	多	tsue^{33}	tse^{33}	
36	梳头	sue$_{33}$ tʰau^{13}	se$_{33}$ tʰau^{13}	
37	白	peʔ^5	pe^{55}	pe^{33}
38	扒饭	pe^{55}		
39	舌	tsiʔ^5	tsi^{55}	
40	之	tsi^{55}		
41	鸭仔	ai$_{55}$ a^{51}	a$_{55}$ a^{51}	
42	蜊仔	lai$_{33}$ a^{51}	la$_{33}$ a^{51}	
43	□仔	kai$_{55}$ a^{51}	ka$_{55}$ a^{51}	

附录二：调查问卷

编号：_____ 受访者：_____ 访者：_____ 日期：_____

一、基本数据（请打✓）

a1. 性别：1□男 2□女

a2. 年龄：1□1—30岁 2□31—60岁 3□60—90岁以上 年龄_____

a3. 出生地：1□芦洲 2□其他_____

a4. 家人（包括父母、祖父母）：1□是 2□否

a5. 您是：1□闽南人 2□客家人 3□外省人 4□原住民（_____族）

a6. 母语：1□闽南语 2□客家话 3□国语 4□原住民语（_____语）

a7. 您平常都讲：1□闽南语 2□客家话 3□国语 4□其他_____

a8. 您的闽南语教学经历几年？_____

二、教学概况

b1. 闽南语教学一周的教学时数为何？_____

b2. 教学前，班上学生具备闽南语能力的情形（能以闽南语进行沟通）大致为何？

    1□非常普遍（7成以上） 2□普遍（5~6成） 3□还好（3~4成） 4□不普及（3成以下）

b3. 接续上一题，这样的情形是：

    1□保持稳定的状态 2□逐年下降 3□情况不一定 4□不知道

b4. 就您观察，学生在闽南语课堂以外使用闽南语交谈的情形为何？

    1□非常普遍 2□普遍 3□还好 4□不普及

b5. 进行教学时，学生的反应为：1□踊跃 2□普通 3□兴趣缺缺

b6. 接触到学校的闽南语教材时，是否察觉教材标举的读音和芦洲当地的闽南语不同？

1□是　2□否("否"者请跳过下一题)

b7. 您是否有做出因应，例如告知学牛芦洲当地闽南语的读法？1□是　2□否

b8. 经过闽南语教学后，学生使用闽南语的情形是否提升？1□是　2□否

b9. 接续前一题，您认为学生的闽南语提升的程度是否达到课本或课纲订定的教学目标？

　　1□是　2□否

b10. 您的教学目标是否和课本及课纲相同？1□是　2□否("是"请直接做答第11题)

b11. 您认为课本或课纲的教学目标是否达到您的教学目标？1□是　2□否

b12. 您认为这样的闽南语教学的成效如何？

　　1□非常良好　2□良好　3□普通　4□勉强及格　5□低落

附录三：问卷数据表

	1.日头	2.写字	3.十二	4.入来	5.虾仁	6.韧	7.润饼
f3001	$lit_1\ t^hau^{13}$	$sia_{55}\ li^{33}$	$tsap_1\ li^{33}$	$lip^5 \cdot bai_{11}$	$he_{11}\ lin^{13}$	lun^{33}	$lun_{11}\ pi\tilde{a}^{51}$
f3002	$lit_1\ t^hau^{13}$	$sia_{55}\ li^{33}$	$tsap_1\ li^{33}$	$lip^5 \cdot lai_{11}$	$he_{33}\ lin^{13}$	×	$lun_{11}\ pi\tilde{a}^{51}$
f3003	$lit_1\ t^hau^{13}$	$sia_{55}\ li^{33}$	$tsap_1\ li^{33}$	$li^{11} \cdot lai_{11}$	$he_{33}\ lin^{13}$	lun^{33}	$lun_{11}\ pi\tilde{a}^{51}$
f3004	$lit_1\ t^hau^{13}$	$sia_{55}\ li^{33}$	$tsap_1\ li^{33}$	$li^{55} \cdot lai_{11}$	$he_{11}\ lin^{13}$	lun^{33}	$lun_{11}\ pi\tilde{a}^{51}$
f3005	$lit_1\ t^hau^{13}$	$sia_{55}\ li^{33}$	$tsap_1\ li^{33}$	$lip^3 \cdot lai_{11}$	×	×	×
f6001	$lit_1\ t^hau^{13}$	$sia_{55}\ li^{33}$	$tsap_1\ li^{33}$	$lip^5 \cdot lai_{11}$	$he_{11}\ lin^{13}$	lun^{33}	$lun_{11}\ pi\tilde{a}^{51}$
f6002	$lit_1\ t^hau^{13}$	$sia_{55}\ li^{33}$	$tsap_1\ li^{33}$	$lip^5 \cdot bai11$	$he_{11}\ lin^{13}$	lun^{33}	$lun_{11}\ pi\tilde{a}^{51}$
f6003	$lit_1\ t^hau^{13}$	$sia_{55}\ li^{33}$	$tsap_1\ li^{33}$	$lip^5 \cdot lai_{11}$	$he_{11}\ lin^{13}$	lun^{33}	$lun_{11}\ pi\tilde{a}_{55}\ kau\text{ʔ}^3$
f6004	$lit_1\ t^hau^{13}$	$sia_{55}\ li^{33}$	$tsap_1\ li^{33}$	$lip^5 \cdot lai_{11}$	$he_{11}\ lin^{13}$	lun^{33}	$lun_{11}\ pi\tilde{a}^{51}$
f6005	$lit_1\ t^hau^{13}$	$sia_{55}\ li^{33}$	$tsap_1\ li^{33}$	$lip^5 \cdot lai_{11}$	$he_{11}\ lin^{13}$	lun^{33}	$lun_{11}\ pi\tilde{a}^{51}$
f6101	$lit_1\ t^hau^{13}$	$sia_{55}\ li^{33}$	$tsap_1\ li^{33}$	$lip^5 \cdot lai_{11}$	$he_{11}\ lin^{13}$	lun^{33}	$lun_{11}\ pi\tilde{a}_{55}\ kau\text{ʔ}^3$
f6102	$lit_1\ t^hau^{13}$	$sia_{55}\ li^{33}$	$tsap_1\ li^{33}$	$lip^5 \cdot lai_{11}$	$he_{11}\ lin^{13}$	lun^{33}	$lun_{11}\ pi\tilde{a}^{51}$
f6103	$lit_1\ t^hau^{13}$	$sia_{55}\ li^{33}$	$tsap_1\ li^{33}$	$lip^5 \cdot lai_{11}$	$he_{11}\ lin^{13}$	lun^{33}	$lun_{11}\ pi\tilde{a}_{55}\ kau\text{ʔ}^3$
f6104	$lit_1\ t^hau^{13}$	$sia_{55}\ li^{33}$	$tsap_1\ li^{33}$	$lip^5 \cdot lai_{11}$	$he_{11}\ lin^{13}$	lun^{33}	$lun_{11}\ pi\tilde{a}_{55}\ kau\text{ʔ}^3$
f6105	$lit_1\ t^hau^{13}$	$sia_{55}\ li^{33}$	$tsap_1\ li^{33}$	$lip^5 \cdot lai_{11}$	$he_{11}\ lin^{13}$	lun^{33}	$lun_{11}\ pi\tilde{a}^{51}$
m3001	$lit_1\ t^hau^{13}$	$sia_{55}\ li^{33}$	$tsap_1\ li^{33}$	$lip^5 \cdot lai_{11}$	×	×	$lun_{11}\ pi\tilde{a}^{51}$
m3002	$lit_1\ t^hau^{13}$	$sia_{55}\ li^{33}$	$tsap_1\ li^{33}$	$li_{11}\ lai^{13}$	×	×	×
m3003	$lit_1\ t^hau^{13}$	$sia_{55}\ li^{33}$	$tsap_1\ li^{33}$	$lip^3 \cdot lai_{11}$	×	×	$lun_{11}\ pi\tilde{a}^{51}$
m3004	$lit_1\ t^hau^{13}$	$sia_{55}\ li^{33}$	$tsa_{11}\ li^{33}$	$lip^5 \cdot lai_{11}$	×	×	×
m3005	$lit_1\ t^hau^{13}$	$sia_{55}\ li^{33}$	$tsap_1\ li^{33}$	$lip^5 \cdot lai_{11}$	$he_{11}\ lin^{13}$	×	×
m3006	$lit_1\ t^hau^{13}$	$sia_{55}\ li^{33}$	$tsap_1\ li^{33}$	$lip5 \cdot lai_{11}$	$he_{11}\ lin^{13}$	lun^{33}	$lun_{11}\ pi\tilde{a}^{51}$
m6001	$lit_1\ t^hau^{13}$	$sia_{55}\ li^{33}$	$tsap_1\ li^{33}$	$lip_1\ lai^{13}$	$he_{11}\ lin^{13}$	lun^{33}	$lun_{11}\ pi\tilde{a}^{51}$
m6002	$lit_1\ t^hau^{13}$	$sia_{55}\ li^{33}$	$tsap_1\ li^{33}$	$lip^5 \cdot lai_{11}$	$he_{11}\ lin^{13}$	lun^{33}	$lun_{11}\ pi\tilde{a}^{51}$
m6003	$lit_1\ t^hau^{13}$	$sia_{55}\ li^{33}$	$tsap_1\ li^{33}$	$lip^5 \cdot lai_{11}$	$he_{11}\ lin^{13}$	lun^{33}	$lun_{11}\ pi\tilde{a}^{51}$
m6004	$lit_1\ t^hau^{13}$	$sia_{55}\ li^{33}$	$tsap_1\ li^{33}$	$lip^5 \cdot lai_{11}$	$he_{11}\ lin^{13}$	lun^{33}	$lun_{11}\ pi\tilde{a}^{51}$
m6005	$lit_1\ t^hau^{13}$	$sia_{55}\ li^{33}$	$tsap_1\ li^{33}$	$lip5 \cdot lai_{11}$	$he_{11}\ lin^{13}$	lun^{13}	$lun_{11}\ pi\tilde{a}^{51}$
m6101	$lit_1\ t^hau^{13}$	$sia_{55}\ li^{33}$	$tsap_1\ li^{33}$	$lip^5 \cdot lai_{11}$	$he_{11}\ lin^{13}$	lun^{33}	$\text{ɬ}un_{11}\ pi\tilde{a}^{51}$

续表

	1.日头	2.写字	3.十二	4.入来	5.虾仁	6.韧	7.润饼
m6102	$lit_1\ t^hau^{13}$	$sia_{55}\ li^{33}$	$tsap_1\ li^{33}$	$lip^5 \cdot lai_{11}$	$he_{11}\ lin^{13}$	lun^{33}	$lun_{11}\ pi\tilde{a}^{51}$
m6103	$lit_1\ t^hau^{13}$	$sia_{55}\ li^{33}$	$tsap_1\ i^{33}$	$lip^5 \cdot lai_{11}$	$he_{11}\ lin^{13}$	lun^{33}	$lun_{11}\ pi\tilde{a}^{51}$
m6104	$lit_1\ t^hau^{13}$	$sia_{55}\ li^{33}$	$tsap_1\ li^{33}$	$lip^5 \cdot lai_{11}$	$he_{11}\ lin^{13}$	×	×
m6105	$lit_1\ t^hau^{13}$	$sia_{55}\ li^{33}$	$tsap_1\ li^{33}$	$lip^5 \cdot lai_{11}$	$he_{11}\ lin^{13}$	lun^{33}	$lun_{11}\ pi\tilde{a}^{51}$

	8.揬	9.蚝仔	10.芋仔	11.水蜜桃	12.涂	13.茄	14.猪
f3001	le^{13}	$ə_{33}\ a^{51}$	$ɔ_{33}\ a^{51}$	$tsui_{55}\ bit_1\ t^hə^{13}$	$t^hɔ^{13}$	$kiə^{13}$	ti^{55}
f3002	×	$ə_{33}\ a^{51}$	$ɔ_{33}\ a^{51}$	$tsui_{55}\ bit_1\ t^hə^{13}$	$t^hɔ^{13}$	$kiə^{13}$	ti^{55}
f3003	×	$ə_{33}\ a^{51}$	$ɔ_{33}\ a^{51}$	×	$t^hɔ^{13}$	$kiə^{13}$	ti^{55}
f3004	lun^{51}	$ə_{33}\ a^{51}$	$ɔ_{33}\ a^{51}$	$tsui_{55}\ bit_1\ t^hə^{13}$	$t^hɔ^{13}$	$kiə^{13}$	ti^{55}
f3005	×	$ə_{33}\ a^{51}$	$ɔ_{33}\ a^{51}$	$tsui_{55}\ bit_1\ t^hə^{13}$	×	$kiə^{13}$	ti^{55}
f6001	lue^{13}	$o_{33}\ a^{51}$	$ɔ_{33}\ a^{51}$	$tsui_{55}\ bit_1\ t^hə^{13}$	$t^hɔ^{13}$	kio^{13}	tu^{55}
f6002	le^{13}	$o_{33}\ a^{51}$	$ɔ_{33}\ a^{51}$	$tsui_{55}\ bit_1\ t^ho^{13}$	$t^hɔ^{13}$	kio^{13}	ti^{55}
f6003	lue^{13}	$ə_{33}\ a^{51}$	$ɔ_{33}\ a^{51}$	$tsui_{55}\ bit_1\ t^hə^{13}$	$t^hɔ^{13}$	$kiə^{13}$	tu^{55}
f6004	lue^{13}	$o_{33}\ a^{51}$	$ɔ_{33}\ a^{51}$	$tsui_{55}\ bit_1\ t^ho^{13}$	×	kio^{13}	ti^{55}
f6005	lue^{13}	$o_{33}\ a^{51}$	$ɔ_{33}\ a^{51}$	$tsui_{55}\ bit_1\ t^ho^{13}$	×	kio^{13}	ti^{55}
f6006	lue^{13}	$ə_{33}\ a^{51}$	$ɔ_{33}\ a^{51}$	$tsui_{55}\ bit_1\ t^hə^{13}$	$t^hɔ^{13}$	$kiə^{13}$	ti^{55}
f6101	le^{13}	$o_{33}\ a^{51}$	$ɔ_{33}\ a^{51}$	$tsui_{55}\ bit_1\ t^ho^{13}$	$t^hɔ^{13}$	kio13	tu^{55}
f6102	lue^{13}	$ə_{33}\ a^{51}$	$ɔ_{33}\ a^{51}$	$tsui_{55}\ bit_1\ t^hə^{13}$	$t^hɔ^{13}$	$kiə^{13}$	tu^{55}
f6103	le^{13}	$o_{33}\ a^{51}$	$ɔ_{33}\ a^{51}$	$tsui_{55}\ bit_1\ t^ho^{13}$	$t^hɔ^{13}$	kio^{13}	tu^{55}
f6104	le^{13}	$o_{33}\ a^{51}$	$ɔ_{33}\ a^{51}$	$tsui_{55}\ bit_1\ t^ho^{13}$	$t^hɔ^{13}$	kio^{13}	tu^{55}
f6105	le^{13}	$ə_{33}\ a^{51}$	$ɔ_{33}\ a^{51}$	$tsui_{55}\ bit_1\ t^hə^{13}$	$t^hɔ^{13}$?	$kiə^{13}$	tu^{55}
m3001	×	$ə_{33}\ a^{51}$	$ɔ_{33}\ a^{51}$	$tsui_{55}\ bit_1\ t^hə^{13}$	$t^hɔ^{13}$	$kiə^{13}$	ti^{55}
m3002	×	×	$ɔ_{33}\ a^{51}$	$tsui_{55}\ bit_1\ t^hə^{13}$	$t^hɔ^{13}$	×	ti^{55}
m3003	×	$ə_{33}\ a^{51}$	$ɔ_{33}\ a^{51}$	$tsui_{55}\ bit_1\ t^hə^{13}$	$t^hɔ^{13}$	$kiə^{13}$	ti^{55}
m3004	×	$ə_{33}\ a^{51}$	×	$tsui_{55}\ bit_1\ t^hə^{13}$	×	×	ti^{55}
m3005	lue^{13}	$o_{33}\ a^{51}$	$ɔ_{33}\ a^{51}$	$tsui_{55}\ bit_1\ t^ho^{13}$	$t^hɔ^{13}$	kio^{13}	ti^{55}
m3006	lui^{33}	×	$ɔ_{33}\ a^{51}$	$tsui_{55}\ bit_1\ t^hə^{13}$	$t^hɔ^{13}$	$kiə^{13}$	ti^{55}
m6001	le^{13}	$ə_{33}\ a^{51}$	$ɔ_{33}\ a^{51}$	$tsui_{55}\ bit_1\ t^hə^{13}$	$t^hɔ^{13}$	$kiə^{13}$	tu^{55}
m6002	lue^{13}	$o_{33}\ a^{51}$	$ɔ_{33}\ a^{51}$	$tsui_{55}\ bit_1\ t^ho^{13}$	$t^hɔ^{13}$	kio^{13}	tu^{55}
m6003	lue^{13}	$o_{33}\ a^{51}$	$ɔ_{33}\ a^{51}$	$tsui_{55}\ bit_1\ t^ho^{13}$	$t^hɔ^{13}$	kio^{13}	tu^{55}
m6004	le^{13}	$ə_{33}\ a^{51}$	$ɔ_{33}\ a^{51}$	$tsui_{55}\ bit_1\ t^hə^{13}$	$t^hɔ^{13}$	$kiə^{13}$	ti^{55}
m6005	lue^{13}	$ə_{33}\ a^{51}$	$ɔ_{33}\ a^{51}$	$tsui_{55}\ bit_1\ t^hə^{13}$	$t^hɔ^{13}$	kio^{13}	ti^{55}
m6101	le^{13}	$o_{33}\ a^{51}$	$ɔ_{33}\ a^{51}$	$tsui_{55}\ bit_1\ t^hə^{13}$	$t^hɔ^{13}$	kio^{13}	tu^{55}
m6102	lue^{13}	$ə_{33}\ a^{51}$	$ɔ_{33}\ a^{51}$	$tsui_{55}\ bit_1\ t^hə^{13}$	$t^hɔ^{13}$	$kiə^{13}$	tu^{55}
m6103	lue^{13}	$ə_{33}\ a^{51}$	$ɔ_{33}\ a^{51}$	$tsui_{55}\ bit_1\ t^hə^{13}$	$t^hɔ^{13}$	$kiə^{13}$	tu^{55}
m6104	×	×	$ɔ_{33}\ a^{51}$	$tsui_{55}\ bit_1\ t^hə^{13}$	×	$kiə^{13}$	ti^{55}
m6105	le^{13}	$ə_{33}\ a^{51}$	$ɔ_{33}\ a^{51}$	$tsui_{55}\ bit_1\ t^hə^{13}$	$t^hɔ^{13}$	$kiə^{13}$	tu^{55}

	15.鱼	16.老鼠	17.番薯	18.炊粿	19.被	20.糜
f3001	hi^{13}	$ni\tilde{a}u_{55}\ ts^hi^{51}$	$han_{33}\ tsi^{13}$	$ts^he_{33}\ ke^{51}$	p^he^{33}	be^{13}
f3002	hi^{13}/hu^{13}	$ni\tilde{a}u_{55}\ ts^hi^{51}$	$han_{33}\ tsi^{13}$	×	p^he^{33}	be^{13}
f3003	hu^{13}	$ni\tilde{a}u_{55}\ ts^hi^{51}$	$han_{33}\ tsi^{13}$	$ts^hue_{33}\ kue^{51}$	p^hue^{33}	$mu\tilde{e}^{13}$
f3004	hu^{13}	$ni\tilde{a}u_{55}\ ts^hi^{51}$	$han_{33}\ tsi^{13}$	$ts^hue_{33}\ kue^{51}$ $ts^hue_{33}\ ke^{51}$	p^hue^{33}	be^{13}
f3005	hi^{13}	$ni\tilde{a}u_{55}\ ts^hi^{51}$	$han_{33}\ tsi^{13}$	$ts^he_{33}\ kue^{51}$	pue^{11}	$mu\tilde{e}^{13}$
f6001	hu^{13}	$ni\tilde{a}u_{55}\ ts^hu^{51}$	$han_{33}\ tsu^{13}$	$ts^he_{33}\ ke^{51}$	p^he^{33}	be^{13}
f6002	hu^{13}	$ni\tilde{a}u_{55}\ ts^hi^{51}$	$han_{33}\ tsi^{13}$	$ts^he_{33}\ ke^{51}$	p^he^{33}	be^{13}
f6003	hi^{13}/hu^{13}	$ni\tilde{a}u_{55}\ ts^hi^{51}$	$han_{33}\ tsu^{13}$	$ts^hue_{33}\ ke^{51}$	p^he^{33}	$mu\tilde{e}^{13}/be^{13}$
f6004	hi^{13}	$ni\tilde{a}u_{55}\ ts^hu^{51}$	$han_{33}\ tsi^{13}$	$ts^he_{33}\ ke^{51}$	p^hue^{33}	$mu\tilde{e}^{13}$
f6005	hi^{13}	$ni\tilde{a}u_{55}\ ts^hi^{51}$	$han_{33}\ tsi^{13}$	$ts^hue33\ ke51$	p^hue^{33}	$mu\tilde{e}^{13}$
f6006	hi^{13}	$ni\tilde{a}u_{55}\ ts^hi^{51}$	$han_{33}\ tsi^{13}$	$ts^he_{33}\ ke^{51}$	p^hue^{33}	bue^{13}
f6101	hi^{13}/hu^{13}	$ni\tilde{a}u_{55}\ ts^hu^{51}$	$han_{33}\ tsu^{13}$	$ts^he_{33}\ ke^{51}$	p^he^{33}	be^{13}
f6102	hu^{13}	$ni\tilde{a}u_{55}\ ts^hu^{51}$	$han_{33}\ tsu^{13}$	$ts^he_{33}\ ke^{51}$	p^he^{33}	be^{13}
f6103	hu^{13}	$ni\tilde{a}u_{55}\ ts^hu^{51}$	$han_{33}\ tsu^{13}$	$ts^he_{33}\ ke^{51}$	p^he^{33}	be^{13}
f6104	hu^{13}	$ni\tilde{a}u_{55}\ ts^hu^{51}$	$han_{33}\ tsu^{13}$	$ts^he_{33}\ ke^{51}$	p^he^{33}	be^{13}
f6105	hu^{13}	$ni\tilde{a}u_{55}\ ts^hi^{51}$	$han_{33}\ tsi^{13}$	$ts^he_{33}\ ke^{51}$	p^he^{33}	be^{13}
m3001	hi^{13}	$ni\tilde{a}u_{55}\ ts^hi^{51}$	$han_{33}\ tsi^{13}$	$ts^hue_{33}\ kue^{51}$ $ts^hue_{33}\ ke^{51}$	p^he^{33}	$mu\tilde{e}^{13}$
m3002	hi^{13}	$ni\tilde{a}u_{55}\ ts^hi^{51}$	$han_{33}\ tsi^{13}$	×	p^he^{33}	be^{13}
m3003	hi^{13}	$ni\tilde{a}u_{55}\ ts^hi^{51}$	$han_{33}\ tsi^{13}$	$ts^hue_{33}\ kue^{51}$	×	$mu\tilde{e}^{13}$
m3004	hi^{13}	$ni\tilde{a}u_{55}\ ts^hi^{51}$	$han_{33}\ tsi^{13}$	×	p^hue^{33}	$mu\tilde{e}^{13}$
m3005	hu^{13}	$ni\tilde{a}u_{55}\ ts^hi^{51}$	$han_{33}\ tsi^{13}$	$ts^hue_{33}\ kue^{51}$	p^hue^{33}	$mu\tilde{e}^{13}$
m3006	hi^{13}	$ni\tilde{a}u_{55}\ ts^hu^{51}$	$han_{33}\ tsi^{13}$	$ts^huc_{33}\ kuc^{51}$	p^hue^{33}	bi^{13}
m6001	hu^{13}	$ni\tilde{a}u_{55}\ ts^hu^{51}$	$han_{33}\ tsu^{13}$	$ts^hue_{33}\ ke^{51}$	p^he^{33}	be^{13}
m6002	hu^{13}	$ni\tilde{a}u_{55}\ ts^hu^{51}$	$han_{33}\ tsu^{13}$	$ts^he_{33}\ ke^{51}$	p^he^{33}	be^{13}
m6003	hi^{13}	$ni\tilde{a}u_{55}\ ts^hu^{51}$	$han_{33}\ tsu^{13}$	$ts^hue_{33}\ ke^{51}$	p^he^{33}	be^{13}
m6004	hi^{13}	$ni\tilde{a}u_{55}\ ts^hu^{51}$	$han_{33}\ tsi^{13}$	$ts^he_{33}\ ke^{51}$	p^he^{33}	be^{13}
m6005	hi^{13}	$ni\tilde{a}u_{55}\ ts^hu^{51}$	$han_{33}\ tsu^{13}$	$ts^hue_{33}\ ke^{51}$	p^he^{33}	be^{13}
m6101	hu^{13}	$ni\tilde{a}u_{55}\ ts^hu^{51}$	$han_{33}\ tsu^{13}$	$ts^he_{33}\ ke^{51}$	p^he^{33}	be^{13}
m6102	hu^{13}	$ni\tilde{a}u_{55}\ ts^hu^{51}$	$han_{33}\ tsu^{13}$	$ts^he_{33}\ ke^{51}$	p^he^{33}	be^{13}
m6103	hu^{13}	$ni\tilde{a}u_{55}\ ts^hu^{51}$	$han_{33}\ tsu^{13}$	$ts^hue_{33}\ ke^{51}$	p^he^{33}	be^{13}
m6104	hi^{13}	$ni\tilde{a}u_{55}\ ts^hu^{51}$	$han_{33}\ tsu^{13}$	×	p^he^{33}	be^{13}
m6105	hu^{13}	$ni\tilde{a}u_{55}\ ts^hu^{51}$	$han_{33}\ tsi^{13}$	$ts^he_{33}\ ke^{51}$	p^he^{33}	be^{13}

	21.关门	22.县	23.悬（高）	24.骂	25.三更半暝	26.井
f3001	$k\tilde{u}i_{33}\ me^{13}$	$kuan^{33}$	$kuan^{13}$	me^{31}	$s\tilde{a}_{33}\ k\tilde{i}_{33}\ pu\tilde{a}_{51}\ m\tilde{i}^{13}$	$ts\tilde{e}^{51}$
f3002	$k\tilde{u}i_{33}\ me^{13}$	$kuan^{33}$	$kuan^{13}$	$m\tilde{a}^{33}$	$s\tilde{a}_{33}\ k\tilde{i}_{33}\ pu\tilde{a}_{51}\ m\tilde{i}^{13}$	$tse^{51}?$
f3003	$k\tilde{u}i_{33}\ me^{13}$	$kuan^{33}$	$kuan^{13}$	me^{55}	$s\tilde{a}_{33}\ k\tilde{i}_{33}\ pu\tilde{a}_{51}\ m\tilde{i}^{13}$	×
f3004	$k\tilde{u}i_{33}\ me^{13}$	$kuan^{33}$	$kuan^{13}$	me^{33}	×	×
f3005	$ku\tilde{a}i_{33}\ me^{13}$	×	$kuan^{13}$	me^{31}	$s\tilde{a}_{33}\ k\tilde{i}_{33}\ pu\tilde{a}_{51}\ m\tilde{e}^{13}$	×

	21.关门	22.县	23.悬（高）	24.骂	25.三更半暝	26.井
f6001	kũi$_{33}$ me^{13}	kuãi^{33}	kuan^{13}	mã^{55}	sã$_{33}$ kĩ$_{33}$ puã$_{51}$ mĩ^{13}	tsɿ^{51}
f6002	kũi$_{33}$ me^{13}	kuan^{33}	kuan^{13}	mẽ^{31}	sã$_{33}$ kĩ$_{33}$ puã$_{51}$ mĩ^{13}	tsɿ^{51}
f6003	kũi$_{33}$ me^{13}	kuan^{33}	kuan^{13}	mã^{33}	sã$_{33}$ kĩ$_{33}$ puã$_{51}$ mĩ^{13}	tsɿ^{51}
f6004	kuãi$_{33}$ me^{13}	kuan^{33}	kuan^{13}	mẽ^{31}	sã$_{33}$ kĩ$_{33}$ puã$_{51}$ mĩ^{13}	tsẽ^{51}
f6005	kũi$_{33}$ me^{13}	kuãi^{33}	kuãi^{13}	mã^{33}/mẽ^{33}	sã$_{33}$ kĩ$_{33}$ puã$_{51}$ mĩ^{13}	tsɿ^{51}
f6006	kũi$_{33}$ me^{13}	kuãi^{33}	kuãi^{13}	mã^{33}	sã$_{33}$ kĩ$_{33}$ puã$_{51}$ mĩ^{13}	tsɿ^{51}
f6101	kũi$_{33}$ me^{13}	kuãi^{33}	kuãi^{13}	mã^{33}	×	tsɿ^{51}
f6102	kũi$_{33}$ me^{13}	kuan^{33}	kuan^{13}/lo^{11}	mã^{33}	sã$_{33}$ kĩ$_{33}$ puã$_{51}$ mĩ^{13}	tsɿ^{51}
f6103	kũi$_{33}$ me^{13}	kuãi^{33}	kuãi^{13}	mã^{33}	sã$_{33}$ kĩ$_{33}$ puã$_{51}$ mĩ^{13}	tsɿ^{51}
f6104	kũi$_{33}$ me^{13}	kuãi^{33}	kuãi^{13}	mã^{33}	sã$_{33}$ kĩ$_{33}$ puã$_{51}$ mĩ^{13}	tsɿ^{51}
f6105	kũi$_{33}$ me^{13}	kuãi^{33}	kuãi^{13}	mã^{33}	sã$_{33}$ kĩ$_{33}$ puã$_{51}$ mĩ^{13}	tsɿ^{51}
m3001	kũi$_{33}$ me^{13}	kuan^{33}	kuan^{13}	mẽ^{31}	sã$_{33}$ kĩ$_{33}$ puã$_{51}$ mĩ^{13}	×
m3002	kũi$_{33}$ me^{13}	×	kuan^{13}	mã^{33}	sã$_{33}$ kiŋ^{55} puã$_{31}$ min^{13}	×
m3003	kũi$_{33}$ me^{13}	×	kuan^{13}	mẽ^{31}	×	×
m3004	kũi$_{33}$ me^{13}	×	kuan^{13}	mẽ^{31}	sã$_{33}$ kĩ$_{33}$ puã$_{51}$ iã^{13} ?	×
m3005	kũi$_{33}$ me^{13}	kuãi^{33}	kuan^{13}	mã^{33}	sã$_{33}$ kĩ$_{33}$ puã$_{51}$ mĩ^{13}	×
m3006	kũi$_{33}$ me^{13}	kuan^{33}	kuan^{13}	mẽ^{31}	sã$_{33}$ kĩ$_{33}$ puã$_{51}$ mĩ^{13}	kiŋ^{51}
m6001	kũi$_{33}$ me^{13}	kuan^{33}	kuan^{13}	mã^{33}	sã$_{33}$ kĩ$_{33}$ puã$_{51}$ mĩ^{13}	tsɿ^{51}
m6002	kuãi$_{33}$ me^{13}	kuãi^{33}	kuan^{13}	mã^{33}/mẽ^{33}	sã$_{33}$ kĩ$_{33}$ puã$_{51}$ mĩ^{13}	tsɿ^{51}
m6003	kũi$_{33}$ me^{13}	kuãi^{33}	kuãi^{13}	mã^{33}	sã$_{33}$ kĩ$_{33}$ puã$_{51}$ mĩ^{13}	tsɿ^{51}
m6004	kũi$_{33}$ me^{13}	kuãi^{33}	kuãi^{13}	mẽ^{31}	sã$_{33}$ kĩ$_{33}$ puã$_{51}$ mĩ^{13}	tsɿ^{51}
m6005	kũi$_{33}$ me^{13}	kuan^{33}	kuan^{13}	mã^{33}	sã$_{33}$ kĩ$_{33}$ puã$_{51}$ mĩ^{13}	tsɿ^{51}
m6101	kũi$_{33}$ me^{13}	kuan^{33}	kuan^{13}	mã^{33}	sã$_{33}$ kĩ$_{33}$ puã$_{51}$ mĩ^{13}	tsɿ^{51}
m6102	kũi$_{33}$ me^{13}	kuan^{33}	kuan^{13}	mã^{33}	sã$_{33}$ kĩ$_{33}$ puã$_{51}$ mĩ^{13}	tsɿ^{51}
m6103	kũi$_{33}$ me^{13}	kuan^{33}	kuan^{13}	mã^{33}	sã$_{33}$ kĩ$_{33}$ puã$_{51}$ mĩ^{13}	tsɿ^{51}
m6104	kũi$_{33}$ me^{13}	×	kuan^{13}/lo^{11}	mã^{51}	sã$_{33}$ kĩ$_{33}$ puã$_{51}$ mĩ^{13}	tsɿ^{51}
m6105	kũi$_{33}$ me^{13}	kuan^{33}	kuan^{13}	mã^{33}	sã$_{33}$ kĩ$_{33}$ puã$_{51}$ mĩ^{13}	tsɿ^{51}

	27.生	28.流血	29.还钱	30.一斤	31.芹菜	32.银行	33.鸡
f3001	sɿ^{55}	lau$_{11}$ huiʔ^{1}	hiŋ$_{11}$ tsɿ^{13}	tsit$_{1}$ kun^{55}	kʰin$_{31}$ tsʰai^{11}	gin$_{11}$ haŋ^{13}	ke^{55}
f3002	sẽ^{55}	liu$_{33}$ huiʔ^{1}	hĩ$_{33}$ tsɿ^{13}	tsit$_{1}$ kun^{55}	kʰin$_{33}$ tsʰai^{11}	in$_{33}$ haŋ^{13}	kue^{55}
f3003	sẽ^{55}	lau$_{11}$ huiʔ^{3}	hiŋ$_{33}$ tsɿ^{13}	tsit$_{1}$ kun^{55}	×	×	kue^{55}
f3004	sẽ^{55}	lau$_{11}$ huiʔ^{3}	hiŋ$_{33}$ tsɿ^{13}	tsit$_{1}$ kun^{55}	kʰun$_{33}$ tsʰai^{11}	un$_{33}$ haŋ^{13}	kue^{55}
f3005	sẽ^{55}	lau$_{33}$ hueʔ^{1}	hiŋ$_{33}$ tsɿ^{13}	tsit$_{1}$ kun^{55}	×	×	ke^{55}
f6001	sɿ^{55}	lau$_{11}$ huiʔ^{3}	hãi$_{11}$ tsɿ^{13}	tsit$_{1}$ kun^{55}	kʰun$_{11}$ tsʰai^{11}	gun$_{33}$ haŋ^{13}	kue^{55}
f6002	sɿ^{55}	lau$_{11}$ huiʔ^{3}	hãi$_{33}$ tsɿ^{13}	tsit$_{1}$ kun^{55}	kʰun$_{11}$ tsʰai^{11}	gun$_{33}$ haŋ^{13}	kue^{55}
f6003	sɿ^{55}	hãi$_{33}$ huiʔ^{3}	hãi$_{33}$ tsɿ^{13}	tsit$_{1}$ kun^{55}	kʰin$_{11}$ tsʰai^{11}	gun$_{11}$ haŋ^{13}	kue^{55}
f6004	sẽ^{55}	lau$_{11}$ hueʔ^{3}	hiŋ$_{33}$ tsɿ^{13}	tsit$_{1}$ kun^{55}	kʰin$_{33}$ tsʰai^{11}	in$_{33}$ haŋ^{13}	kue^{55}
f6005	sẽ^{55}	lau$_{11}$ huiʔ^{3}	hãi$_{33}$ tsɿ^{13}	tsit$_{1}$ kin^{55}	kʰin$_{11}$ tsʰai^{11}	gin$_{11}$ haŋ^{13}	kue^{55}
f6006	sɿ^{55}	lau$_{11}$ huiʔ^{3}	hãi$_{33}$ tsɿ^{13}	tsit$_{1}$ kun^{55}	kʰun$_{11}$ tsʰai^{11}	gun$_{11}$ haŋ^{13}	kue^{55}

	27.生	28.流血	29.还钱	30.一斤	31.芹菜	32.银行	33.鸡
f6101	sĩ^{55}	lau$_{11}$ huiʔ^{3}	hãi$_{33}$ tsĩ^{13}	tsit$_{1}$ kun^{55}	kʰun$_{11}$ tsʰai^{11}	gun$_{11}$ haŋ^{13}	kue^{55}
f6102	sĩ^{55}	lau$_{11}$ huiʔ^{3}	hãi$_{33}$ tsĩ^{13}	tsit$_{1}$ kun^{55}	kʰun$_{33}$ tsʰai^{11}	gun$_{33}$ haŋ^{13}	kue^{55}
f6103	sĩ^{55}	lau$_{11}$ huiʔ^{3}	hãi$_{11}$ tsĩ^{13} hiŋ$_{33}$ tsĩ^{13}	tsit$_{1}$ kun^{55}	kʰun$_{11}$ tsʰai^{11}	gun$_{11}$ haŋ^{13}	kue^{55}
f6104	sĩ^{55}	lau$_{11}$ huiʔ^{3}	hãi$_{11}$ tsĩ^{13}	tsit$_{1}$ kun^{55}	kʰun$_{11}$ tsʰai^{11}	gun$_{11}$ haŋ^{13}	kue^{55}
f6105	sĩ^{55}	lau$_{11}$ huiʔ^{3}	hãi$_{11}$ tsĩ^{13}	tsit$_{1}$ kun^{55}	kʰun$_{11}$ tsʰai^{11}	gun$_{11}$ haŋ^{13}	kue^{55}
m3001	sẽ^{55}	lau$_{11}$ hueʔ^{3}	hãi$_{11}$ tsĩ^{13}	tsit$_{1}$ kun^{55}	×	×	ke^{55}
m3002	sĩ^{55}	lau$_{11}$ hueʔ^{3}	hiŋ$_{33}$ tsĩ^{13}	tsit$_{1}$ kun^{55}	×	×	kue^{55}
m3003	sẽ^{55}	liu$_{33}$ hueʔ^{1}	hĩ$_{33}$ tsĩ^{13}	tsit$_{1}$ kun^{55}	×	×	ke^{55}
m3004	sĩ^{55}	lau$_{11}$ huiʔ^{1}	×	×	×	×	ke^{55}
m3005	sẽ^{55}	lau$_{11}$ hueʔ^{3}	hiŋ$_{33}$ tsĩ^{13}	tsit$_{1}$ kin^{55}	kʰin$_{33}$ tsʰai^{11}	×	kue^{55}
m3006	sẽ^{55}	lau$_{11}$ huiʔ^{1}	hiŋ$_{11}$ tsĩ^{13}	tsit$_{1}$ kun^{55}	kʰun$_{33}$ tsʰai^{11}	in$_{33}$ haŋ^{13}	kue^{55}
m6001	sĩ^{55}	lau$_{11}$ huiʔ^{3}	hãi$_{11}$ tsĩ^{13}	tsit$_{1}$ kun^{55}	kʰun$_{11}$ tsʰai^{11}	gun$_{11}$ haŋ^{13}	kue^{55}
m6002	sĩ^{55}	lau$_{11}$ huiʔ^{3}	hãi$_{11}$ tsĩ^{13}	tsit$_{1}$ kun^{55}	kʰun$_{11}$ tsʰai^{11}	gun$_{11}$ haŋ^{13}	kue^{55}
m6003	sĩ^{55}	lau$_{11}$ huiʔ^{3}	hãi$_{33}$ tsĩ^{13}	tsit$_{1}$ kun^{55}	kʰun$_{11}$ tsʰai^{11}	gun$_{11}$ haŋ^{13}	kue^{55}
m6004	sĩ^{55}	lau$_{11}$ huiʔ^{3}	hãi$_{33}$ tsĩ^{13}	tsit$_{1}$ kun^{55}	kʰin$_{33}$ tsʰai^{11}	gun$_{33}$ haŋ^{13}	ke^{55}
m6005	sĩ^{55}	lau$_{11}$ huiʔ^{3}	hãi$_{11}$ tsĩ^{13}	tsit$_{1}$ kun^{55}	kʰun$_{11}$ tsʰai^{11}	gun$_{11}$ haŋ^{13}	kue^{55}
m6101	sĩ^{55}	lau$_{11}$ huiʔ^{3}	hãi$_{11}$ tsĩ^{13}	tsit$_{1}$ kun^{55}	kʰun$_{11}$ tsʰai^{11}	gun$_{11}$ haŋ^{13}	kue^{55}
m6102	sĩ^{55}	lau$_{11}$ huiʔ^{3}	hãi$_{11}$ tsĩ^{13}	tsit$_{1}$ kun^{55}	kʰun$_{11}$ tsʰai^{11}	gun$_{11}$ haŋ^{13}	kue^{55}
m6103	sĩ^{55}	lau$_{11}$ huiʔ^{3}	hãi$_{11}$ tsĩ^{13}	tsit$_{1}$ kun^{55}	kʰun$_{11}$ tsʰai^{11}	gun$_{11}$ haŋ^{13}	kue^{55}
m6104	sĩ^{55}	lau$_{11}$ huiʔ^{3}	×	tsit$_{1}$ kun^{55}	kʰun$_{11}$ tsʰai^{11}	gun$_{11}$ haŋ^{13}	ke^{55}
m6105	sĩ^{55}	lau$_{11}$ huiʔ^{3}	hãi$_{11}$ tsĩ^{13}	tsit$_{1}$ kun^{55}	kʰun$_{11}$ tsʰai^{11}	gun$_{11}$ haŋ^{13}	kue^{55}

	34.溪	35.多	36.白	37.扒饭	38.舌	39.蜊仔	40.祢仔
f3001	kʰe^{55}	tse^{33}	peʔ^{3}	pe$_{33}$ pe^{33}	tsi^{55}	la$_{33}$ a^{51}	ka$_{55}$ a^{51}
f3002	kʰe^{55}	tse^{33}	peʔ^{5}	×	tsi^{55}	lai$_{33}$ a^{51}	×
f3003	kʰue^{55}	tse^{33}	pe^{33}	pe51 pe33	tsi^{55}	la$_{33}$ a^{51}	ka$_{55}$ a^{51}
f3004	kʰe^{55}	tse^{33}	pe^{55}	pe$_{33}$ pe^{33}	tsi^{55}	la$_{33}$ a^{51}	×
f3005	×	tse^{33}	peʔ^{5}	×	×	×	×
f6001	kʰue^{55}	tsue^{33}	pe^{55}	pe$_{33}$ pe^{33}	tsi^{55}	lai$_{33}$ a^{51}	kai$_{55}$ a^{51}
f6002	kʰue^{55}	tsue^{33}	peʔ^{1}	pe$_{33}$ pe^{33}	tsi^{55}	la$_{33}$ a^{51}	ka$_{55}$ a^{51}
f6003	kʰe55	tse^{33}	peʔ^{5}	pe$_{33}$ pe^{33}	tsi^{11}	la$_{33}$ a^{51}	ka$_{55}$ a^{51}
f6004	kʰue^{55}	tse^{33}	pe^{55}	pe$_{33}$ pe^{33}	tsi^{51}	la$_{33}$ a^{51}	ka$_{55}$ a^{51}
f6005	kʰue^{55}	tsue^{33}	pe^{55}	pe$_{33}$ pe^{33}	tsi^{55}	la$_{33}$ a^{51}	ka$_{55}$ a^{51}
f6006	kʰue^{55}	tsue^{33}	pe^{55}	pe$_{33}$ pe^{33}	tsi^{55}	la$_{33}$ a^{51}	kai$_{55}$ a^{51}
f6101	kʰue55	tsue^{33}	peʔ^{5}	pe$_{33}$ pe^{33}	tsiʔ^{5}	lai$_{33}$ a^{51}	kai$_{55}$ a^{51}
f6102	kʰue55	tsue^{33}	peʔ^{5}	pe$_{33}$ pe^{33}	tsi^{11}	la$_{33}$ a^{51}	kai$_{55}$ a^{51}
f6103	kʰue^{55}	×	peʔ^{5}	pe$_{33}$ pe^{33}	tsiʔ^{5}	×	ka$_{55}$ a^{51}
f6104	kʰue^{55}	tsue^{33}	peʔ^{5}	pe$_{33}$ pe^{33}	tsiʔ^{5}	la$_{33}$ a^{51}	ka$_{55}$ a^{51}
f6105	kʰue^{55}	tsue^{33}	peʔ^{5}	pe$_{33}$ pe^{33}	tsiʔ^{5}	la$_{33}$ a^{51}	×

续表

	34.溪	35.多	36.白	37.扒饭	38.舌	39.蜊仔	40.神仔
m3001	k^he^{55}	tse^{33}	$pe\textʔ^{5}$	$pe_{33}\ pe^{33}$	×	$la_{33}\ a^{51}$	×
m3002	×	tse^{33}	$pe\textʔ^{5}$	×	tsi^{55}	$la_{33}\ a^{51}$	×
m3003	×	tse^{33}	pe^{55}	×	tsi^{55}	$la_{33}\ a^{51}$	×
m3004	×	tse^{33}	$pe\textʔ^{3}$	×	×	×	×
m3005	k^he^{55}	tse^{33}	$pe\textʔ^{5}$	×	tsi^{55}	$la_{33}\ a^{51}$	×
m3006	k^hue^{55}	tse^{33}	pe^{55}	$pe_{33}\ pe^{33}$	×	$la_{33}\ a^{51}$	×
m6001	k^hue^{55}	$tsue^{33}$	pe^{55}	$pe_{33}\ pe^{33}$	$tsi\textʔ^{5}$	$la_{33}\ a^{51}$	$ka_{55}\ a^{51}$
m6002	k^hue^{55}	$tsue^{33}$	$pe\textʔ^{5}$	$pe_{33}\ pe^{33}$	tsi^{51}	$la_{33}\ a^{51}$	$ka_{55}\ a^{51}$?
m6003	k^hue^{55}	$tsue^{33}$	pe^{55}	$pe_{33}\ pe^{33}$	tsi^{55}	$la_{33}\ a^{51}$	$ka_{55}\ a^{51}$
m6004	k^hue^{55}	$tsue^{33}$	$pe\textʔ^{5}$	$pe_{33}\ pe^{33}$	$tsi\textʔ^{5}$	$la_{33}\ a^{51}$	$kai_{55}\ a^{51}$
m6005	k^hue^{55}	$tsue^{33}$	pe^{55}	$pe_{33}\ pe^{33}$	$tsi\textʔ^{5}$	$la_{33}\ a^{51}$	$ka_{55}\ a^{51}$
m6101	k^hue^{55}	$tsue^{33}$	$pe\textʔ^{5}$	$pe_{33}\ pe^{33}$	tsi^{55}	$lai_{33}\ a^{51}$	$kai_{55}\ a^{51}$
m6102	k^hue^{55}	$tsue^{33}$	$pe\textʔ^{5}$	$pe_{33}\ pe^{33}$	tsi^{55}	$lai_{33}\ a^{51}$	$ka_{55}\ a^{51}$
m6103	k^hue^{55}	$tsue^{33}$	×	×	tsi^{55}	$lai_{33}\ a^{51}$	×
m6104	k^hue^{55}	$tsue^{33}$	$pe\textʔ^{5}$	×	tsi^{55}	$la_{33}\ a^{51}$	×
m6105	k^hue^{55}	$tsue^{33}$	$pe\textʔ^{5}$	$pe_{33}\ pe^{33}$	$tsi\textʔ^{5}$	$lai_{33}\ a^{51}$	$kai_{55}\ a^{51}$

	41.蜻蜓	42.鸡腿	43.香蕉	44.大头菜	45.红萝卜
f3001	$iam_{33}\ m\tilde{i}^{55}$	$ke_{33}\ t^hui^{51}$	$kim_{33}\ tsi\textschwa^{55}$	$ts^hai_{51}\ k^h\textopeno k^{3}$	$a\text{ŋ}_{33}\ ts^hai_{51}\ t^hau^{13}$
f3002	×	$kue_{33}\ ba\text{ŋ}^{55}$	$kim_{33}\ tsio^{55}$	$tua_{11}\ t^hau_{11}\ ts^hai^{11}$	$a\text{ŋ}_{33}\ l\textopeno k_{1}\ p\textopeno k_{3}\ a^{51}$
f3003	×	$ke_{33}\ t^hui^{51}$	$kim_{33}\ tsio^{55}$	×	$a\text{ŋ}_{33}\ ts^hai_{51}\ t^hau^{13}$
f3004	×	$ke_{33}\ t^hui^{51}$	$kim_{33}\ tsi\textschwa^{55}$	×	×
f3005	×	$ke_{33}\ t^hui^{51}$	$kim_{33}\ tsio^{55}$	×	×
f6001	$iam_{33}\ m\tilde{i}^{55}$	$kue_{33}\ b\textopeno\text{ŋ}^{55}$	$kim_{33}\ tsio^{55}$	$ts^hai_{51}\ k^h\textopeno k^{3}$	$a\text{ŋ}_{33}\ l\textopeno k_{1}\ p\textopeno k_{3}\ a^{51}$ $a\text{ŋ}_{11}\ ts^hai_{51}\ t^hau^{13}$
f6002	$iam_{33}\ m\tilde{i}^{55}$	$kue_{33}\ b\textopeno\text{ŋ}^{55}$	$kim_{33}\ tsio^{55}$	$tua_{11}\ t^hau_{11}\ ts^hai^{11}$	$a\text{ŋ}_{11}\ ts^hai_{51}\ t^hau^{13}$
f6003	$ts^han_{33}\ n\tilde{e}^{55}$	$ke_{33}\ b\textopeno\text{ŋ}^{55}$ $kue_{33}\ b\textopeno\text{ŋ}^{55}$	$kim_{33}\ tsi\textschwa^{55}$	$ts^hai_{51}\ k^h\textopeno k^{3}$	$a\text{ŋ}_{11}\ ts^hai_{51}\ t^hau^{13}$
f6004	×	$kue_{33}\ b\textopeno\text{ŋ}^{55}$	$kim_{33}\ tsio^{55}$	$tua_{11}\ t^hau_{11}\ ts^hai^{11}$	$a\text{ŋ}_{11}\ ts^hai_{51}\ t^hau^{13}$
f6005	$iam_{33}\ m\tilde{i}^{55}$	$kue_{33}\ t^hui^{51}$ $kue_{33}\ b\textopeno\text{ŋ}^{55}$	$kim_{33}\ tsio^{55}$	$ts^hai_{51}\ k^h\textopeno k^{3}$	$a\text{ŋ}_{11}\ l\textopeno k_{1}\ p\textopeno k_{3}\ a^{51}$ $a\text{ŋ}_{11}\ ts^hai_{51}\ t^hau^{13}$
f6006	$iam_{33}\ m\tilde{i}^{55}$	$kue_{33}\ t^hui^{51}$ $kue_{33}\ b\textopeno\text{ŋ}^{55}$	$kim_{33}\ tsi\textschwa^{55}$	$tua_{11}\ t^hau_{11}\ ts^hai^{11}$ $ts^hai_{51}\ k^h\textopeno k^{3}$	$a\text{ŋ}_{11}\ l\textopeno k_{1}\ p\textopeno k_{3}\ a^{51}$ $a\text{ŋ}_{11}\ ts^hai_{51}\ t^hau^{13}$
f6101	$iam_{33}\ m\tilde{i}^{55}$	$kue_{33}\ b\textopeno\text{ŋ}^{55}$	$kim_{33}\ tsio^{55}$	$ts^hai_{51}\ k^h\textopeno k^{3}$	$a\text{ŋ}_{33}\ l\textopeno k_{1}\ p\textopeno k_{3}\ a^{51}$
f6102	$iam_{33}\ m\tilde{i}^{55}$	$kue_{33}\ t^hui^{51}$ $kue_{33}\ b\textopeno\text{ŋ}^{55}$	$kim_{33}\ tsi\textschwa^{55}$	$ts^hai_{51}\ k^h\textopeno k^{3}$	$a\text{ŋ}_{11}\ ts^hai_{51}\ t^hau^{13}$
f6103	$iam_{33}\ m\tilde{i}^{55}$	$kue_{33}\ t^hui^{51}$ $kue_{33}\ b\textopeno\text{ŋ}^{55}$	$kim_{33}\ tsio^{55}$	×	$a\text{ŋ}_{33}\ l\textopeno k_{1}\ p\textopeno k_{3}\ a^{51}$ $a\text{ŋ}_{11}\ ts^hai_{51}\ t^hau^{13}$
f6104	$iam_{33}\ m\tilde{i}^{55}$	$kue_{33}\ t^hui^{51}$ $kue_{33}\ b\textopeno\text{ŋ}^{55}$	$kim_{33}\ tsio^{55}$	$ts^hai_{51}\ k^h\textopeno k^{3}$	$a\text{ŋ}_{11}\ ts^hai_{51}\ t^hau^{13}$
f6105	$iam_{33}\ m\tilde{i}^{55}$	$kue_{33}\ t^hui^{51}$	$kim_{33}\ tsio^{55}$	$tua_{11}\ t^hau_{11}\ ts^hai^{11}$ $ts^hai_{51}\ k^h\textopeno k^{3}$	$a\text{ŋ}_{33}\ l\textopeno k_{1}\ p\textopeno k_{3}\ a^{51}$

续表

	41.蜻蜓	42.鸡腿	43.香蕉	44.大头菜	45.红萝卜
m3001	×	$ke_{33}\ t^hui^{51}$	$kim_{33}\ tsio^{55}$	$tua_{11}\ t^hau_{11}\ ts^hai^{11}$	$a\eta_{33}\ ts^hai_{51}\ t^hau^{13}$
m3002	×	$ke_{33}\ t^hui^{51}$	$kim_{33}\ tsiə^{55}$	×	×
m3003	×	$ke_{33}\ t^hui^{51}$	$kim_{33}\ tsiə^{55}$	×	×
m3004	×	$ke_{33}\ t^hui^{51}$	$kim_{33}\ tsiə^{55}$	×	×
m3005	$iam_{33}\ m\tilde{i}^{55}?$	$ke_{33}\ t^hui^{51}$	$kim_{33}\ tsio^{55}$	$tua_{11}\ t^hau_{11}\ ts^hai^{11}$ $ts^hai_{51}\ k^hɔk^3$	$a\eta_{11}\ lɔk_1\ pɔk_3\ a^{51}$ $a\eta_{11}\ ts^hai_{51}\ t^hau^{13}$
m3006	$iam_{33}\ m\tilde{i}^{55}$	$kue_{33}\ bɔ\eta^{55}$	$kim_{33}\ tsiə^{55}$	×	×
m6001	$iam_{33}\ m\tilde{i}^{55}$	$kue_{33}\ t^hui^{51}$	$kim_{33}\ tsiə^{55}$	$ts^hai_{51}\ k^hɔk^3$	$a\eta_{33}\ lɔk_1\ pɔk_3\ a^{51}$
m6002	$ts^han_{33}\ n\tilde{i}^{55}$	$kue_{33}\ t^hui^{51}$ $kue_{33}\ bɔ\eta^{55}$	$kim_{33}\ tsio^{55}$	$ts^hai_{51}\ k^hɔk^3$	$a\eta_{11}\ lɔk_1\ pɔk_3\ a^{51}$ $a\eta_{11}\ ts^hai_{51}\ t^hau^{13}$
m6003	$iam_{33}\ m\tilde{i}^{55}$	$kue_{33}\ t^hui^{51}$ $kue_{33}\ bɔ\eta^{55}$	$kim_{33}\ tsio^{55}$	$ts^hai_{51}\ k^hɔk^3$	$a\eta_{11}\ ts^hai_{51}\ t^hau^{13}$
m6004	$iam_{33}\ m\tilde{i}^{55}$	$ke_{33}\ t^hui^{51}$ $ke_{33}\ bɔ\eta^{55}$	$kim_{33}\ tsiə^{55}$	$tua_{11}\ t^hau_{11}\ ts^hai^{11}$ $ts^hai_{51}\ k^hɔk^3$	$a\eta_{11}\ lɔk_1\ pɔk_3\ a^{51}$ $a\eta_{11}\ ts^hai_{51}\ t^hau^{13}$
m6005	$iam_{33}\ m\tilde{i}^{55}$	$kue_{33}\ t^hui^{51}$ $kue_{33}\ bɔ\eta^{55}$	$kim_{33}\ tsiə^{55}$	$get_5\ t^hau_{11}\ ts^hai^{11}$ $ts^hai_{51}\ k^hɔk^3$	$a\eta_{33}\ lɔk_1\ pɔk_3\ a^{51}$ $a\eta_{11}\ ts^hai_{51}\ t^hau^{13}$
m6101	$iam_{33}\ m\tilde{i}^{55}$	$kue_{33}\ t^hui^{51}$	$kim_{33}\ tsio^{55}$	$ts^hai_{51}\ k^hɔk^3$	$a\eta_{11}\ ts^hai_{51}\ t^hau^{13}$
m6102	$iam_{33}\ m\tilde{i}^{55}$	$kue_{33}\ t^hui^{51}$	$kim_{33}\ tsiə^{55}$	$ts^hai_{51}\ k^hɔk^3$	$a\eta_{11}\ ts^hai_{51}\ t^hau^{13}$
m6103	$iam_{33}\ m\tilde{i}^{55}$	$kue_{33}\ bɔ\eta^{55}$	$kim_{33}\ tsiə^{55}$	$tua_{11}\ t^hau_{11}\ ts^hai^{11}$	$a\eta_{33}\ lɔk_1\ pɔk_3\ a^{51}$
m6104	$iam_{33}\ m\tilde{i}^{55}$	$kue_{33}\ bɔ\eta^{55}$	$kim_{33}\ tsiə^{55}$	$ts^hai_{51}\ k^hɔk^3$	$a\eta_{11}\ ts^hai_{51}\ t^hau^{13}$
m6105	$iam_{33}\ m\tilde{i}^{55}$	$kue_{33}\ t^hui^{51}$ $kue_{33}\ bɔ\eta^{55}$	$kim_{33}\ tsiə^{55}$	$tua_{11}\ t^hau_{11}\ ts^hai^{11}$ $ts^hai_{51}\ k^hɔk^3$	$a\eta_{33}\ lɔk_1\ pɔk_3\ a^{51}$ $a\eta_{11}\ ts^hai_{51}\ t^hau^{13}$

	46.钓竿	47.泥鳅（鰗鳅）	48.杨桃
f3001	×	$hɔ_{11}\ liu^{55}$	$\tilde{i}u_{11}\ t^hə^{13}$
f3002	×	$hɔ_{11}\ liu^{55}$	$\tilde{i}u_{11}\ t^hə^{13}$
f3003	$tiə_{51}\ ko^{55}$	×	$\tilde{i}u_{11}\ t^hə^{13}$
f3004	×	×	$\tilde{i}u_{11}\ t^hə^{13}$
f3005	×	$hɔ_{11}\ liu^{55}$	$\tilde{i}u_{11}\ t^hə^{13}$
f6001	×	$hɔ_{11}\ liu^{55}$	$lak_1\ tak^5$（碌磚）
f6002	$tio_{51}\ kɔ^{55}$	$hɔ_{33}\ liu^{55}$	$\tilde{i}u_{11}\ t^ho^{13}$
f6003	×	×	$\tilde{i}u_{11}\ t^hə^{13}$
f6004	×	×	$\tilde{i}u_{11}\ t^ho^{13}$
f6005	×	$ho_{33}\ liu^{55}$	$\tilde{i}u_{11}\ t^ho^{13}$
f6006	×	×	$\tilde{i}u_{11}\ t^hə^{13}$
f6101	×	$hu^{11}\ liu^{55}$	×
f6102	$tiə_{51}\ ku\tilde{a}^{55}$	$hu^{11}\ liu^{55}$	$\tilde{i}u_{11}\ t^hə^{13}$; $lak_1\ tak^5$
f6103	$tio_{51}\ ko^{55}$	$hu^{11}\ liu^{55}$	$\tilde{i}u_{11}\ t^ho^{13}$
f6104	×	$hu^{11}\ liu^{55}$	$\tilde{i}u_{11}\ t^hə^{13}$; $lak_1\ tak^5$
f6105	$hi_{11}\ tiə_{55}\ a^{51}$	$hɔ_{11}\ liu^{55}$	$\tilde{i}u_{11}\ t^hə^{13}$
m3001	×	$hi_{11}\ liu^{55}$	×

	46.钓竿	47.泥鳅（鳅鳅）	48.杨桃
m3002	tiə$_{51}$ kuã^{55}	hɔ$_{51}$ liu^{55}	ĩu$_{11}$ tʰə^{13}
m3003	×	hɔ$_{33}$ liu^{55}	ĩu$_{11}$ tʰə^{13}
m3004	×	×	×
m3005	×	×	ĩu$_{11}$ tʰo^{13}
m3006	×	×	×
m6001	tiə$_{51}$ kə^{55}	hɔ$_{33}$ liu^{55}	ĩu$_{11}$ tʰə^{13}；lak$_1$ tak^5
m6002	tio$_{51}$ kə^{55}	hɔ$_{33}$ liu^{55}	ĩu$_{11}$ tʰə^{13}；lak$_1$ tak^5
m6003	×	hɔ$_{33}$ liu^{55}	ĩu$_{11}$ to^{13}
m6004	tiə$_{51}$ kə^{55}	hɔ$_{33}$ liu^{55}	ĩu$_{11}$ tə^{13}
m6005	tiə$_{51}$ kə^{55}	hɔ$_{33}$ liu^{55}	ĩu$_{11}$ tʰə^{13}；lak$_1$ tak^5
m6101	tio$_{51}$ kuã^{55}	hu$_{11}$ liu^{55}	ĩu$_{11}$ tʰə^{13}；lak$_1$ tak^5
m6102	tiə$_{51}$ kuã^{55}	hu$_{11}$ liu^{55}	ĩu$_{11}$ tʰə^{13}；lak$_1$ tak^5
m6103	tiə$_{51}$ kan^{55}	hɔ$_{33}$ liu^{55}	ĩu$_{11}$ tʰə^{13}
m6104	tio$_{51}$ ko^{55}；tio$_{51}$ tsʰe^{13}	hi$_{33}$ liu^{55}	lak$_1$ tak^5
m6105	tiə$_{51}$ kə^{55}	hu$_{11}$ liu^{55}	ĩu$_{11}$ tʰə^{13}；lak$_1$ tak^5

珠海斗门话语音特点概说[①]

丘金芳　高然

（暨南大学汉语方言研究中心　广东广州　510623）

【提　要】斗门话主要通行于珠海市斗门区，属四邑方言。文章主要介绍斗门话分布情况，并以斗门镇南门村作为代表点简单归纳斗门话的语音特点。

【关键词】斗门话　分布　语音特点

一、斗门的历史沿革

珠海市斗门区位于珠江入海口西南岸，东临中山市，南面与珠海市金湾区相连，西面和北面与江门市接壤，总面积有674.8平方公里。全区的最高峰黄杨山（海拔581米）位于区内中部，黄杨山周围及东北部还有8座相对较高的丘陵。区内河道交错，北部及西部是沉积平原，地势比区内山丘边缘的冲积地低。

据《斗门县志》可知，宋朝以前，斗门一带称黄字围，属新会潮居都。宋朝绍兴二十二年（1152年）置香山县，从东莞、南海、番禺、新会四县划出部分岛屿归香山县管辖。今斗门、白蕉、三灶一带为香山县潮居乡。

民国十四年（1925年）香山县改称中山县。1965年，经国务院批准，中山县划出白蕉公社、斗门公社、乾务公社及平沙农场；新会县划出西安人民公社、上横人民公社及大沙农场，成立斗门县，隶属佛山地区。

1983年实行市管辖县体制，斗门县从佛山地区划出，隶属珠海市至今。1986年实行撤区建镇体制，全县共有8个镇：井岸、斗门、白蕉、乾务、五山、上横、六乡、莲溪。2001年国务院批准斗门撤县建区，斗门县改称斗门区。2003年六乡镇并入白蕉镇，五山镇并入乾务镇，上横镇和莲溪镇合并为莲洲镇。全区至今共管辖5个镇：井岸、白蕉、斗门、乾务和莲洲。

二、斗门话的分布情况

本文研究的斗门话属四邑方言，在当地还被称作"村话"、"村佬话"、"岸上话"、"四邑话"、"五邑话"等。从人口数量来看，斗门话是斗门区的强势方言，操斗门话的人口最多，约有23万；其次是水上话，最后是客家话。通过田野调查、实地走访和查阅相关资料，我们对斗门话的地理分布进行了大致的摸排和了解。下面是斗门话的分布情况：

① 本文是2013年度国家社科基金重点研究项目"粤、闽、客诸方言地理信息系统的建设与研究"（项目号：13AYY001）子项目"珠海地区方言的地理语言学研究"（项目号：14FZ07）阶段性成果之一。

表1　通行斗门话的乡镇相关情况表

通行斗门话的镇	通行斗门话的行政村	村民构成
斗门镇	斗门村（除松山队）、南门村（除渔业和涌口）、上洲村（大部分）、下洲村（大部分）、大赤坎、小赤坎、八甲村（除汉坑、狮子头、新村仔）、大濠冲、小濠冲、新乡村	邝、赵等
井岸镇	南潮村、坭湾村、尖峰村、东风村、新堂村、西埔村（除沙仔队）、四新村、草蓢村、北澳村、龙西村、西湾村、黄杨村	何、陈、李等
乾务镇	乾东村、乾西村、乾南村、狮群村、东澳村、荔山村、虎山村、南山村、新村、三里村、马山村、夏村、网山村	梁、黄等
莲洲镇	横山社区（部分）、大沙社区、獭山村、南青村（部分）、红星村、文峰村、新丰村、东安村、石龙村、莲江村、光明村、东湾村	周、罗、何等
白蕉镇	丰州村、孖湾村、盖山村、月坑村、办冲村、沙石村、黄家村、大托村、榕益村、白蕉街	黄、陈等

　　本文以斗门镇南门村的斗门话为研究对象，简单归纳其语音特点，描写其语音特点时如有必要会将其与台山话和广州话进行对比。其中台山话和广州话的字音材料来源于《珠江三角洲方言字音对照》，台山台城话变调资料来自《广东四邑方言语法研究》，台山淡村话变调资料来自《台山淡村方言研究》。

　　南门村位于斗门镇黄杨山脚下，全村面积约16平方公里，常住人口约5500人，有12条自然村：南边里、中心里、北边里、圹祖、竹园、四圣、新围、新圩、毓秀、背地水、涌口和渔业。其中涌口和渔业操水上话，约500多人，村民基本会听会讲斗门话，来此居住时间相对较短；其余村民均操斗门话，同时他们会听水上话，少数人还会说水上话。赵姓是南门村第一大姓。本文记录的斗门话以南门村老派发音为准，发音合作人信息如下①：

表2　发音合作人信息一览表

姓名	性别	出生年	文化程度	职业	母语方言
赵承华	男	1940年	初中	退休教师	斗门话
赵剑文	男	1949年	初中	企业退休职工	斗门话
赵沛洪	男	1944年	初中	退休教师	斗门话

三、斗门话音系

（一）声母（共17个，包括零声母）

p	包比病薄	pʰ	抛皮剖拍	mᵇ	忙麻秒物	f	峰苦火服		
t	刀短队独	tʰ	猜初宠出	nᵈ	农纽嫩匿			l	来鲁另落
ts	租爪昼质					s	森想书石		
k	姑简件局	kʰ	勤拒启曲	ŋᵍ	牙耳语肉	h	挑头起昏		
ø	欧矮亚握					j	衣炎样欲		
						w	乌胡匀域		

说明：

（1）mᵇ、nᵈ、ŋᵍ来自古明、微、泥、日、疑母字，这几母的字今读鼻音m、n、ŋ时，带有一定程度

① 向发音合作人及为本次调查提供帮助的人致以最诚挚的谢意！

的同部位的浊塞音色彩。不同的字的鼻音、浊音成分也有所不同，即有些字鼻音成分不明显，浊塞音色彩较浓，读成 ^{m}b、^{n}d、^{ŋ}g；有些字鼻音成分较明显，浊塞音色彩较轻，读成 m^b、n^d、ŋ^g；也有些字的这两种成分不相上下的，读成 mb、nd、ŋg，但 ^{m}b、m^b 与 mb，^{n}d、n^d 与 nd，^{ŋ}g、ŋ^g 与 ŋg 并不构成音位对立，其分布暂无规律可循，故本文处理为 m^b、n^d、ŋ^g。

（2）声母 t^h 来自古清、彻、初、昌母字（含从、邪、澄、崇母平上声）。这几母的字，新派只有一些常用口语词才读 t^h，其余情况下均读作 ts^h/tʃ^h，同广州话。

（3）ts 和 s 与细音相拼时近于 tʃ、ʃ，如：诸 tʃi^{34}、书 ʃi^{34}，但是 ts 与 tʃ、s 与 ʃ 并不构成音位对立。

（二）韵母（共计50个）

ɑ	巴爬哑化	i	猪主旨诗	u	呼湖古付
ɿ	斯瓷紫寺	ei	遮邪且射		
				au	拖禾所助
ei	碑器汽非			ou	瓜卦寡刷
ɑi	排谐启第			ui	居雷彩醉
ei	妻题洗闭			uɑi	乖怪拐
uɑ	抽搞漱凑	iu	超表叫谬	uei	龟桂轨跪
au	包巧修受	in	仙元典串	ou	租徒舞到
ɑn	餐颜板幻			un	干团碗寸
en	吞秦紧份			uɑn	关惯
ɑm	南甘斩站	im	廉炎点剑	uen	昆群滚棍
em	侵寻锦浸				
ɑŋ	登衡耿幸	iɑŋ	精命净醒	uɑŋ	逛轰
eŋ	棱成拯定				
oŋ	冬红讽诵				
ɔŋ	帮黄网撞	iɔŋ	章良想向	ut	割末夺活
ɑt	达杀辖乏			uɑt	刮
et	匹室吉突	it	列浙揭铁	uet	骨倔掘
ɑp	答塔插鸭	ip	猎业叠涉		
ep	集汁吸入				
ak	责黑格策	iak	踢石笛剧	uak	捆
ek	惜直击碧				
ok	哭毒陆烛				
ɔk	落藿学岳	iɔk	雀弱脚药		
ŋ̍	吴五午悟				

说明：

（1）ɑ 实际发音时，舌位比标准的 ɑ 靠前，比 ɔ 低，略圆唇，新派一般发成 ɔ。

（2）ɿ 主要来自止摄开口精庄组字，多数老年人读的是 ɿ，但不如普通话的 ɿ 紧，部分中老年人会读成

ɿ^u，但在自然语流中往往又读成ɿ，ɿ和ɿ^u并不构成音位对立，故记成ɿ，新派多发成u。

（3）韵母ʮɐ的介音u较松。

（4）韵母ʮɐ和iɐ中的ɐ实际音值是ɜ，而ɐi、ɐn/nɐ、ɐm/ɐp的ɐ的音色与广州话的一样。

（三）声调

表3　本调表

阴平	阳平	阴上	阳上	去声	上阴入	下阴入	阳入
34	22	45	31	42	<u>45</u>	<u>34</u>	<u>42</u>
高分带症	符男鱼明	紫饱反孔	坐社朗浩	道败善命	设国碧吸	插血脚窄	腊麦寂习

说明：阴去与阴平合流，我们把合流之后的这个今调暂定为阴平，因此声调中只有一个去声（阳去）。

表4　变调表

舒声变调				入声变调		
31	224	45	42	<u>31</u>	<u>24</u>	<u>45</u>
叉疮糠昼	藕蚊茄筒	爸哥奶	牛林	节佛印凹	日	日接骆赤

说明：

（1）舒声变调224中间有略降。

（2）发生变调的入声字数量要比舒声字的少，入声字发生降调变调的比升调变调的多。从调查所得看，目前入声的<u>24</u>变调仅发现"日"一例。

四、语音特点

（一）声母特点

（1）古全浊声母清化，今读塞音和塞擦音逢平上声送气，逢去入声不送气，如：爬$_{并平}$pʰa²²|暴$_{並去}$pou⁴²|第$_{定去}$tai⁴²|强$_{群平}$kʰiɔŋ²²|曹$_{从平}$tʰou²²|剂$_{从去}$tsei³⁴|直$_{澄入}$tsek⁴²|床$_{崇平}$tʰɔŋ²²等。

（2）古端母及定母去入声字今读t，古透母字和定母平上声字今读h，如：登$_{端平}$taŋ³⁴|担$_{端上}$tɑm³⁴|队$_{定去}$tui⁴²|特$_{定入}$tak⁴²|推$_{透平}$hui³⁴|痛$_{透去}$hoŋ³⁴|桃$_{定平}$hou²²|艇$_{定上}$hiaŋ³¹。

（3）古非敷奉母字今多读f，如：方$_{非}$fɔŋ³⁴|蜂$_{敷}$foŋ³⁴|肥$_{奉}$fei³⁴。少数字仍保留双唇音，如：吠$_{奉}$pui⁴²|斧$_{非}$pou⁴⁵。

（4）古明、微、泥、日、疑母今读鼻音时带有不同程度的同部位的浊塞音成分，如：马$_{明}$mᵇa³¹|舞$_{微}$mᵇou⁴⁵|泥$_{泥}$nᵈei²²|绒$_{日}$ŋᵍoŋ²²|玩$_{疑}$ŋᵍun⁴²。新派多数仅保留鼻音。我们推测应是受广州话的影响，新派斗门话的鼻音成分在不断地加强，浊音成分逐步消磨。

（5）泥来不混，泥母字今读nᵈ，来母今读l，如：脑$_{泥}$nᵈou⁴⁵|南$_{泥}$nᵈam²²|李$_{来}$lei⁴⁵|龙$_{来}$loŋ²²。

（6）古微母字今读mᵇ，读同明母，如：尾$_{微}$mᵇei⁴⁵|物$_{微}$mᵇet⁴²|芒$_{明}$mᵇɔŋ²²|目$_{明}$mᵇɔk⁴²。

（7）日母字与疑母字今读ŋᵍ，如：热$_{日}$ŋᵍit⁴²|染$_{日}$ŋᵍim³¹|牛$_{疑}$ŋᵍau²²|崖$_{疑}$ŋᵍai²²。

（8）古精、知、庄、章母字（含从、邪、澄、崇母去入声字）今读ts，如：租$_{精}$tsou³⁴|猪$_{知}$tsi³⁴|爪$_{庄}$

tsɐu⁴⁵|照章tsiu³⁴|绝从tsit⁴²|谢邪siɛ⁴²|住澄tsi⁴²|栈崇tsan⁴⁵；古清、彻、初、昌母字（含从、邪、澄、崇母平上声字）今读tʰ，如：操清tʰou³⁴|财从tʰui²²|超彻tʰiu³⁴|炒初tʰau⁴⁵|川昌tʰin³⁴|潜从tʰim²²|寻邪tʰɛm²²|潮澄tʰiu²²|锄崇tʰuɐ²²；古心、生、船、书、禅母字今多读s，如：宣心sin³⁴|潲生sau³⁴|神船sen²²|湿书sep⁴⁵|肾禅sen³¹等。

（9）见组声母（除疑母）未腭化，如：见见kin³⁴|考溪hau⁴⁵|企溪kʰei³¹|钳群kʰim²²。

（10）溪母字今读包括kʰ、f、h和j，分布情况大致与广州话相同：读kʰ的主要来自假摄合口二等、遇摄虞韵、蟹摄开口二等、蟹摄开口四等、止摄合口三等支韵、流摄开口开口一等、臻摄合口一等、宕摄、梗摄合口三等和部分效摄一二等和通摄三等字，如：区kʰui³⁴|楷kʰai⁴⁵等；f主要来自果摄合口一等、遇摄合口一等、蟹摄合口一二等、山摄合口一等字，如：科fuɐ³⁴|宽fun³⁴等；读h的主要来自遇摄合口三等，蟹摄开口一等、止摄开口三等脂之韵微韵，如：去hui³⁴|起hei⁴⁵等；读j的有流摄开口三等的丘jɐu³⁴，深摄开口三等的钦jɐm³⁴、泣jɐp⁴⁵。

（11）影母开口一二等今多读零声母，开口三四等多读j，合口主要读w，如：亚开一a³⁴|奥开一ou³⁴|音开三jɐm³⁴|医开四ji³⁴|稳合一wen⁴⁵|蛙合二wa³⁴|威合三wei³⁴。

（12）云、以母字今读合流，开口及遇、山、通摄合口字读j，其余主要读w，如：友流开三云jau³¹|异止开三以ji⁴²|远山合三云jin⁴⁵|用遇合三以joŋ⁴²|位止合三云wei⁴²|匀臻合三以wen²²。

（二）韵母特点

（1）和大多数四邑次方言一样，斗门话也没有撮口呼。广州话的œ、y系韵母在斗门话中分别归入iɛ、ɔi、u、ɐ、i等系韵母。

表5　广州话、斗门话、台山话有无撮口呼比较表

例字\方言点	靴果合三晓	响宕开三晓	居遇合三见	猪遇合三知	劝山合三溪	血山合四晓
广州	hœ⁵⁵	hœŋ³⁵	kœy⁵⁵	tsy⁵⁵	hyn²²	hyt²²
斗门南门	hiɛ³⁴	hiɔi³⁴	kui³⁴	tsi³⁴	hin³⁴	hit³⁴
台山台城	hiɛ²²	hiaŋ⁵⁵	hui²²	tsi²²	hun²²	hut²²

（2）斗门话有一系列以a、ɐ为主要元音的韵母，大致对应广州话的a、ɐ。但斗门话没有ɐŋ/ɐk，广州话读aŋ/ak或ɐŋ/ɐk的，斗门话都读成aŋ/ak。斗门话也没有ɐu，效摄开口二等与流摄开口一等、三等尤韵今读基本合流为au，少部分字韵母读ɑu，这部分字主要来自效摄开口二等。

表6　斗门话a、ɐ与广州话a、ɐ对比表

例字\方言点	佳蟹开二≠鸡蟹开四		埋蟹开二≠谜蟹开四		晒止开三≠西蟹开四		坏蟹合二≠为了止合三	
广州	kai⁵⁵	kɐi⁵⁵	mai²¹	mɐi²¹	sai²²	sɐi⁵⁵	wai²²	wɐi²¹
斗门	kai³⁴	kɐi³⁴	mᵇai²²	mᵇɐi²²	sai³⁴	sɐi³⁴	wai⁴²	wɐi⁴²

例字\方言点	甲咸开二≠急深开三		腊咸开一≠立深开三		三咸开一≠心深开三		监咸开二≠金深开三	
广州	kap²²	kɐp⁵⁵	lap²²	lɐp²²	sam⁵⁵	sɐm⁵⁵	kam⁵⁵	kɐm⁵⁵
斗门	kap⁴⁵	kɐp⁴⁵	lap⁴²	lɐp⁴²	sam³⁴	sɐm³⁴	kam³⁴	kɐm³⁴

续表

例字 方言点	交效开二 ≠ 够流开一		抄效开二 ≠ 抽流开三		卯效开二 ≠ 某流开一		爪效开二 ≠ 走流开一	
广州	kau⁵⁵	kɐu²²	tsʰau⁵⁵	tsʰɐu⁵⁵	mau¹³	mɐu¹³	tsau³⁵	tsɐu³⁵

例字 方言点	交效开二 ≠ 够流开一		抄效开二 ≠ 抽流开三		卯效开二 = 某流开一		爪效开二 ≠ 走流开一	
斗门	kau³⁴	kau³⁴	tʰau³⁴		mᵇau³¹		tsau⁴⁵	tsau⁴⁵

例字 方言点	彭梗开二 ≠ 朋曾开一		耕梗开二 ≠ 羹梗开二		责梗开二 ≠ 则曾开一		克曾开 ≠ 黑曾开一	
广州	pʰaŋ²²	pʰɐŋ²²	kaŋ⁵⁵	kɐŋ⁵⁵	tsak⁴⁵	tsɐk²²	hak⁵⁵	hɐk⁵⁵

例字 方言点	彭梗开二 = 朋曾开一		耕梗开二 = 羹梗开二		责梗开二 = 则曾开一		克曾开 = 黑曾开一	
斗门	pʰaŋ²²		kaŋ³⁴		tsak⁴⁵		hak⁴⁵	

（3）蟹摄合口二四等、止摄合口、山摄合口二等、臻摄合口一三等见组字仍保留u介音，如：怪蟹合二见kuɑi³⁴｜亏止合三溪kʰuɐi³⁴｜龟止合三见kuɐi³⁴｜关山合二见kuɑn³⁴｜骨臻合一见kuɐt⁴⁵。

（4）阳声韵和入声韵均完整保留m、n、ŋ和p、t、k韵尾，如：三咸开一sam³⁴｜粉臻合三fen⁴⁵｜浪宕开一lɔŋ⁴²｜汁深开三tsɐp⁴⁵｜血山合四hit⁴⁵｜刻曾开一hak⁴⁵。

（5）果摄一等今读基本合流，读uɐ，如：多端开一tuɐ³⁴｜左精开一tsuɐ⁴⁵｜坐从合一tʰuɐ³¹｜火晓合一fuɐ⁴⁵。

（6）假摄二等不论开合今读基本合流，如：巴帮开二pɑ³⁴｜榨庄开二tsɑ³⁴｜花晓合二fɑ3⁴｜瓦疑合二ŋᵍɑ⁴⁵。开口三等今读iɐ，如：借tsiɐ³⁴｜车tʰiɐ³⁴｜社siɐ³¹。

（7）遇摄合口一等疑母字今读ŋ，见系读u，非见系读ou，如：五疑ŋ⁴⁵｜古见ku⁴⁵｜补帮pou⁴⁵。合口三等今读有三个层次：泥、来、晓、匣母和精组、见组今读ui，庄组读uɐ，其余读i，如：吕来lui³¹｜巨群kui⁴²｜初初tʰuɐ³⁴｜猪知tsi³⁴｜如疑ŋᵍi²²。

（8）止摄开口知章组与日、疑、影、云、以母字合流，今读i，如：只章tsi⁴⁵｜市禅si³¹｜移以ji²²｜医影ji³⁴。古精庄组合流，今读ɿ（新派读u），如：紫精tsɿ⁴⁵｜师生sɿ³⁴，这罕见于其他四邑次方言。其余读ei，如：碑帮pei³⁴｜梨来lei²²｜奇群kʰei²²｜基见kei³⁴。

（9）效摄一等今读ou，二等字多读au，三等和四等读iu，如：刀端tou³⁴｜炒初tʰau⁴⁵｜小心siu⁴⁵｜叫见kiu³⁴。

（10）流摄一等和三等尤韵读au，三等幽韵读iu，如：走精tsau⁴⁵｜手书sau⁴⁵｜丢端tiu³⁴。

（11）咸摄开口一二等字读ɑm/ɑp；开口三四等读im/ip，如：贪透开一hɑm³⁴｜蜡来开一lɑp⁴²｜甜定开四him²²｜业疑开三ŋᵍip⁴²。

（12）深摄今读ɐm/ɐp，如：心心sɐm³⁴｜沉澄tʰɐm²²｜湿书sɐp⁴⁵｜急见kɐp⁴⁵。

（13）山摄二等、开口一等非见系、合口三等元月韵非组和咸摄合口三等今读an/at，如：餐清开一tʰan³⁴｜颜疑开三ŋᵍan²²｜患匣合二wan⁴²｜烦奉合三fan²²｜凡咸合三奉fan²²｜擦清开一tʰat³⁴｜八帮开二pat³⁴｜法咸合三非fat⁴⁵。三四等不分开合今读in/it，如：鞭帮开四pin³⁴｜雪心合三sit³⁴｜眠明开四mᵇin²²｜犬溪合四hin⁴⁵｜血晓合四hit³⁴。开口一等见系、合口一等读un/ut，如：干kun³⁴见开一｜夺定合一tut⁴²。

（14）臻摄主要读ɐn/ɐt，如：跟见ken³⁴｜宾帮pɐn³⁴｜突定tet⁴²｜物微mᵇet⁴²。

（15）宕摄开口三等今读iɔŋ/iɔk，其余与与江摄合流，读ɔŋ/ɔk，如：蒋精tsiɔŋ⁴⁵｜向晓hiɔŋ³⁴｜脚见kiɔk³⁴｜帮宕开一=邦江开二帮=pɔŋ³⁴｜航宕开一=降江开二匣=hɔŋ²²｜郭宕合一见kʰɔk⁴⁵｜学江开二匣hɔk⁴²。

（16）曾摄一等字与多数梗摄开口二等字合流为aŋ/ak，如：登曾开一端taŋ³⁴｜杏梗开二匣haŋ⁴²。

（17）曾摄三等与梗摄三四等文读音合流 eŋ/ek，如：征_{曾开三知}tseŋ³⁴|呈_{梗开三澄}tʰeŋ²²|疫_{梗合三以}jek⁴²。梗摄三四等部分字有白读，白读音为 iaŋ/iak，如："星"的文白读分别为 seŋ³⁴、siaŋ³¹，"赤"的文白读分别为 tʰek⁴⁵、tʰiak³⁴。

（18）通摄一三等今读合流，读 oŋ/ok，如：总_{合一}tsoŋ⁴⁵|终_{合三}tsoŋ³⁴|谷_{合一}kok⁴⁵|六_{合三}lok⁴²。

（三）声调特点

（1）斗门话共有八个声调，平上分阴阳，阴平和阴去调合流，部分中古阳上字今归入去声，古浊去字今仍读去声，入声三分。就调型、调值而言，声调的最高点落在阴上调上，阳平为平调，入声调分别与相关舒声调对应，呈"阴高阳低"格局。这都与四邑方言的代表性方言台山话的声调格局基本一致。

表7　斗门话、台山话声调格局比较表

方言点＼例字	阴平	阳平	阴上	阳上	去声	上阴入	下阴入	阳入
斗门_{南门}	34	22	45	31	42	<u>45</u>	<u>34</u>	<u>42</u>
台山_{台城}	33	22	55	21	31	<u>55</u>	<u>22</u>	<u>21</u>

（2）阴入分上阴入和下阴入，但是有些广州话读下阴入的字在斗门话中都读成上阴入，因此斗门话下阴入辖字比广州话少。这一特点与大多数四邑话一致。

表8　斗门话、广州话阴入例字今读比较表

方言点＼例字	国_见	责_庄	设_书	劣_来	甲_见	塔_透	只_章	割_见
斗门_{南门}	kɔk⁴⁵	tsak⁴⁵	tʰit⁴⁵	lut⁴⁵	kap⁴⁵	hap⁴⁵/hap⁴⁵	tsiak³⁴	kut³⁴
台山_{台城}	kuɔk⁵⁵	tsak⁵⁵	set⁵⁵	lut⁵⁵	kap⁵⁵	hap⁵⁵	tsiak²²	kut²²
广州	kɔk²²	tsak²²	tsʰit²²	lyt²²	kap²²	tʰap²²	tsiak²²	kɔt²²

（注：广州话下阴入是<u>22</u>）

（3）部分名词或名词性成分存在变调形式，变调调型主要有降调和升调两种。舒声主要有调值为31、224和45三种变调形式，入声基本与之相对，包括<u>31</u>、<u>24</u>和<u>45</u>变调。下面分别介绍变调具体情况。

①31/<u>31</u>变调

表9　31变调例字表

薄刀pɔk⁴²tou³⁴⁻³¹	口诀hau⁴⁵kʰit³⁴⁻³¹	朝早tsiu³⁴⁻³¹tsou⁴⁵	衫sam³⁴⁻³¹	角kɔk³⁴⁻³¹
车票tʰiɛ³⁴piu³⁴⁻³¹	树叶si⁴²jip³⁴⁻³¹	灶头tsou³⁴⁻³¹hau²²	碓tui³⁴⁻³¹	葛kit³⁴⁻³¹
天星hin³⁴siaŋ³⁴⁻³¹	一格jet⁴⁵kak³⁴⁻³¹	婆㜷pʰuɛ²²⁻³¹nᵈa⁴⁵	蚕tʰam²²⁻³¹	镬wɔk³⁴⁻³¹
一半jet⁴⁵pun³⁴⁻³¹	白鸽pak⁴²kap³⁴⁻³¹	日头ŋᵍet⁴²⁻³¹hau²²	妗kʰem²²⁻³¹	尺tʰiak³⁴⁻³¹
荔枝lɑi⁴²kei³⁴⁻³¹	竹节tsok⁴⁵tsit⁴⁵⁻³¹	钵仔put³⁴⁻³¹tsei⁴⁵	渣tsa³⁴⁻³¹	褶tsip³⁴⁻³¹

斗门话发生31降调的多数是阴平（阴去）、阳平和阴入字。后字变调较多，也有部分前字变调。有一部分字的变调已凝固，取代了本调位置，如："梅花鹿"、"鹿茸"和"鹿"的"鹿"都读<u>31</u>调。"衬

衫"、"衫袖"、"白衫仔"以及"衫"的"衫"都读31调。这种变调是有区别词性作用的，这一点在有名动对立的例子中表现得非常明显。如：夹夹 夹夹子 kap⁴²kap⁴²⁻³¹、对对 对对联 tui³⁴tui³⁴⁻³¹、插插 插秧 tʰap³⁴tʰap³⁴⁻³¹。

除31/31变调，斗门话还有个别字会有42变调，如："牛 ŋ⁹au²²"如做形容词，表示傻乎乎时，要变读为ŋ⁹au⁴²；"林 lɐm²²"在"树林"中变读为lɐm⁴²。42变调的例子非常少且零散，规律尚不明显。

②224/24及45/45变调

斗门话的升调变调主要有224/24和45/45两种形式。发生224变调的多是古次清平字，大体都是名词或名词性成分。目前从调查所得材料来看，入声24变调仅有一例，即"前日"的"日"。"日"字是个比较特殊的例子。"日 ŋ⁹ɐt⁴²"在词组"前日"中读作ŋ⁹ɐt²⁴，在"后日"中读作ŋ⁹ɐt⁴⁵，在"日头"中读ŋ⁹ɐt⁴²⁻³¹。45/35变调的比较少，主要是一些亲属称谓词及少数名词。

表10　224/24及45/45变调例字表

224变调			45变调	
布碎pou³⁴sui³⁴⁻²²⁴	荞头kʰiu²²⁻²²⁴hau²²	藕ŋ⁹au²²⁻²²⁴	玻璃puɛ³⁴⁻⁴⁵lei²²⁻⁴⁵	摄影nᵈip³⁴⁻⁴⁵jeŋ⁴⁵
乌蝇wu³⁴jeŋ²²⁻²²⁴	燕子jin³⁴⁻²²⁴tsʅ⁴⁵	柑kam³⁴⁻²²⁴	妖怪jiu³⁴⁻⁴⁵kuai³⁴	后日hau⁴²⁻³¹ŋⁱget⁴²⁻⁴⁵
耳环ŋ⁹ʅ⁴⁵wan²²⁻²²⁴	蕉果tsiu³⁴⁻²²⁴kuɛ⁴⁵	葱tʰoŋ³⁴⁻²²⁴	兰姨lan²²ji²²⁻⁴⁵	骆驼lɔk⁴²⁻⁴⁵huɛ²²
电筒tin⁴²hoŋ²²⁻²²⁴	芋头wu²²⁻²²⁴hau²²	螺luɛ²²⁻²²⁴	螃蟹pʰɔŋ²²hai³¹⁻⁴⁵	报幕bou³⁴mᵇɔk⁴²⁻⁴⁵
铅笔刨jin²²pet⁴⁵pau²²⁻²²⁴	前日tʰin²²ŋ⁹ɐt⁴²⁻²⁴	蔗tsiɛ³⁴⁻²²⁴	黑暗hak⁴⁵am³⁴⁻⁴⁵	笠衫lɐp⁴²⁻⁴⁵sam³⁴⁻³¹

总体来看，31变调所占比例最大，其次是224变调，最后是45变调；舒声变调又比入声变调多。这些变调多数是名词或名词性成分。对比台山话材料可知，斗门话的变调格局与台山话的基本对应。

表11　斗门话、台山话变调今读对比表

例字 / 方言点	鱼	蒜	裤	房	石	叶	爸	日	幕
斗门 南门	ŋ⁹ʅ²²⁴	sun²²⁴	fu³¹	fɔŋ³¹	siak³¹	jip³¹	pa⁴⁵	ŋ⁹ɐt²⁴/ŋ⁹ɐt⁴⁵	mᵇɔk⁴⁵
台山 台城	ŋui¹¹	—	fu¹¹	fɔŋ¹¹	siak¹¹	jap¹¹	—	—	—
台山 淡村	ŋui²¹/ŋui³⁵	ɬun²¹	fu²¹	fɔŋ²¹	ʃiek²¹	jiep²¹	pa⁵⁵	ŋit²¹/ŋit³⁵	—

（注：表中"—"表示所引论文材料未出现）

五、与台山话的差异

以上简单指出斗门话声韵调的一些特点，从分析中还是看到与四邑权威方言台山话有不少相同之处，故此部分主要归纳斗门话与台山话的不同点，以更清晰地展现斗门话的语音特点。

声母方面：①古端母、定母的去入声在台山话中读成零声母，在斗门话中读成t。②古精知庄章组今读在台山话仍保持对立，精组读t、tʰ、ɬ，知庄组读ts、tsʰ、s/ɬ；在斗门话两组声母已合流，读ts、tʰ、s。③台山话有ɬ，主要来自古心母和生母字；斗门话无边擦音，古心、生母今主要读s。

韵母方面：①台山话的遇摄合口一等（除疑母）今读u，而斗门话见系（除疑母）读u，非见系读ou。②台山话遇摄合口三等虞韵非组字今读u，斗门话则是非敷奉母读u，微母读ou。③台山话蟹摄二、三、四等字今读基本合流，读ai，斗门话则是二等与三四等字有别，具体表现为ai、ei的对立。④台山话止摄精庄组今读u，斗门话读ʅ。⑤台山话的效摄一二等基本合流，斗门话保持分立。⑥效摄二等与流摄一三等在台山话合流，斗门话基本保持对立。⑦台山话的曾开三、梗摄开口三四等韵尾为 -n/-t，与山、臻摄部分字合流，斗门话仍收 -ŋ/-k 尾，与山、臻摄有别。⑧斗门话有系列以 ɑ、ɐ 为主要元音的韵母，大致对应广州话的 a、ɐ，台山话没有。

六、结语

以上粗略介绍了珠海斗门话的语音特点。从总体上来看，斗门话既有四邑方言的典型语音特点，如透母擦音化、没有撮口呼、阴平与阴去合并、名词或名词性成分具有变调等，又有其自身特色，如有系列以 ɑ、ɐ 为主要元音的韵母，有舌尖元音 ʅ 等。这种语音局面的形成，应该与其特殊的历史沿革及地理位置不无关联。

参考文献

[1]甘于恩.四邑方言的形态变调[A].第八届国际粤方言研讨会论文集[C].北京：中国社会科学出版社，2003.

[2]邵慧君,甘于恩.广东四邑方言语音特点[J].方言，1999（2）.

[3]余蔼芹.台山淡村方言研究[M].香港：香港城市大学，2005.

[4]曾建生.广东四邑方言语音研究[D].暨南大学博士学位论文，2012.

[5]詹伯慧,张日昇.珠江三角洲方言字音对照[M].广州：广东人民出版社,1987.

[6]詹伯慧,张日昇.珠江三角洲方言综述[M].广州：广东人民出版社，1990.

[7]赵健伟,丘学强.论古明、微、泥、疑、日母字在四邑话的读音形式[A].第二届国际粤方言研讨会论文集[C].广州：暨南大学出版社，1990.

[8]珠海市斗门区地方志编纂委员会.斗门县志[M].广州：广东人民出版社，2012.

赣语丰城话"叽"尾小称功能的磨损与强化[①]

曾莉莉

（宜春学院 赣西语言研究所　江西宜春　336000）

【提　要】赣语丰城话中的小称词尾"叽"，可附着于名词、量词短语、形容词或形容词短语、"AA"式动词后分别表小称、主观小量、程度降低、动量减少。随着"叽"尾用法的不断扩展，其小称功能也不断磨损，意义也越来越泛化，甚至虚化成不表任何意义、可加可不加的词尾，以及语法化为名词构词词尾。为了弥补或抵消的"叽"尾小称功能的磨损，丰城方言出现了"仔"和"仔叽"两个小称词尾来强化小称功能。

【关键词】赣语丰城话　"叽"尾　小称功能　磨损　强化

丰城位于江西省中部，其地理位置在东南西北上分别与进贤、临川、崇仁、新干、樟树、高安、南昌等临近。丰城话是典型的汉语赣方言，属赣语宜浏片。丰城城区（剑光镇）与郊区及荣塘镇"叽"尾较普遍，且用法也较一致，而其他乡镇则少见"叽"尾（陈小荷，2012：8）。因此本文所研究的对象并不是整个丰城市方言，而仅是丰城城区的方言。发音合作人均一直居住在市区从未离开过：陆有荣（主要合作人），1950年生，初中文化，工人；熊冬珍（参考合作人），1968年生，初中文化，家庭妇女。

一、"叽"尾的小称功能

赣语丰城话的"叽"尾与周边的其他赣语、湘语、客家话中的"叽"尾一样都有表小称的功能，其表现形式也大同小异，主要见于名词性语素后表"小、可爱"，量词性语素后表"量少"，形容词性语素后表"程度低"，动词性语素后表"动量少（随意）"。

（一）名词性语素+"叽"

（1）词根可以单独成词，有无"叽"尾会带来"统称"与"小称"的对立。如：刀（统称）——刀叽（小刀，如铅笔刀），类似的还有"壶叽、缝叽、凳叽、勺叽、绳叽、棍叽"等。有时会带来"大——小"的对立。如：

胯（指成人胯下）——胯叽（专指幼儿的阴部）

鸡巴（对成人的骂语）——鸡巴叽（赤子阴）

吹打（唢呐或唢呐队）——吹打叽（玩具小唢呐）

（2）词根可以单独成词，有无"叽"尾，会带来词义的改变，且词义是往"小、可爱"义转变。如：

① 本文为江西省高校人文社科研究2014年度青年基金项目"丰城方言的调查与研究"（YY1435）的研究成果。

包（皮包等）——包叽（旧时内有食物等的礼包）

枷（犯人带的木枷）——枷叽（四周都有护栏的小孩用品）

妹（妹妹）——妹叽（小姑娘）

舅（舅舅，母亲的兄弟）——舅叽（妻子的兄弟）

奶（乳汁、牛奶等）——奶叽（乳房）

蛇——蛇叽（小虫子）

牌（扑克或麻将）——牌叽（门牌等）

萝卜——萝卜叽（用萝卜做成的咸菜）

菩萨——菩萨叽（画的或做的人像）

（3）人名+"叽"，表昵称。

丰城方言不能直接在姓名后加"叽"尾，可在名字后加"叽"，一般是取名字中的一字（有时重叠）后加"叽"，如"聂茶香"，不能叫"聂茶香叽"或"茶香叽"，常叫"茶茶叽"；"黄小荣"常叫"荣叽"等，常见于平辈之间，或长辈称呼晚辈。

（4）表贬称。这是"叽"尾由"小"引申出"卑微"义，如"老婆叽老太太、斋婆叽、寡妇婆叽、孤寡婆叽无配偶和子女的老妇人、接生婆叽、斋公叽、和事公叽"等。这些词的词尾也可以看作"婆"尾、"公"尾与"叽"尾的叠加，但贬称是由"叽"尾承担的，因为丰城方言中的"婆、公"尾常用于性属标记（指人时一般用于中老年人），不表贬称，如"鸡公公鸡、鸡婆母鸡"、"雷公、神婆巫婆"等。另外以上词只指职业时一般可去掉"叽"尾，客观地表示一种职业，如"接生婆、斋婆、斋公、和事公"，加上"叽"尾后是对从事该职业的人的背称（贬称）；如果用于面称的话，那就是詈语了。由于"老婆叽、寡妇婆叽、孤寡婆叽"不是职业，所以就没有无"叽"尾的说法。试比较：

①什哩都不吃，去做斋婆好嘛。（什么都不吃，去做斋婆好吧。）（职业）

②莫话，许[ε³⁵]只斋婆叽来哩。（别说了，那个吃斋的老婆婆来了。）（称呼）

丰城话在称呼一对老年夫妻时，也常在男方的姓氏后附上"婆叽、公叽"，假设男方姓"邹"，就会说"邹家公叽、邹家婆叽"。还有妯娌之间的背称，会在排行后附上"婆叽"，如"老二婆叽"等，一般见于邻里亲属之间的中性化的背称；如果用于面称的话，那就显得极其不尊重了。

（二）量词性语素+叽

1.（一）咪叽一点儿

数词只能用"一"或省略。常跟在形容词后作补语，如"快咪叽快点儿"；跟在动词后作宾语，如"拿哩一咪咪叽（瓜子）拿了一点点瓜子"、"多吃咪叽（饭）多吃点儿（饭）"。

2. 数+量+叽

"量词性语素+叽"常见于数量短语加"叽"尾，表主观小量。试比较：

③用哩五百多块钱。（客观量）

④用哩五百多块叽钱。（主观小量，说话者认为"五百多块钱"不多。）

（1）数+量+叽。如：两只叽、十里叽、三十岁叽、三四年叽、一盒叽、一筒叽、两三勺叽、三四回叽。

（2）量+把+（两+量）+叽。如：个把叽（人）、日把叽、寸把叽（布）、亩把叽（田）；（吃哩）口把叽、（吃哩）餐把叽、（去哩）次把叽；本把两本叽、年把两年叽、里把两里叽、回把两回叽。

（3）数（百/千/万）+把+量+叽。如：百把个叽（人）、万把块叽（钱）、千把亩叽（地）、百把部叽（车子）。其中"百（千、万）把个叽"在指人时还可以省略"个"，说"百（千、万）把叽（人）"。

（4）量词+多+叽，这种用法常用于表度量衡的量词后，如：斤多叽、亩多叽、尺多叽、里多叽。

（5）数词（十以上）+多+量+叽。如：十多日叽、三十多只叽（猪）、千多里叽、五百多块叽、十多次叽。

须说明的是，数词可以是确数也可以是概数，但当数词是确数时，该数量短语加上"叽"尾后有两种用法：一是表概数，二是表主观小量，具体语义要视语境来分析。如：

⑤称哩几斤肉啊？——两斤叽。（称了大概两斤左右肉，表概数。）

⑥两斤叽肉包得几多饺子哦？（就这两斤肉能包多少饺子？）（反问句，意思是肉太少包不了多少饺子，表主观小量）

数量短语加"叽"尾，不仅形式变化多样，而且对量词几乎没有太多要求，名量、时量、动量均可（当然（3）（4）一般见于名量词）。

（三）形容词性语素+叽

（1）"XA式"状态形容词+叽。如：

通红叽、雪白叽、揪圆叽、喷香叽、乜［miɛ³⁵］嫩（个肉）叽、墨乌叽（个头发）、息软叽

"XA式"状态形容词表示很高的程度，加"叽"尾后程度有所降低，降低到适宜、让人能接受的程度。在丰城话中这类形容词后还可加上助词"个"，客观地表示程度高。试比较：

⑦该只细人叽烧得面通红个。（这个小孩烧得脸通红的。）（此处决不会说"通红叽"）

⑧该只细人叽通红叽个面，真好看诶。（这个小孩通红的脸蛋，真好看啊。）（这种"红"是让人喜欢的"红"）

由于这种程度是让人舒适的程度，所以"叽"尾常跟在表正向意义的形容词后，如不会说"抛松叽、墨暗叽、喷臭叽、息冷叽"等。

（2）"AA式"形容词+叽。如：

宽宽叽、尖尖叽、高高叽、瘦瘦叽、黑黑叽；慢慢叽、轻轻叽

"AA式"形容词重叠后一般表"程度高"，但加上"叽"尾所表程度的相对弱化，常指相比较而言"有点儿……"。如："高高叽"并不指"很高"，而是指与一般人相比"有点高"（1.78米的身高就可以这样描述）。"慢慢叽"、"轻轻叽"表弱祈使，意思是"慢慢地"、"轻轻地"，不修饰名词，常修饰动词，如"慢慢叽吃"、"轻轻叽走"。

（3）名词+形容词+叽，相当于"像……一样+形"。如：

巴掌大叽、眼屎多叽、桌子高叽、指头粗叽

这种格式里的形容词多见于正向意义的单音节形容词，名词通常是体积小的物体，加上"叽"尾后大大减轻了形容词的程度，达到主观上的"夸小"的修辞效果。试比较：

⑨有巴掌许大么？——有有。（有巴掌那么大吗？——没有。）（客观）

⑩分哩块巴掌大叽个地。（分了一块巴掌大的田。）（不可能有"巴掌大"的田，很明显是说话者主观上的"夸小"以示不满。）

（4）指示代词"箇/许"+形容词+叽，相当于"这么/那么点儿+形容词"，表程度轻。如：

箇深叽、许深叽、箇大叽、许大叽、箇高叽、许高叽

这种用法也多见于正向意义的单音节形容词,"箇/许"用于形容词前本表示程度很深,但加上"叽"尾后便大大减轻了形容词的程度,表程度低。试比较:

⑪ 箇深啊,你冒骗我吧?(这么深啊,你没骗我吧?)(认为"很深")

⑫ 箇深叽啊,有什哩怕得?(这么点深啊,那有什么可怕的?)(认为"一点儿也不深")

(四)动词性语素+叽

丰城方言常在"AA式"动词后加"叽"尾,动词多为一般动词,少见于心理活动的动词和趋向动词,不见于表存在、变化、判断的动词和能愿动词。

(1)相当于普通话的"A一A"。如:

⑬ 话话叽,有许容易就好哦。(有说一说那么容易就好了。)

⑭ 听听叽就是,莫当真。(听一听就行了,别当真。)

(2)相当于普通话的"A了A",有一个权衡的心理过程。如:

⑮ 摸摸叽,还是觉得冇有许件好。(摸了摸,还是觉得没有那件好。)

⑯ 想想叽,还是不行。(想了想,还是觉得不行。)

(3)相当于普通话单音节动词的重叠。如:

⑰ 吃吃叽、猥猥叽、用用叽,何里有钱剩啰?(吃吃、玩玩、用用,哪里还有钱剩呢?)

⑱ 我每日早上都要跑跑叽步、做做叽操,锻炼下仔身体。(我每天早上都要跑跑步,做做操,锻炼一下身体。)

这种格式有减少动量的作用,从而带有"随便"义,强有力的证据是它不能与"好正叽_{好好儿地}"一起使用。(陈小荷,2012:101)如:

好正叽走路好好地走路(√)　　　好正叽走走叽路(×)

好正叽摸小心地摸(√)　　　好正叽摸摸叽(×)

好正叽听认真地听(√)　　　好正叽听听叽(×)

二、"叽"尾小称功能的磨损

"叽"尾作为小称词缀的基本用法应该是附加在名语素后表"小"及"喜爱"义,类似于普通话的"儿"尾。但在赣语、湘语、客家话中"叽"尾的用法不断扩展,其表小功能也越来越不突出,比如在丰城方言中"叽"尾就还可附加在量词性语素、形容词性语素、动词性语素后分别表"主观小量"、"程度轻"、"动量少",这其实都是小称的引申用法,也是小称功能的轻微泛化。随着"叽"小称功能的进一步磨损虚化,丰城方言中的"叽"尾甚至可以不表示任何意义,出现为两种极端的用法:一是"叽"尾虽不表任何意义,但却一定要加,因为词根不能单独成词,这种"叽"尾已经语法化为单纯的构词语素了。二是"叽"尾可加可不加,具有随意性,不表任何意义,有的学者认为只起凑足音节或舒缓语气的作用。

(一)"叽"尾一定要加

1. 时间名词

"年头角叽_{年尾}、夜边叽_{傍晚}、半夜时叽_{午夜时分}"与表处所的"指示代词+块+叽",如"该块叽_{这儿}、许块叽那儿、□［he³¹］块叽哪儿"，其意义大多指向时间的某个点或面积较小的处所（箇里这里＞该块叽），意义由词根全部承担。由于词根不能单独使用，所以就选择"叽"尾附上。"叽"尾在此处虽无任何意义，但却必须添加，。

2.某些贬称

如"洋狗叽说大话的人、兵狗叽当兵的人、呵狗叽人云亦云的人、差狗叽衙役"，这里用"狗"喻人表贬义，贬义由"狗"全部承担，"叽"尾无义但必须添加，词根也不能独立成词，如不说"洋狗、兵狗等"。

"只眼叽只有一只眼的人、左拐叽左撇子、光头怪叽光头或秃顶的人"，同样贬义已由词根表达，词根也不能独立成词，必须加上"叽"尾。

这些贬称一般用于背称；如果面称的话，那就是詈语。

3."代词性语素＋叽"，表方式

如"怎叽怎样、该叽这样、许叽那样"等，"叽"尾无义，但与词根结合得非常紧密。

4."叽"语法化为名词构词语素

（1）名词性语素＋叽——名词

单音节的名词性语素＋叽：雀叽、横［uaŋ²¹³］叽梯子的横杠、袋叽、盒叽、筲叽笊捞、篮叽、褂叽、笃叽鞋跟。

多音节的名词性语素＋叽：巷格叽小巷子、领箍叽围脖、擦菜叽腌制的咸菜、酱羹叽辣酱、末药叽药粉、背搭叽背心、痰夹叽围嘴儿、闭蝇叽蝉、细人叽小孩、梁苗叽刘海、戒珠叽戒指、斫锤叽锤子、椅篙叽竹制的小椅、鲇冠叽鲇鱼、驴狗叽驴。

（2）动词性语素＋叽——名词：叫叽口哨、耙叽、盖叽盖子、捞叽漏勺、旋叽圈儿、初生叽头胎。

（3）量词性语素＋叽——名词：对叽对联、个叽自己。

"叽"尾的这种用法类似普通话的名词词尾"子"，它可以改变非名词性词根的功能使其转化成名词，而这些"叽"尾名词多为方言特征词。

（二）"叽"尾可加可不加

（1）名词性语素＋叽。如：虫叽、迹叽、影叽、水蛇叽、葫芦叽、瞳仁叽、心窝叽、花生仁叽、四脚蛇叽壁虎、金蚊虫叽花大姐、水婆叽母水牛、狗公叽、狗婆叽、赤脚叽、鱼冻叽、窃话叽悄悄话、乖话叽好听的话等。

"叽"尾无论是否添加，词义都不会发生变化，比如"鱼冻"与"鱼冻叽"的意义和用法完全一致。这种"叽"尾的添加虽然不表示任何意义，但加上它更加口语化，让人有一种地域认同感。

某些贬称，如"外国佬叽、北方佬叽、湖南佬叽、南昌佬叽"，其贬义由词缀"佬"承担，"佬"尾的主要作用是将地名转化成背称，且表贬义，如"北方佬"和"北方佬叽"意义和用法完全一样。"叽"尾不表任何意义，可加可不加。

（2）几＋形容词＋叽。如：几高叽、几重叽、几多叽、几瘦叽、几胖叽、几大叽。

"几"相当于普通话的"多"，可表达感叹或疑问。"叽"尾不表任何意义，有学者认为"叽"为语气词（昌梅香，2007），其实不然，因为感叹和疑问的意义已由"几"承担（语义视语境而定），"叽"的添加多为方言习惯。如：

⑲几重叽个书哦，你来搬！（多重的书啊，你来搬。）（"几"表感叹）

⑳该只猪有几重叽？（这头猪有多重？）（"几"表疑问）

例⑲⑳还可以不用"叽"，说成"几重个书哦"、"该只猪有几重哦"，意思不变。其实很明显，"哦"

在这里才是语气词，这也可以有力地证明"叽"不是语气词。

三、小称功能的强化

为了弥补或抵消的"叽"尾小称功能的磨损，语言会采取更新或强化等手段来进行平衡（刘丹青，2001）。丰城方言主要是通过更新小称词缀来弥补和抵消"叽"的小称功能的磨损。

（一）"仔"尾表小称

1. 名词性语素+"仔"，表小称

"仔"尾是从"崽（幼子）"义虚化成的小称词缀，词义经过由幼小的孩子延伸到动物的幼崽，再到人、动物、事物中的较小类别的演变，因此可附加在名词性语素后表"小"。如"毛伢仔_{刚出生的婴儿}、月伢仔_{1岁以前的婴儿}、徒弟仔、鱼仔_{小鱼}、卒仔_{象棋中的卒}、锅仔_{小锅}、被仔_{方形小棉被}、图书仔_{小人书}、朦朦雨仔_{毛毛雨}"等。

2. 人名+仔，表昵称

男性常以名字中其中一字加"仔"尾，如"旺仔、勇仔"等。女性则可在名字后直接加"仔"尾，如"根香仔、卫红仔"等。多用于平辈之间的互称，或长辈称呼晚辈。

3. 量词短语+"仔"。

（1）下仔_{一会儿}

表动量，常跟在动词后作补语或状语，数词只能用"一"，常省略。如"等下仔_{等会儿}、坐下仔_{坐会儿}、一下仔就吃光哩_{一会儿就吃光了}"。

（2）一+名量+仔，表主观小量。如"一块仔、一包仔、一碗仔、一边仔、一件仔"。试比较：

㉑切哩一边瓜到我吃。（切了一边瓜给我吃。）（客观量）

㉒切哩一边仔瓜到我吃。（主观小量，表不满）

（二）"仔叽"表小称

"仔叽"实际上是由词根"崽"虚化后与磨损的小称词尾"叽"叠加后凝固而成的新的小称词缀，如：人仔叽、猪仔叽、马仔叽、狗仔叽、间仔叽_{小房间}、屋仔叽_{小屋}等。注意在丰城话中"马仔叽、狗仔叽"等的意思是"小马、小狗"，而不是指动物的幼崽，表幼崽时我们写作"崽"，读本调。如：

㉓该只猪下哩五只崽。

㉔我养哩十只猪仔叽。（指比幼崽略大点的小猪）

同样，"人仔叽"是指"小人儿"，不是指"婴儿"，如"箇大叽个人仔叽就会偷东西_{这么点大的小孩儿就会偷东西}"。

从以上研究我们发现丰城方言有三种小称词缀"叽"、"仔"、"仔叽"并存，它们之间的关系也比较错综复杂。从使用范围上看，"叽"的使用范围最广，可以附着在名词、量词短语、形容词及形容词短语、"AA"式动词后，同样其小称功能磨损得也最严重。"仔"可附着在名词后表小称，也可附着在量词短语后表主观小量，其小称功能也有所磨损，比如在"茶几仔、碗橱仔、把碗仔_{有把的茶杯}、锯仔"中"仔"可加可不加，且虚化成无任何意义。"仔叽"的使用范围目前只能用于名词后表小称。从三个小称词尾的使用范围及磨损程度来看，我们可以设定丰城方言最早的小称形式是"叽"，其次是"仔"，最晚的应该是"仔叽"。

参考文献：

［1］陈小荷.丰城赣方言语法研究［M］.北京：世界图书出版公司，2012.

［2］昌梅香.江西吉安赣语"叽"后缀研究［J］.广西社会科学，2007（10）.

［3］李姣雷.湘语小称功能的磨损与强化［J］.南方语言学，2015（8）.

［4］李珂.湖南茶陵方言"叽"尾词研究［J］.株洲师范高等专科学校学报，2005（1）.

［5］刘丹青.语法化中的更新、强化和叠加［J］.语言研究同，2001（2）.

［6］饶星.宜春话的"积"尾［J］.宜春师专学报，1981（2）.

［7］石毓智.表现物体大小的语法形式的不对称性——"小称"的来源、形式和功能［J］.语言科学，2005
（3）.

［8］言岚.湖南株洲方言中的"叽"尾［J］.零陵学院学报，2002（3）.

Geographical Linguistics in Guangdong and Geographic Information System of Lingnan Dialects①

Gan Yu'en（甘于恩）& Li Fei（李菲）

（ Institute of Chinese Dialects/ Institute of Geographical Linguistics, Jinan University, Guangzhou, Guangdong, China 510632 ）

【 **Abstract** 】Guangdong is an area with many kinds of Chinese dialects, and also one of the earliest areas to explore the geographical linguistics in China Mainland. This paper reviews the history of Chinese geographical linguistics, especially the theory and practice in Guangdong geographical linguistics, while expounds the importance of developing the Lingnan geographic information system based on GIS and the basic conceive of this system. Furthermore, a prospect of future research on this aspect is made.

【 **Key Words** 】*Geographical linguistics   Theory and practice   GIS   Guangdong Dialects*

一、Definitions

1. Geographical Linguistics

It is a kind of subject which researches the geographic distribution and diversity of languages (or dialects) with drawing maps from the point of view of geography. It links the location to the historical development of those languages, it elaborates the way how can the pronunciation, grammar and vocabulary in an area of a region to be similar. On this basis, researches the languages or dialects classification to find the tract of language changes. Its purpose is to study the language history.

2. Geographic Information System

It also can be called as Geo-Information System or GIS, as a kind of specific information system with very important space information. It is a technology system based on hardware and software of computer, to collect, store, manage, calculate, analyze, display and descript the related geographic distribution data of the whole or part of earth surface (including atmosphere).

---

① This paper was presented The 2nd International Conference on Asian Geolinguistics（ICAG-2）（May 24-25, 2014, Chulalongkorn University, Bangkok, Thailand）.

二、Geographical linguistics in China and Guangdong

1. The originator of Chinese geographical linguistics

As an individual, it is W.A.Grootaers (his Chinese name: He Dengsong), the Belgian priest, who carried out the earliest geographical linguistics studies in China. But in fact, Chinese scholars already have some group practices in this regard before Mr.Grootaers. The former Institute of History and Philology presided this work, such as the "the language area chart" in the earliest Chinese dialect map "*Republic New Map*" (Shanghai Declaration Hall, 1934), and in the "*Chinese Provincial Map*"(1939, 1948). As for the language feature map, there are 66 feature maps in "*A Survey of dialects in Hubei*" (Chao et al., Commercial Press, 1948 publication). Anyway, the language map of this period just can be counted as the originator of Chinese geographical linguistics.

2. The geographical linguistics after 1949

After the founding of new China (PRC) in 1949, the geographical linguistics basically become non-mainstream while the tributaries were still occasional shining, such as the 23 maps drew by Bai Dizhou in "*The survey of Guanzhong Dialects*" (Academy of Sciences, 1954). 12 maps were drew by the county codification committee of Changli, Hebei Province and Chinese Academy of Social Sciences after an investigation of dialects in 193 villages, and "*The Chorography of Changli Dialects*" came out in 1960 (Science Press). 18 maps of dialectal features can be found in the paper "*Phonology of Sichuan Dialects*"(Journal of Sichuan University, 1960:3) and 43 maps were published in "*An Outline of Dialects in Jiangsu Province and Shanghai City*" (People's Publishing House of Jiangsu, 1960) and so on. "*The Chorography of Changli Dialects*" is the most outstanding one among those books, although fewer maps, but the choice of density site, the clear feature become the transition of Chinese modern geographical linguistics.

In the year of 1987, "*Chinese Language Atlas*" (co-edited by Chinese Academy of Social Sciences and Australian Academy of the Humanities, Longman Publishing Company), a large-scale integrated language atlas need to be recommended. There are 35 color maps with 50 multiply 36cm, and each image with the necessary text. Under the leadership of Chinese Academy of Social Sciences, the subgrouping maps of Chinese dialects and text description were provided by some Chinese dialectologists (Li Rong, Xiong Zhenghui , Zhang Zhenxing as the chief editors). This work includes introduction of Chinese languages and dialects, analysis of data compilation, mapping of dialectal subgroups and writing of text descriptions. For example, the picture B13 is "*Chinese Dialects in Guangdong*" , but strictly speaking, this map is only a distribution one of Chinese dialects in Guangdong, rather than one of dialectal features. Perhaps it was the lack of material, there is no separate "Maps of dialects in Guangdong" in this atlas, which is one of the shortcomings. The "Atlas" has republished in 2012, with great improvement in mapping technology but the same as the first edition, still belongs to maps of dialectal distribution.

"*Linguistic Atlas of Chinese Dialects*" is a kind of comprehensive map of Chinese dialectal features (Cao Zhiyun as Editor in chief), which is the first atlas based on unified field survey and an original Atlas of language features, which fully reflect the basic outlook of Chinese dialects. Uniting 34 universities and 57 researchers, the project investigated 930 dialects from 2003 to 2008 and drew 510 maps based on the first hand data. "*Linguistic Atlas of Chinese Dialects*" was divided into three parts: pronunciation, vocabulary and grammar.

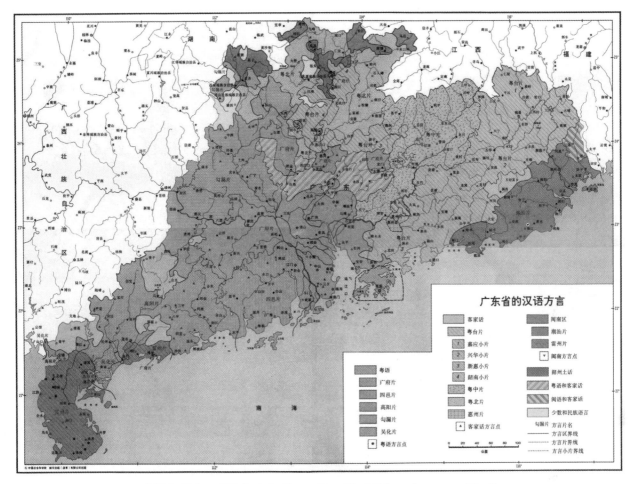

FIG 1: "Map of Dialects in Guangdong " in "Chinese Language Atlas"

3. Introduction of geographical linguistics in Guangdong

"*A Survey of Dialects in the Pearl River Delta (Vol.3 A Synthetic Review)*" (People's Publishing House of Guangdong,1990) was the earliest book, which revealed the characteristics of the dialects in Guangdong with 42 maps based on the materials of "*A Survey of Dialects in the Pearl River Delta (Vol.1 Comparative Morpheme-Syllable)*" (People's Publishing House of Guangdong, 1987) and "*A Survey of Dialects in the Pearl River Delta (Vol.2 Comparative Lexicon)*" (People's Publishing House of Guangdong, 1988). The maps of dialectal features in "*A Synthetic Review*" have title to fill in gaps in Geographical linguistics of Guangdong, although the settings of items were still unreasonable and inadequate while the drawing technique was a little poor, it provided a similar experience for future work and undeniably deserved credit for the tentative job.

Since 1992, the cooperation took place again between linguistics scholars from Hong Kong and Guangdong province, to carry out the project "*An Investigation and Study on Cantonese dialects in Beijiang River and Xijiang River Basins of Guangdong Province*". In 1994, "*A Survey of Dialects in North Guangdong*" was published. The fifth chapter of this book includes 45 feature maps based on 10 Cantonese dialects, with 21 maps (1-21) of phonetic features, 24 maps (22-45) of lexical and grammatical features. For narrow region and simple species of dialects, the linguistic features reflect more concentrated and representative. But, the same as "*A*

Synthetic Review", the settings of items were still unsatisfactory, especially some important grammatical features can't be reflected (such as completive maker, progressive maker, etc.), it lead to a limited quality of the maps.

In 1998, "*A Survey of Dialects in West Guangdong*" was published. The fifth chapter of this book contains 68 feature maps, the largest number in the history of time, which is based on 10 Cantonese points, with 22 maps (1-22) of phonetic features, 46 maps (23-68) of lexical and grammatical features. Those maps have some improvements on the settings of items and other issue.

In July 2002, "*An Outline of Yue dialects in Guangdong*" (edited by Prof Zhan Bohui) was published by Jinan University Press, the book has 66 dialectal maps (24 maps of phonetic features, 41 maps of lexical and grammatical features), reflecting the features of phonetics, lexicon and grammar with the data of 47 Cantonese dialects in Guangdong. It is compendious and it plays a very important role from the macro to examine and understand the characteristics of the Cantonese dialects. However, because of the limitations of previous achievements, the maps above still have some deficiencies, mainly in the grammar entries, the style, the drawing technique and the layout print.

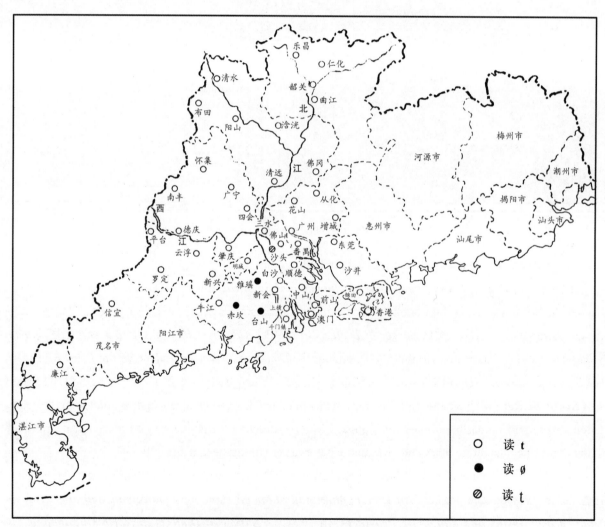

FIG2: Map 4 of "the contemporary pronunciation of Duan in Cantonese dialects"

Since 2003, the Guangdong scholars, Gan Yu'en, Zhuang Chusheng, Yan Xiuhong and Liu Xinzhong, had been involved in the major project of the Ministry of Education, "*Linguistic Atlas of Chinese dialects* " (editor in chief Prof. Cao Zhiyun), to investigate dialects in Guangdong, Fujian, and Hainan provinces. It was in 2008 that "*Linguistic Atlas of Chinese dialects* " (3 volumes) was published by Commercial Press, and the scholars in dialectal circle gained practical experience and rational knowledge in geographical linguistics.

In 2004, the research team led by Prof. Gan Yuen gained the National Social Science Fund Annual Project, "*Atlas of the Yue Dialects in Guangdong*", they made systematic investigations of phonetic, lexical and grammatical items on 122 Cantonese dialects in Guangdong province, which lasted nearly five years and got a lot of first-hand materials to establish a perfect database. In the end of the year 2008, 431 colorful characteristic maps came out. This is the first professional linguistic atlas of the dialects in Guangdong, and the atlas raised the concern of academics.

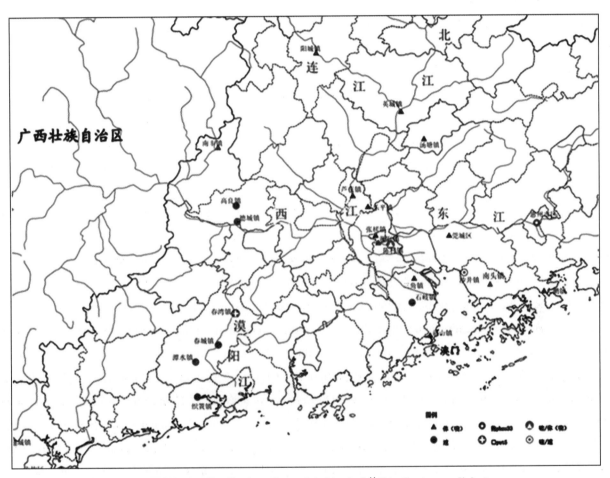

FIG 3: the distribution of completed body "休" in Cantonese dialect

Besides, there are some other projects on linguistic geography of Guangdong: Lin Lunlun has been taking charge of "*The study of linguistic typology and geographical distribution of Min dialects in East Guangdong*" (2010 key projects for Guangdong University humanities and social sciences major research base), Gan Yu'en's "*Linguistic Atlas of Min Dialect in East*" (Philosophy and Social Sciences "Eleventh five-Year" project of Guangdong Province in 2010), Gan Yu'en and Li Zhongming co-chaired the project "*Linguistic Variation in Space and Time— Geographic Research on Min Dialects of Chaozhou*" (2012), Yan Xiuhong's "*Linguistic Geography in the Dialect Contact Zone*" (2012 National Social Science Fund Project) and Wu Fang's "*Geographic Typology: A Research on Min Dialects in East Guangdong*" (2010 Annual Philosophy and Social

Sciences, Guangdong Province Youth Project).

三、Theories on the geolinguistics of Chinese dialects in Guangdong

In recent 10 years, as the emerging of geolinguistics in China, theories have been developed in this field by the linguists in Guangdong. Some of the theories are built in a macro view, while others micro, or both. There is still limitation in the depth of the theories though. However, practice is the foundation of theories, it is natural that the current theories are premature because we are still in an exploring period of the geo-linguistic studies. The key is that we should enhance the theoretical developing after practices, in that case, solid and influential theories and schools are on the horizon.

Earlier theoretical exploring on the basis of Chinese dialectal atlas is the paper by Chen Zhangtai, Zhan Bohui, and Wu Wei, "*On atlas plotting of Chinese dialects*" (Fangyan, vol.3, 2001), which reviewed the methods on dialectal map plotting in a broad view. The map plotting of Guangdong is only partly involved, but the theoretical contribution exists. Gan Yuen and He Minjie depicted four theoretical contributions in "*An Outline of Yue dialects in Guangdong*": 1) team-work plays a critical role in the success of large-scale projects; 2) map plotting is the essence of phrase achievement; 3) dialectal atlas is also a mean of exploring the characteristics of dialects; 4) map plotting requires non-stop improvement. Meanwhile, the article also points out the problems of map plotting in the book mentioned above.

Gan Yuen introduced the dialectal locations, characteristics, structures and the progress of "*Atlas of the Yue dialects in Guangdong*", explaining the research methods and putting forward some principles, which may inspire later relevant studies. "*Geolinguistics of Cantonese in Guangdong: theory and practice*" by Gan Yuen (Proceedings of the 10th International Seminar on Cantonese，China Social Science Press, 12, 2007), is a paper that both regards theory and practice, in which some new characteristics of Cantonese grammar are discovered, and other issues such as location annotation, the use of colors and symbols in the map plotting are also discussed. Gan also attended the meeting "International Symposium on Dialects of South-East China: Diachronic Change and Language Contact" held by the Chinese department of Chinese University of Hong Kong in Nov. 15-17, 2008. In the symposium, he presented the paper "*On the Characteristics of Cantonese and It's Contact with Other Dialects: in a view of 'Atlas of the Yue dialects in Guangdong'*", which has not been officially published. In April, 2010, "*Studies on Chinese Dialects in Guangdong: theory and practice & the Seminar on 'Atlas of the Yue dialects in Guangdong'*" was held in Jinan University, scholars such as Zhang Zhenxing, Gan Yuen and others conducted an objective analysis and critics in regard of the achievements and shortages of geolinguistic studies in Guangdong.

What needs to be specially mentioned is the paper of *Relations Between the Geographical Pattern of Guangdong Dialects and Natural and Historical Geography* (Journal of Chinese Studies，vol.48, 2008, CUHK) written by Prof Chang Songhing and Prof Zhuang Chusheng. The paper exerts great help to the understanding of human geography of Guangdong and is a solid work that worth to be thoroughly read.

In the micro view, the paper "*Symbol Designing in the Distribution Map of Dialectal Features*" by Qin Lvye and Gan Yu'en (Southern China Linguistics, Vol.1, 2009) discussed specifically on the technical issues such as properties, types, settings and symbol designs of the map, with certain reference values.

Besides Cantonese, geolinguistic studies on Min dialect are also found, such as *"Concepts on the Typological Studies on Geographic Dialects in Chaozhou and Shantou"* by Gan Yu'en (Journal of Hanshan Normal University, Vol.1, 2010), a brief review on the typology of dialectal geography was made by the author, shortages and useful advices were also suggested. Another paper, *"Some Issues on Studies of Dialects in Chaozhou and Shantou"* (Journal of Hanshan Normal University, Vol.4, 2010), written by the same author, talks about the theoretical issues on dialects in Chaozhou and Shantou, it holds that, "overall planning and theory exploration are important to the dialectal studies" and "we must quest a breakthrough in geolinguistics, experimental linguistics, and speech pathology by the mean of combing other science branches". In Nov.2010, *"the 1ˢᵗ International Conference on Chinese Geolinguistics"* was held in Beijing Language and Culture University, which is a landmark of Chinese geolinguistic studies. Mr Gan presented his paper *"Discussions on the Geolinguistic Studies of Min Dialects in Guangdong"* on the conference. Other than that, another paper was also published, *"Some thoughts on the geolinguistic studies in Taiwan"* (Journal of Jimei University, Vol.3, 2010).

In 2012, the 2nd International Conference on Chinese Geolinguistics was held in Nanjing University, Gan Yu'en, Li Zhongmin and Huang Qiye presented their report *"Geolinguistic Studies on the Dialects in Hanjiang Basin of East Guangdong"*, in which specific analysis was made on the dialectal distribution and communication, also the emerging and disappearing of Chaozhou and Shantou sounds, finally, some intriguing results are found.

The active involvement of local scholars from Chaozhou and Shantou in the Geolinguistic studies is a hallmark of the development of studies on Min dialects in Guangdong. Critical papers recently published are: *"the Distribution and Geographical Features of Min Dialects in Huihe Area of East Guangdong"* (by Pan Jiayi and Lin Lunlun, Taiwan Chinese Studies, Vol 6:2, 2011), and *"Phonetic Localization of Min Dialects in Chaoyang Area of Guangdong"* (by Wu Fang). The first paper made a analysis on the language complexity of western dialects in east Guangdong, and characteristics of the dialectal distribution and change with precious linguistic materials. The second paper subdivided the Min dialects in Chaoyang area into small ones according it's phonetic features, labial-dental consonants in that dialect were in particular discussed in a theoretical way.

四、GIS-Based Studies on Lingnan Dialect Geography

1. Current limits of Geographical Linguistic

GIS is a general academic term or tool used in geography, which applied extensively in different areas. The regional differences in Chinese always existed, that varied social and natural geographical conditions have crucial effects on the evolution of Chinese dialects. Therefore, it is not only natural and necessary but also urgent for us to introduce the computer and GIS technology into the investigation and study of Chinese dialectology. However, due to our technology deficiency, we are still in a trial period of applying the GIS technology to studies of Chinese dialects. From the beginning of the 21ˢᵗ century, a few scholars began their trials on GIS-Based linguistic studies. Among them, there are *"Chinese Language Atlas"* (new edition, Zhang Zhenxing), *"Linguistic Atlas of Chinese Dialects"* (Cao Zhiyun), *"Geographic Studies on Chinese Dialects of Distinguishing Mandarin and Wu Dialect in Their Boundary Region"* (Richard VanNess Simmons, Shi Rujie and Gu Qian),

"*Geographic Information System of Chinese Dialects*"(Pan Wuyun), and "*Linguistic Atlas of Cantonese in Guangdong*"(Gan Yu'en), and others. Though these programs have their own characteristics, limitations still exist. The most obvious one is that most of them treat GIS as only a tool of dialect data processing, rather than a dynamic platform of dialect data sharing. Basically, it is still a fresh thing to use GIS as an online interactive platform in Chinese dialectology circle.

2. The significance of geographic studies on Lingnan dialects

"*Geographical Information System of Cantonese, Min, and Hakka*" has its own uniqueness and value. It is in the first time that a large scale investigation of Cantonese, Min, and Hakka in Guangdong are conducted, the inter-changes of social and geographical factors are combined, and language variances are discovered and explained, through which the study of geographical linguistic will be carried out in multiple dimensions .The value of it is showed as follows:

(1) In light of the language diversity and dialect complexity in Lingnan area, previous studies on the connection between dialects are insufficient. "The developing and study of Cantonese, Min, and Hakka GIS" firstly bring the varied but connected dialects together to a same platform, through a series of classifying, reorganizing, plotting and explaining, finally to show the original characteristic of the dialects and their connections, which pioneers in the history of studies on Lingnan dialects.

(2) Most of the existing GIS in the region software are stand-alone version, lack of sharing capacity, which impede the effective utilization of geographical information. The current study will use a whole new tool that has high sharing capacity, to develop an advanced, multi-dimensioned, dynamic platform updating all the time.

(3) Showing the danger degree of endangered dialects in the region. The danger degree labeling is not only a crucial part of the investigation of national language situation, but also an effective measure to protect and save the endangered language resources, which can draw more attentions on the language situation and produce a positive social influence.

(4) The current program will contribute to the humanity and geography studies in Lingnan area, thus promote the development of geographical linguistic in Southern China, especially in Lingnan. Later studies can be guided by the program and its positive experiences will be borrowed.

3. GIS-based studies on Lingnan dialects

The applying of GIS is very different from how the regular things are done. It is reflected on the features of numerous informations, sophisticated processing, and spatial distribution, and the requirement of safety and compatibility. Three concepts should be considered in the designing of Chinese linguistic GIS : openning, interaction, and the digitalization of dialectal resources.

In the perspective of "Language is resource", our program aims to develop a most complete GIS of Lingnan dialects in the history ever, in which language information and other social information will be naturally combined and united. There are seven features in the system: open, innovative, systematic, extensive, sophisticated, resource-abundant, and practical. The system includes: dynamic information about languages and dialects, automatic plotting of language maps, analysis of language change, language evolution and the immigrants, patterns of language contact, ect.

Traditional dialectal studies does leave us some valuable resources, but the fatal problems are that the data is unvalidatable (no audio or video records), non-digitalized (only describe literally, or the results are not kept in a database), and the systematic problems, which sets barriers to the temporal-spatial comparing of dialects. To cross over it, brand new ideas should be brought up in the investigation and studies of dialects.

"*The developing and study of Cantonese, Min, and Hakka GIS*" shows the nature and characteristic of Lingnan dialects temporally and spatially. There are two levels in the temporal dimension: (A) synchronic level: the distribution and classification of languages/dialects, population of the language user, basic situations of language communication, languages/dialects investigation(including investigations of phonetic, lexical, syntax), language materials collection (dialogue, discourse, ballads etc), basic situations of dialect literature (oral and written), dialect reference books (dictionary, lexicon), modern studies(books). (B) diachronic level: the historical immigrations in the dialect region, genealogy, ancient phonology books and their studies, early researchers' description and studies on local languages, chorography (including dialect record in history), historical documents, language diachronic studies, records of disappeared local literature on history books.

Studies in the spatial dimension can be subdivided according to the differences between areas or dialects. Thinking in that way, there are three sub-projects "*the Developing and Study on Dialect GIS in Leizhou Peninsula*", "*the Developing and Study on Dialect GIS in Meizhou District*", "*the Developing and Study on Dialect GIS in Yunfu District*". In the spatial dimension, there is not only management convenience, but also clearer logical structures. Researchers can conduct their investigation according to the administrative districts (city, county (district), town (sub-district), and village) level by level. By this way, places are not easily skipped. To make the spatial studies complete, dialect properties should also be considered, in that only the main and influential dialects would be focused while the minority dialects ignored if the locations under investigation are chosen only by the administrative districts. However, the investigation and reservation of endangered dialects is a crucial part of this project, so dialect properties should be considered when chose to investigate. Therefore, beside the three main dialects (Cantonese, Min, and Hakka)in this area, subordinate dialects such as local languages in northern part of Guangdong, the Jun dialect, southern-west Chinese, Xiang dialect, and Gan dialect should be investigated, in addition, attentions also need to be put to the change of dialect island in this large area. In that research thought, we can make sure the "*Dialect GIS of Cantonese, Min, and Hakka*" to be a real regional geographical information platform.

The current project is a grand academic design, which can only succeed by integrating multiple factors. Some of them are highly important: the first one is the surface design, including structure building, data collecting and analysis, information classifying and searching, and data applying, etc; the second one is the team organization. There are about 20 work stations subordinate to Institute of Chinese Dialects (JNU), and that makes powerful human and material resources. But how to distribute these resources and play the teamwork to assure the quality of numerous data from more than one-thousand dialects is quite a big challenge; the third is the investigation standard, including strict technic criterion(requirements of software and hardware) and academic criterion(like investigation handbook, phonetic transcription etc), which needs to be prepared beforehand; the fourth is the transmission interface, through which researchers can transfer the linguistic data to the GIS for all kinds of dialects.

五、Future prospect

1. A Longterm Plan

To make the project "*Linguistic Atlas of Chinese Dialects in Guangdong*" officially approved, a long-term plan must be made.

As the front-runner of Chinese dialects study in Guangdong, Jinan University should handle a series of relevant issues with opening mind and steady strategies, so that geographical linguistic in Lingnan area will be developing step by step.

In terms of policy making, geographic linguistics draws less attention than need from the leadership, and lacks of a long term, systematic plan in the general planning towards linguistic study. The consequence is that the scale effect and positive interaction are ignored since scholars only focus on their own jobs. However, closely cooperation and effective teamwork are the most important things that geographic linguistics need. Personal strength is far less than need to reach our goal, in other words, undoable. As Prof Zhang Zhenxing suggests "When '*Linguistic Atlas of Cantonese* in Guangdong'comes out, we should increase more human resources, equipments, and money to enlarge the old team. And '*Linguistic Atlas of Guangdong*','*Linguistic Atlas of Cantonese in Guangdong*'should be published as soon as possible. The former includes all the languages and dialects in Guangdong Province, the latter includes Cantonese in the Guangxi Zhuang Autonomous Region, Hainan Province. If all Atlas are successfully published, the general strength of Guangdong linguistic circle, especially the Chinese dialects circle will be improved, meanwhile, the soft power of culture and academic in Guangdong Province will also be significantly increased in the face of cultural competitions home and abroad. "

2. Keep going on large-scale investigations of dialects

Linguistic reality is the basis of Atlas, without language materials, there's nothing to talk about. Moreover, Atlas has more requirements on language materials in terms of density and accuracy than traditional dialectology. Only when the requirements are met, can we talk about developing a complete and solid dialect database (including phonetic database), and then plotting the dialect features on the map. Thus, there're no other ways to bring the geographic linguistic in Guangdong to a new level but keep going on large-scale dialect investigations.

From our point of view, there are two major regions to investigate: one is the region of Min dialect, including eastern and western parts of Guangdong. There are some field materials, though, we are still in short of database materials, men and facilities are needed if we want to change that situation; the other is the region of Hakka dialect, including eastern, western and northern parts of Guangdong. The investigation work is hard for one single college, if all the research units in those three parts are organized to share out the work, cooperate with each other with proper resource distribution, it would be not so hard to reach our goal. The Institute of Chinese Dialects should play a leading role to encourage and unite all the research resources in Guangdong.

According to the concept of "from point to area, and down to top", members from local universities and colleges should play their roles in the geographic linguistics in Guangdong. We should share our resources to pursue mutual benefit and win-win result. The more people are involved and materials are provided, the more powerful of the explanatory ability of the geographic linguistics.

3. Bring in advanced technologies abroad to enhance the intelligence and regularity of plotting works

Modern technologies are necessary in data processing and plotting based on the numerous data acquired from geographic linguistics. Internationally, there are several kinds of language processing softwares which are designed for certain purposes. The Atlas making is a job of integrated technics. Therefore, how to borrow the advanced technologies effectively and develop a system that fits the geographic linguistics in China, thus enhance the intelligence and regularity of the plotting works, is a key problem that needs to be taken and solved seriously. Some of the specific questions like "how to use colors to display the dialect features, and how to better combined colors and legends", need more discussions though.

But, we must acknowledge that, men are still the core, no matter how advanced the computer technology is, since computers can't replace human brains completely, especially when speaking of ideas and originality. The job of current software is mainly about classifying and processing of the language materials and data, and also data visualization (maps). Team members, especially the leader, should have clear and logical thoughts, which is extremely important to the project.

4. Exploring the human resources in geographic linguistics

In the area of studies on Cantonese, Min dialects, some excellent and promising graduate students are emerging. However, few of them are able to continue linguistic study after graduating, even rarer engage in dialects field works. This is not only a waste of education and human resources, but also a huge loss to the Chinese dialects study in Guangdong. Dialects study is suffering a desperate shortage of backup support. Of course, similar situations could happen beyond Guangdong. Jung- min Li, when speaking of the dilemma in Taiwan dialects study, points out that "*only a handful of people can keep doing study on linguistic investigation and geographic linguistics*", which may be a universal problem in dialects study. If we want any breakthrough of the situation, not only the strong appealing of the wise men, but also relevant policies of protecting and supporting academic research from the government are necessary.

Under current conditions, in order to accelerating the development of geographic linguistics in Guangdong, we must activate and use the enthusiasm of the dialect researchers and value the training works of backup researchers. All of these is a guarantee of the persisting development of geographic linguistics in Guangdong. In august, 2013, "*the 4th Lingnan Chinese Dialects Studies: Theory and Practice*" was held in the Institute of Chinese Dialects, in the meantime, the 1st geolinguistics seminar was also held, where prestigious scholars were invited to give lectures and young researchers from every work stations are well trained.

5. Beginning research and communication on certain topics in geolinguistics

Geolinguistics is a technical subject, which requires intimate cooperation of professionals from different areas. Seminars on certain topics are recommended (such as the drafting of investigation items, the processing of the investigation data, and the choosing of the pictures and legends, etc.). Researchers on this area should express more mutual communication and study crucial issues such as how to share the investigation data and to collaborate effectively should also be addressed.

In addition, besides general maps of linguistic features, particular maps and explanatory maps should also be considered in the future.

"*Geolinguistics in Guangdong contains significant social and economically benefits with promising future and huge potentials, which relevant departments should pay more attention to and support with broad visions*". On august, 2014, "***the 3rd International Conference on Chinese Geolinguistics***" will be held together by Institute of China Dialects, Jinan University and Foshan University. While this is a good-news to the geolinguistics in Guangdong, we must seize the opportunity to stretching the work in Guangdong and even Hong Kong and Macau. When all the conditions are prepared, a special agency (e.g. Institute of Geolinguistics) should be established to arrange the whole task in Guangdong. With the relentless endeavor, there will be no doubt a geolinguistics boom in Guangdong and becomes a beautiful scene in the Guangdong linguistic circle that can make its own contribution to the Chinese linguistic study.

References

［1］Chen Zhangtai, Zhan Bohui, Wu Wei. On atlas plotting of Chinese dialects［J］. Fangyan, 2001(3).

［2］Gan Yu'en, He Minjie. An Outline of Yue dialects in Guangdong［J］. Chinese Communication, 2003(65).

［3］Qin Lüye & Gan Yu'en. Symbol designing in the map of dialect feature distribution［J］. Southern China Linguistics, 2009(1).

［4］Zhang Shuangqing, Zhuang Chusheng. Relations between the geographical pattern of Guangdong dialects and natural and historical geography［J］. Journal of Chinese Studies, 2008(48).

湖北钟祥方言音系特点及同音字汇①

张　义

（华中师范大学国际文化交流学院　湖北武汉　430079）

【提　要】本文描写了湖北钟祥方言音系的声韵调系统，并通过与中古音系的对比，揭示了该音系的音韵特点，最后通过同音字汇反映其语音的整体面貌。

【关键词】钟祥方言　音系　同音字汇

钟祥市位于湖北省中部，汉江中游，江汉平原北段，总面积4488平方公里，列湖北省第四位。该地通行钟祥方言，根据《中国语言地图集》（第2版，2012），钟祥方言属于西南官话湖广片鄂中小片，方言内部语音有明显差异，本文以钟祥市城关地区的语音，即郢中语音为准。

一、钟祥方言音系的声韵调

钟祥方言中有18个声母，其中包括零声母：p、pʰ、m、f、t、tʰ、n、tʂ、tʂʰ、ʂ、ʐ、tɕ、tɕʰ、ɕ、k、kʰ、x、ø。钟祥方言声母的音值跟北京话基本相当，但有以下两个差别：（1）舌尖后音 [tʂ]、[tʂʰ]、[ʂ] 在发音时，舌尖仅是微卷，即舌尖微微抬起，其卷曲程度不及普通话的 [tʂ]、[tʂʰ]、[ʂ]。（2）鼻音 [n] 的强度弱于普通话，是一个介于普通话 [n] 与 [l] 之间的鼻音浊声母。

钟祥方言有35个韵母：ʅ、i、u、y、a、ia、ua、o、io、uo、ə、ie、ye、ai、uai、əi、uəi、au、iau、əu、iəu、an、ien、uan、yen、ən、in、uən、yin、aŋ、iaŋ、uaŋ、oŋ、ioŋ、ər。钟祥方言韵母与普通话的韵母音值是大体相当的，除了以下几个差异：（1）与普通话相比较，钟祥方言中的 [a] 舌位偏低、偏后。（2）钟祥音系中的 [ə] 在有些字词中更接近 [e] 音，舌位靠前、偏下，从而也影响了韵母 [əu] 的韵头部分更接近 [e] 音，因此钟祥方言中的韵母 [əu] 与普通话的韵母 [əu] 略有不同，其韵头部位在发音时舌位靠前、偏下。（3）韵母 [uəi] 在发音上与普通话的 [uəi] 略有差异，普通话中该韵母的主要元音就是韵腹 [ə]，而钟祥音系中该韵母的主要元音是它的韵腹 [ə] 及韵尾 [i]，韵尾 [i] 在城郊音中尤其凸显。

钟祥方言有4个声调，不包括轻声：阴平24、阳平31、上声53、去声214。其中没有平调，阴平是中升调；阳平和上声都是降调，前者是低降调，后者是高降调；去声则是个曲折调。

---

① 本文得到教育部人文社会科学重点研究基地重大项目"湖北中西片语言问题研究"（2015JJD740012）基金资助。

二、钟祥方言音系特点

较之中古音系，钟祥方言音系显示出了如下的特点：

（一）声母特点

（1）古全浊声母在钟祥方言音系中清化，逢今平声送气，仄声不送气。例如：牌 p^hai^{31}（並母平声）、薄 po^{31}（並母仄声）、堂 $t^haŋ^{31}$（定母平声）、肚 tu^{214}（定母仄声）、才 $tʂ^hai^{31}$（從母平声）、在 $tʂai^{214}$（從母仄声）、期 $tɕ^hi^{24}$（羣母平声）、舅 $tɕiəu^{214}$（羣母仄声）。

（2）泥母与来母不分，都发作鼻浊音 [n]。例如：捏 nie^{31}、年 $nien^{31}$、拉 na^{24}、六 nu^{31}。

（3）舌尖前音 [ts]、[tsʰ]、[s] 与舌尖后音 [tʂ]、[tʂʰ]、[ʂ] 相混，一律发作舌尖后音。因此古精组与古知、庄、章三组的洪音字基本上都发作 [tʂ]、[tʂʰ]、[ʂ] 了。例如：哲 $tʂə^{31}$、超 $tʂ^hau^{24}$、诗 $ʂʅ^{24}$、则 $tʂə^{31}$、操 $tʂ^hau^{24}$、速 $ʂu^{31}$。

（4）古精组声母随韵母洪细而分化，在洪音字前发作 [tʂ]、[tʂʰ]、[ʂ]，在细音字前发作 [tɕ]、[tɕʰ]、[ɕ]。例如：栽 $tʂai^{24}$、醋 $tʂ^hu^{214}$、损 $ʂən^{53}$、将 $tɕiaŋ^{24}$、秋 $tɕ^hiəu^{24}$、斜 $ɕie^{31}$。

（5）不分尖团，古精组和见晓组在细音前没有分别。例如：节 $tɕie^{31}$（精组）、取 $tɕ^hy^{53}$（精组）、西 $ɕi^{24}$（精组）、姜 $tɕiaŋ^{24}$（见晓组）、曲 $tɕ^hy^{53}$（见晓组）、溪 $ɕi^{24}$（见晓组）。

（二）韵母特点

（1）蟹摄开口二等有 [ai]、[ie] 交替的现象，体现为口语常用字读作 [ai] 韵母，书面语用字读作 [ie] 韵母。例如：街 kai^{24}、鞋 xai^{31}、谐 $ɕie^{31}$、懈 $ɕie^{214}$。

（2）蟹摄合口一等有 [əi]、[uəi] 分化的现象。端泥组声母字读 [əi] 韵母，精组声母字读 [uəi] 韵母，例如：堆 $təi^{24}$、推 $t^həi^{24}$、罪 $tʂuəi^{214}$、碎 $ʂuəi^{214}$。

（3）止摄开口三等有 [əi]、[i] 交替的现象。例如：臂 $pəi^{214}$、披 $p^həi^{24}$、鼻 pi^{31}、比 pi^{53}。

（4）流摄帮组声母字在钟祥方言中发单元音韵母 [o]。例如：剖 p^ho^{31}、某 mo^{53}、谋 mo^{31}。

（5）流摄开口一等字，在钟祥话中读作鼻音韵尾韵母 [oŋ]。例如：母 $moŋ^{53}$、亩 $moŋ^{53}$、拇 $moŋ^{53}$、牡 $moŋ^{53}$。

（6）咸摄开口一等、山摄开口一等的见晓组声母字，在钟祥方言里读作合口呼 [uo] 韵母。例如：鸽 kuo^{31}、喝 xuo^{24}、割 kuo^{31}、葛 kuo^{31}。

（7）山摄合口一等端泥组声母字，在钟祥话里读开口呼韵母 [an]。例如：短 tan^{53}、团 t^han^{31}、乱 nan^{214}。

（8）臻摄开口一等、合口一、三等的端泥组、精组声母字，在钟祥话中读开口呼 [ən] 韵母。例如：顿 $tən^{214}$、豚 $t^hən^{31}$、论 $nən^{214}$、村 $tʂ^hən^{24}$、孙 $ʂən^{24}$、遵 $tʂən^{24}$。

（9）宕摄开口一等、三等字，在钟祥方言中都读作合口呼复元音韵母 [uo]。例如：乐 nuo^{31}、各 kuo^{31}、鹤 xuo^{214}、恶 uo^{31}、烙 nuo^{31}、酪 nuo^{31}、勺 $ʂuo^{31}$、着 $tʂuo^{31}$。

（10）宕摄开口三等字、江摄开口二等字在钟祥方言中都读作齐齿呼复元音韵母 [io]。例如：脚 $tɕio^{31}$、药 io^{31}、略 nio^{31}、雀 $tɕ^hio^{31}$、学 $ɕio^{31}$、觉 $tɕio^{31}$。

（11）曾摄开口一等字在钟祥方言中发作单元音［ə］。例如：北 pə³¹、勒 nə²¹⁴、肋 nə³¹、黑 xə³¹。

（12）曾摄开口一等字、通摄合口一等字，在钟祥方言中，随声母不同而产生分化，帮组声母字发作［oŋ］。例如：崩 poŋ²⁴、朋 p'oŋ³¹、蒙 moŋ³¹；端泥组、精组、见晓组声母字发作［ən］。例如：邓 tən²¹⁴、腾 t'ən³¹、层 tʂ'ən³¹、恒 xən³¹。

（13）曾摄开口三等字在钟祥方言中都发作前鼻音韵母［ən］、［in］。例如：蒸 tʂən²⁴、剩 ʂən²¹⁴、冰 pin²⁴、凭 p'in³¹。

（14）梗摄开口二等字在钟祥方言中发作［o］或者［ə］。例如：脉 mo³¹、麦 mo³¹、伯 pə³¹、拆 tʂ'ə³¹、白 pə³¹、摘 tʂə³¹。

（15）梗摄开口二等、三等字在钟祥方言中发作［oŋ］或者［ən］。例如：棚 p'oŋ³¹、孟 moŋ²¹⁴、整 kən⁵³、生 ʂən²⁴。而通摄合口三等字在钟祥话中全部发作［oŋ］。例如：梦 moŋ²¹⁴、凤 foŋ²¹⁴、捧 p'oŋ⁵³、冯 foŋ³¹。

（16）梗摄开口二等、三等、四等字在钟祥方言中发作前鼻音韵母［in］。例如：命 min²¹⁴、轻 tɕ'in²⁴、平 p'in³¹、赢 in³¹、听 t'in²⁴。只有个别例外，"硬"的韵母读作［ən］。

（17）通摄合口三等中有［u］、［əu］交替，以及［u］、［y］交替的现象。其中［u］、［y］交替受声母影响，端泥组声母字发［u］韵，见晓组和影组声母字发［y］韵。例如：粥 tʂu³¹、绿 nu³¹、续 ʂu³¹、肉 zəu³¹、轴 tʂəu³¹、菊 tɕy³¹、玉 y²¹⁴。

（18）通摄合口三等，普通话中发作齐齿呼韵母的"六"，在钟祥方言中发作合口呼单元音韵母［u］。

（19）通摄合口三等中，古明母字，在钟祥方言中都发作［oŋ］韵母。例如：目 moŋ³¹、牧 moŋ³¹、穆 moŋ³¹。

（三）声调特点

钟祥方言音系的声调有以下三个特点：（1）平分阴阳。（2）没有入声，古入声主要归入阳平。（3）全清声母，即 p、t、tʂ、tɕ、k，只有跟开尾韵母拼合时，才有阳平调；跟 -i、-u 尾和鼻音尾韵母相拼，没有阳平调，除了极少数例外，比如：嚼 tɕiau³¹、雹 pau³¹、宅（文读）tʂai³¹。

三、钟祥方言同音字汇

本字汇所收的字，包括《方言调查字表》（中国社会科学院语言研究所，商务印书馆，1981年）里钟祥方言口语中用到的字，以及钟祥方言口语里常用，但《方言调查字表》未收的字。写不出字形的用方框"□"代替。下加双横线"＝"表示文读音，下加单横线"—"表示白读音。注文用小字号，用浪号"～"表示所注的字。

字汇先按韵母分部，同韵字按声母排列，声母、韵母相同的，进而按声调排列。

ʅ

tʂʅ²⁴　知蜘支枝肢栀隻一~资姿咨兹滋之芝趾孜

tʂʅ³¹　执直值职殖侄植汁织质掷只~有咫帜

tʂʅ⁵³　紫纸姊脂旨指子梓滓渣~止趾址籽芷秭

tʂʅ²¹⁴　炙滞制智自致蛭桎窒稚至字置痔治志痣雉吕~
　　　　挚峙渍

tʂʰʅ²⁴　疵差参~痴嗤

tʂʰʅ³¹　斥尺雌池驰弛瓷餈~粑迟慈磁辞词祠持匙饲~养
　　　　员踟

tʂʰʅ⁵³　此侈著耻齿

tʂʰʅ²¹⁴　赤刺赐翅次秩~序叱伺~候

ʂʅ²⁴　斯厮撕嘶施私师狮尸司丝思诗蓰

ʂʅ³¹　湿十拾实失室食豉豆~矢有的放~蚀识释石时

ʂʅ⁵³　死屎使史驶始

ʂʅ²¹⁴　式饰世势誓逝舐舔~是氏四肆示视嗜似祀巳寺
　　　　嗣士仕柿事试市侍适谥噬拭恃轼伺~机而动

zʅ³¹　日

a

pa²⁴　巴芭疤粑扒

pa³¹　爸八拔叭

pa⁵³　把□眼屎~~、鼻屎~~

pa²¹⁴　霸欛伞~坝罢

pʰa²⁴　□一大~：一大堆趴葩

pʰa³¹　爬耙扒~手琶琵~杷枇~

pʰa²¹⁴　怕

ma²⁴　妈

ma³¹　麻蟆蛤~抹~布

ma⁵³　马码蚂玛

ma²¹⁴　骂

fa³¹　法乏发伐筏罚阀

ta³¹　答搭沓妲耷达跌~倒

ta⁵³　打

ta²¹⁴　大

tʰa²⁴　他她它

tʰa³¹　踏塔榻塌遢獭挞

na²⁴　拉邋

na³¹　拿纳衲讷腊捺撒~辣蜡

na⁵³　哪喇

na²¹⁴　那

tʂa²⁴　楂山~渣滓~奓

tʂa³¹　杂眨闸炸油条~札扎铡匝砸咋肢膈~窝儿

tʂa⁵³　蔗咋

tʂa²¹⁴　乍诈榨炸~弹栅

tʂʰa²⁴　叉杈差

tʂʰa³¹　茶搽茬查调~插察擦

tʂʰa⁵³　岔门~着：门敞开着

tʂʰa²¹⁴　诧岔~路口

ʂa²⁴　沙砂纱裟鲨莎杉~树

ʂa³¹　杀刹

ʂa⁵³　洒傻撒

ʂa²¹⁴　飒煞霎厦高楼大~萨拉~

ka²⁴　嘎法国~纳家~公、~婆

ka³¹　膈~肢窝儿

ka⁵³　给用法及意义同介词"把"

ka²¹⁴　尬

kʰa³¹　掐

kʰa⁵³　卡~住

xa²⁴　哈

xa²¹⁴　下一~儿：表示很短的时间

a²⁴　阿

a³¹　伢

a²¹⁴　压牛马背上驮着人，人骑在牛马的背上

o

po²⁴　波菠玻拨播

po³¹　簿钵铍勃渤脖饽香~~博膊搏薄厚~泊柏箔舶剥
　　　　驳帛

po⁵³　跛簸~箕

pʰo²⁴　颇坡

pʰo³¹　婆泼剖迫魄

pʰo⁵³　叵

pʰo²¹⁴　破粕珀

mo²⁴　摸

mo³¹　魔磨蘑摩摹馍模膜脉麦谋末没沉~莫漠寞墨
　　　　默陌

mo⁵³　沫子~抹涂~某

mo²¹⁴　茉慕墓募幕暮

ə

pə²⁴ 掰~开

pə³¹ 北百伯白铂泊梁山~

pʰə²⁴ 拍动词,~巴掌

pʰə³¹ 帕拍名词,球~ 迫魄

mə³¹ 陌

tə³¹ 得德

tʰə³¹ 特忑

nə³¹ 劣肋

nə²¹⁴ 勒~索那

tʂə²⁴ 遮

tʂə³¹ 摺~叠褶蛰蜇哲辙辄折淅则泽择贼窄摘责宅

tʂə⁵³ 者

tʂə²¹⁴ 这

tʂʰə²⁴ 车

tʂʰə³¹ 拆彻撤侧恻测策彻

tʂʰə⁵³ 扯

tʂʰə²¹⁴ 厕册

ʂə²⁴ 奢赊

ʂə³¹ 蛇佘涩舌虱塞堵~色啬

ʂə⁵³ 舍~不得

ʂə²¹⁴ 射麝赦社摄涉设瑟射舍宿~

zə³¹ 热

zə⁵³ 惹

kə³¹ 胳格骼革隔膈疙咯拟声词阁

kə⁵³ 嗝给

kʰə²⁴ 苛稞柯珂轲

kʰə³¹ 咳刻克客蛤坷磕去

xə²⁴ 呵

xə³¹ 骇劾核~武器、审~黑阖涸吓

xə²¹⁴ 褐貉赫嚇恐~鹤

ə²⁴ 阿~胶

ə³¹ 额

ə²¹⁴ 扼愕噩厄遏颚

ai

pai²⁴ 拜~~:英语"bye"的音译

pai⁵³ 摆

pai²¹⁴ 拜稗败□~子:瘸子

pʰai³¹ 排徘牌簿竹~

pʰai²¹⁴ 派湃

mai³¹ 埋霾

mai⁵³ 买

mai²¹⁴ 卖迈

tai²⁴ 呆

tai⁵³ 歹逮

tai²¹⁴ 戴带贷待怠殆代黛玳袋大~夫

tʰai²⁴ 胎苔舌~

tʰai³¹ 台苔青~抬薹菜~

tʰai⁵³ 奤形容人的外貌长得粗壮、蠢钝,特别是脸盘很大

tʰai²¹⁴ 态太汰泰

nai³¹ 来莱

nai⁵³ 乃奶

nai²¹⁴ 耐奈睐赖癞籁

tsai²⁴ 灾栽斋哉

tsai³¹ 翟宅

tsai⁵³ 宰崽仔载三年五~

tsai²¹⁴ 在再载~重债塞□~被窝:缝被子

tsʰai²⁴ 钗差出~猜

tsʰai³¹ 才材财裁豺柴

tsʰai⁵³ 彩采~摘睬踩

tsʰai²¹⁴ 菜蔡

sai²⁴ 腮鳃筛

sai²¹⁴ 赛晒塞边~

kai²⁴ 该垓皆街阶

kai⁵³ 改解~放

kai²¹⁴ 盖丐疥届械溉介界戒

kʰai²⁴ 开揩

kʰai⁵³ 凯铠慨楷

kʰai²¹⁴ 忾概大~

xai³¹ 孩骸还~有鞋蟹

xai⁵³ 海

xai²¹⁴ 亥害

ai²⁴ 哀埃挨

ai³¹ 磑~墨捱~打崖

ai⁵³ 矮蔼

ai²¹⁴ 艾爱碍隘

əi

pəi²⁴ 杯背_{动词}碑卑悲

pəi²¹⁴ 贝狈鎞_{~刀布}辈倍蓓背_{名词}焙被备币悖臂蔽蓖
避弊闭

pʰəi²⁴ 胚披

pʰəi³¹ 培赔裴陪蓓_{一般用于人名中}

pʰəi²¹⁴ 沛配佩

məi³¹ 莓霉梅脢枚玫媒煤没眉嵋楣_{倒~}

məi⁵³ 每美

məi²¹⁴ 妹昧_{愚~}媚袂寐魅

fəi²⁴ 非霏菲绯飞妃

fəi³¹ 肥

fəi⁵³ 匪翡诽斐

fəi²¹⁴ 废肺吠痱沸费痱

təi²⁴ 堆

təi⁵³ 抵

təi²¹⁴ 对队兑

tʰəi²⁴ 推

tʰəi⁵³ 腿

tʰəi²¹⁴ 褪退

nəi³¹ 雷擂

nəi⁵³ 累_积垒儡馁磊蕾

nəi²¹⁴ 内累_{连~}类泪

au

pau²⁴ 褒包胞苞

pau³¹ 雹

pau⁵³ 保堡褓宝饱

pau²¹⁴ 报抱暴菢_{~小鸡}豹爆鲍曝

pʰau²⁴ 抛泡_{灯~}

pʰau³¹ 袍刨咆庖

pʰau⁵³ 跑

pʰau²¹⁴ 泡_{~沫}炮疱

mau²⁴ 猫

mau³¹ 毛髦牦茅锚矛

mau⁵³ 卯铆

mau²¹⁴ 冒帽瑁貌茂贸袤

tau²⁴ 刀叨

tau⁵³ 祷岛捣倒_{打~}导蹈

tau²¹⁴ 到倒_{~水}道稻盗悼

tʰau²⁴ 滔掏涛韬

tʰau³¹ 桃逃淘陶萄啕

tʰau⁵³ 讨

tʰau²¹⁴ 套

nau²⁴ 捞

nau³¹ 劳牢挠唠痨

nau⁵³ 脑恼老佬姥瑙

nau²¹⁴ 闹涝

tʂau²⁴ 遭糟朝_{今~}昭招钊

tʂau⁵³ 早枣蚤澡藻找沼爪

tʂau²¹⁴ 躁燥灶皂罩赵兆照召诏肇

tʂʰau²⁴ 操抄钞超糙

tʂʰau³¹ 曹槽嘈巢朝_{~代}潮嘲

tʂʰau⁵³ 草炒吵

tʂʰau²¹⁴ 造

ʂau²⁴ 骚梢捎稍烧筲艄

ʂau³¹ 韶芍苕_{同音字，意思是"傻"}

ʂau⁵³ 扫嫂少_{多~}

ʂau²¹⁴ 潲_{~水}少_{~年}绍邵臊

ʐau³¹ 饶

ʐau⁵³ 扰

ʐau²¹⁴ 绕绕_{东西被~了；东西被偷了}

kau²⁴ 高镐膏篙_{竹~}羔糕

kau⁵³ 稿搞

kau²¹⁴ 告诰

kʰau⁵³ 考烤拷

kʰau²¹⁴ 靠犒铐

xau²⁴ 蒿薅_{~草}

xau³¹ 豪壕嚎濠毫

xau⁵³ 好_{~坏}郝

xau²¹⁴ 好_{喜~}耗昊颢灏浩皓号_{~数}

au²⁴ 凹

au³¹ 熬獒翱

au⁵³ 袄咬

au²¹⁴ 傲奥澳懊_{~恼，~悔}坳_{山~}

əu

fəu⁵³ 否

təu^{24}　都~是兜着~凉

təu^{53}　斗~抖陡蚪

təu^{214}　斗~战豆逗痘

tʰəu^{24}　偷

tʰəu^{31}　头投

tʰəu^{53}　敨展开~气□用于形容坐在行驶在颠簸不平的路上的车上的感觉

tʰəu^{214}　透

nəu^{24}　拇

nəu^{31}　娄楼

nəu^{53}　搂篓偻

nəu^{214}　漏陋瘘镂

tʂəu^{24}　邹绉周舟州洲

tʂəu^{31}　轴

tʂəu^{53}　走肘

tʂəu^{214}　奏纣宙皱骤咒昼

tʂʰəu^{24}　抽

tʂʰəu^{31}　绸稠惆畴筹踌愁仇酬

tʂʰəu^{53}　丑

tʂʰəu^{214}　凑臭

ʂəu^{24}　搜飕馊艘收

ʂəu^{53}　手首守狩擞

ʂəu^{214}　嗽咳~瘦兽受寿授售

zəu^{31}　柔揉蹂肉

kəu^{24}　勾钩沟

kəu^{53}　狗苟

kəu^{214}　够构购

kʰəu^{24}　抠

kʰəu^{53}　口

kʰəu^{214}　叩扣寇蔻

xəu^{31}　侯喉猴瘊

xəu^{53}　吼

xəu^{214}　后逅厚候

əu^{24}　欧殴鸥讴

əu^{53}　藕偶呕

əu^{214}　怄

an

pan^{24}　班斑颁扳般搬

pan^{53}　板版

pan^{214}　扮瓣办半伴拌傍~晚

pʰan^{24}　攀潘

pʰan^{31}　盘蹒磐蟠

pʰan^{214}　盼襻绊畔判叛

man^{31}　蛮瞒馒埋~怨

man^{53}　满

man^{214}　曼慢漫幔蔓谩

fan^{24}　帆番藩翻蕃幡

fan^{31}　凡烦矾繁樊

fan^{53}　反返

fan^{214}　泛范犯贩饭

tan^{24}　耽担~任丹单~独郸端

tan^{53}　胆疸掸短

tan^{214}　担挑~淡旦诞但殚惮弹~子蛋断锻段缎

tʰan^{24}　贪坍滩摊瘫

tʰan^{31}　潭谭谈痰檀昙坛弹~琴团

tʰan^{53}　毯坦袒忐

tʰan^{214}　探炭叹

nan^{31}　南楠喃腩男蓝篮褴难~易兰拦栏蒌阑澜岚

nan^{53}　缆懒览揽榄暖卵

nan^{214}　滥难~患烂乱

tʂan^{24}　簪沾粘毡詹瞻钻~进去

tʂan^{53}　斩崭盏展辗攒~积□~水用毛巾等物把水吸干

tʂan^{214}　站蘸占~领赞绽栈战錾暂钻~子

tʂʰan^{24}　参~加搀掺餐

tʂʰan^{31}　惭谗馋谄蟾残缠阐蝉禅婵蚕

tʂʰan^{53}　惨铲产

tʂʰan^{214}　灿颤

ʂan^{24}　三衫珊姗跚山搧煽膻潜

ʂan^{31}　□动词身体腿部抖动

ʂan^{53}　陕闪散鞋带~哒徹~子伞

ʂan^{214}　散分~扇善膳缮擅赡讪汕单姓氏禅~让鳝

zan^{31}　然燃

zan^{53}　染冉

kan^{24}　甘柑坩泔尴干肝竿杆间——~房

kan^{53}　感敢橄秆擀赶杆秤~

kan^{214}　干~什么垢骭

kʰan^{24}　堪勘刊龛

kʰan^{53}　坎砍侃

kʰan²¹⁴　看瞰

xan²⁴　憨酣鼾

xan³¹　含函涵寒韩邯咸

xan⁵³　喊罕

xan²¹⁴　撼憾汉汗旱捍悍焊～电翰瀚

an²⁴　庵安鞍鹌鲅淹

an²¹⁴　暗岸按案

ən

pən²⁴　奔

pən⁵³　本

pən²¹⁴　笨

pʰən²⁴　烹

pʰən³¹　盆彭膨澎

mən²⁴　闷～子儿：沉默寡言的人

mən³¹　门们扪

mən⁵³　□木头腐烂了

mən²¹⁴　闷潣

fən²⁴　分～开芬纷吩氛

fən³¹　焚坟汾

fən⁵³　粉

fən²¹⁴　粪奋愤忿份～～喷

tən²⁴　登灯敦墩蹲

tən⁵³　等

tən²¹⁴　凳邓瞪顿饨沌炖盾钝遁

tʰan²⁴　吞

tʰən³¹　腾滕藤疼誊屯豚臀囤□将手或物品从被绳子捆绑的状态中挣脱出来；动物蜕皮；把鱼刺、肉骨头在嘴里与肉分开后，弄出来

nən³¹　能棱伦沦轮仑昆～

nən⁵³　冷

nən²¹⁴　嫩楞论

tʂən²⁴　针斟珍榛臻真曾姓氏增砧征蒸箴甄争筝睁贞侦帧正～月尊遵

tʂən⁵³　怎枕缜诊疹振拯整

tʂən²¹⁴　镇阵正政证症郑朕赠憎震赈

tʂʰən²⁴　参～差称～呼撑琛瞠皴皮肤～裂村

tʂʰən³¹　沉岑陈骋尘辰晨臣澄曾～经层澄橙乘承丞忱呈程成城诚惩盛～满存

tʂʰən⁵³　逞

tʂʰən²¹⁴　蹭称～相秤趁铛衬寸

şən²⁴　森参～人深身申伸呻绅娠僧升生牲笙甥莘声孙

şən³¹　神绳什～么

şən⁵³　沈审婶省损笋椮～头

şən²¹⁴　渗葚甚肾慎剩蜃胜圣盛兴～

zən²⁴　扔

zən³¹　任姓氏壬人仍仁

zən⁵³　忍荏

zən²¹⁴　任～责妊饪刃～刀纫～缝韧认

kən²⁴　跟根更～换庚羹耕

kən⁵³　哽鲠埂田～梗耿整

kən²¹⁴　更～加

kʰən²⁴　坑吭铿

kʰən⁵³　恳垦龈老鼠～肯啃

xən²⁴　亨哼

xən³¹　痕恒衡蘅横

xən⁵³　很狠

xən²¹⁴　恨

ən²⁴　恩

ən²¹⁴　硬

aŋ

paŋ²⁴　帮邦浜

paŋ⁵³　榜绑膀翅～

paŋ²¹⁴　谤磅棒蚌傍

pʰaŋ²⁴　乓

pʰaŋ³¹　滂旁螃膀～胱庞彷～徨

pʰaŋ⁵³　膀蹄～□把门～上：把门关上

pʰaŋ²¹⁴　胖

maŋ²⁴　□用棍子～一下：用棍子打一下

maŋ³¹　忙芒茫盲虻氓

maŋ⁵³　莽蟒

faŋ²⁴　方芳

faŋ³¹　肪脂～妨～害房防坊

faŋ⁵³　仿～效纺访

faŋ²¹⁴　放

taŋ²⁴　当～时铛裆

taŋ⁵³　党挡档

taŋ²¹⁴ 当_典荡宕	pʰoŋ⁵³ 捧
tʰaŋ²⁴ 汤	pʰoŋ²¹⁴ 碰
tʰaŋ³¹ 堂棠螳唐糖塘搪溏	moŋ²⁴ 蒙_{被打~了}
tʰaŋ⁵³ 倘躺蹚傥	moŋ³¹ 萌盟蒙_{~住}朦檬木目穆牧
tʰaŋ²¹⁴ 烫趟	moŋ⁵³ 猛蠓懵亩牡母拇
naŋ³¹ 囊郎狼蒗银琅廊螂榔	moŋ²¹⁴ 孟梦
naŋ⁵³ 朗	foŋ²⁴ 风枫疯丰封峰蜂锋烽
naŋ²¹⁴ 浪	foŋ³¹ 冯逢缝_{~衣服}
tʂaŋ²⁴ 赃脏张章樟蟑璋彰獐臧	foŋ⁵³ 讽
tʂaŋ⁵³ 长_生涨掌	foŋ²¹⁴ 凤奉俸缝_{一条~}
tʂaŋ²¹⁴ 藏_{西_}脏_{内_}帐账胀丈仗杖障瘴嶂葬奘	toŋ²⁴ 东冬
tʂʰaŋ²⁴ 仓沧苍舱昌猖	toŋ⁵³ 董懂
tʂʰaŋ³¹ 长_{~短}肠常偿嫦藏_{隐_}	toŋ²¹⁴ 冻栋动洞
tʂʰaŋ⁵³ 场厂敞_{宽_}	tʰoŋ²⁴ 通
tʂʰaŋ²¹⁴ 畅唱倡怅	tʰoŋ³¹ 同铜桐筒童瞳潼佟彤
ʂaŋ²⁴ 丧商伤桑	tʰoŋ⁵³ 桶捅统
ʂaŋ³¹ 尝	tʰoŋ²¹⁴ 痛恸
ʂaŋ⁵³ 嗓搡赏裳	noŋ²⁴ 聋
ʂaŋ²¹⁴ 上尚	noŋ³¹ 农脓浓龙笼咙珑胧隆
ʐaŋ³¹ 瓤□_{物品质量不厚实，如"纸好~"}	noŋ⁵³ 拢陇垄
ʐaŋ⁵³ 壤攘嚷	noŋ²¹⁴ 弄
ʐaŋ²¹⁴ 让	tʂoŋ²⁴ 宗棕综鬃踪中_{~间}忠衷钟盅终
kaŋ²⁴ 冈刚纲钢缸豇肛	tʂoŋ⁵³ 总冢种_{~类}肿踵
kaŋ⁵³ 岗港	tʂoŋ²¹⁴ 粽中_{~射}众纵_{~横；放}重_{轻~}种_{~树}仲
kaŋ²¹⁴ 杠	tʂʰoŋ²⁴ 聪匆囱葱充憧冲_{~锋}
kʰaŋ²⁴ 康糠慷	tʂʰoŋ³¹ 丛虫崇从仲重_{~复}
kʰaŋ³¹ 扛	tʂʰoŋ⁵³ 宠
kʰaŋ²¹⁴ 亢抗炕伉	tʂʰoŋ²¹⁴ 铳_{放_}
xaŋ²⁴ 夯_{打_}	ʂoŋ²⁴ 松嵩
xaŋ³¹ 行_{银_}航杭	ʂoŋ⁵³ 耸悚怂_{_恿}
xaŋ²¹⁴ 项巷	ʂoŋ²¹⁴ 送宋诵颂讼
aŋ²⁴ 肮	ʐoŋ³¹ 戎绒融茸冗容蓉镕熔榕溶荣
aŋ³¹ 昂	koŋ²⁴ 公蚣工功攻弓躬宫恭
	koŋ⁵³ 汞拱_{~手}巩
oŋ	koŋ²¹⁴ 贡供共
poŋ²⁴ 崩绷	kʰoŋ²⁴ 空_{~虚}
poŋ²¹⁴ 迸蹦	kʰoŋ⁵³ 孔恐
pʰoŋ²⁴ 抨砰怦	kʰoŋ²¹⁴ 控空_{_缺}
pʰoŋ³¹ 朋棚鹏篷蓬	xoŋ²⁴ 烘_{~干}

xoŋ³¹ 虹弘泓宏红洪鸿轰~出去
xoŋ⁵³ 哄~骗
xoŋ²¹⁴ 哄内~
oŋ²⁴ 翁嗡
oŋ²¹⁴ 瓮

i

pi²⁴ 屄
pi³¹ 鼻荸笔毕必逼
pi⁵³ 彼鄙~视比匕
pi²¹⁴ 算敝鄙卑~痹弼碧璧壁箅毙蔽蓖避弊闭
pʰi²⁴ 批劈砒霹坯丕曹~
pʰi³¹ 皮疲琵枇匹庇包~脾
pʰi⁵³ 痞口~气:狐臭否~极泰来
pʰi²¹⁴ 屁辟僻癖譬媲
mi²⁴ 眯咪
mi³¹ 迷谜弥猕密糜~烂靡风~一时麋~鹿
mi⁵³ 米
mi²¹⁴ 秘泌蜜觅幂
ti²⁴ 低
ti³¹ 的目~滴嫡笛迪敌狄涤
ti⁵³ 底抵邸第
ti²¹⁴ 帝谛蒂弟递娣地
tʰi²⁴ 梯
tʰi³¹ 堤题提蹄啼踢醍~翻灌顶
tʰi⁵³ 体
tʰi²¹⁴ 替剃屉剔倜惕递~痛哭流~
ni³¹ 泥犁黎离~别篱璃漓尼梨厘狸立笠力霓逆倪怩昵旎栗娌~妯律法~率频~
ni⁵³ 礼你李里理鲤拟
ni²¹⁴ 例历厉雳励沥砺蛎丽俪鹂隶荔腻利莉痢蜊吏匿溺粒砾苈戾
tɕi²⁴ 鸡姬稽基髻奇~数几~平机讥饥饥肌箕畸
tɕi³¹ 几茶~缉集急及疾吉积极迹脊籍藉击激级橘辑编~卿棘瘠亟汲即
tɕi⁵³ 挤己几~个给供~
tɕi²¹⁴ 祭际济剂计继系鞋带~寄伎技妓冀纪记忌既暨季悸绩寂嫉稷蓟
tɕʰi²⁴ 欺期妻凄萋栖

tɕʰi³¹ 齐脐畦奇崎骑祁鳍其棋琪麒旗七漆乞吃薪琦歧祈膝
tɕʰi⁵³ 启企起杞岂绮
tɕʰi²¹⁴ 契锲~而不舍器弃气汽泣戚砌讫迄葺
ɕi²⁴ 溪西犀兮牺嬉~戏熙希稀浠吸奚淅晰皙羲曦蟋嘻隙蹊另辟~径
ɕi³¹ 习袭悉息熄媳惜昔席夕锡析媳恤抚~金膝
ɕi⁵³ 洗玺玉~喜禧徙迁~
ɕi²¹⁴ 细系联~戏
i²⁴ 伊医衣依
i³¹ 宜怡贻颐仪漪蚁谊移夷姨胰疑矣饴高粱~沂~蒙山遗揖作~一壹彝痍液疫役
i⁵³ 椅已以乙矣倚~靠
i²¹⁴ 艺屹义议意薏臆异毅忆亿抑翼易懿熠邑羿弈奕诣弋翌益溢缢逸亦译绎驿轶裔

ia

nia⁵³ 您
tɕia²⁴ 家加痂袈珈枷~锁嘉佳
tɕia³¹ 夹荚颊袷~衣胛夏~然而止
tɕia⁵³ 甲假贾
tɕia²¹⁴ 架驾嫁稼价
tɕʰia²⁴ 掐
tɕʰia³¹ 恰
tɕʰia⁵³ 卡~发
tɕʰia²¹⁴ 洽
ɕia²⁴ 虾
ɕia³¹ 霞瑕遐闻名~迩暇狭峡侠匣瞎辖黠
ɕia²¹⁴ 下夏厦~门吓
ia²⁴ 鸦丫桠
ia³¹ 压押鸭牙芽蚜衙涯崖
ia⁵³ 雅哑
ia²¹⁴ 亚轧讶砑~平

io

nio³¹ 略虐疟
tɕio²⁴ 捉
tɕio³¹ 脚角~~钱爵掘觉
tɕʰio³¹ 雀麻~鹊喜~却确

çio²⁴ 削

çio³¹ 学屑_{木~}

io³¹ 约药钥跃岳乐_{音~}

ie

pie²⁴ 鳖憋

pie³¹ 别_{区~；离~}

pie⁵³ 瘪

pʰie³¹ 撇撇_{~货：水货}

pʰie⁵³ 瞥□_{动词，折断}

mie³¹ 篾蔑灭

tie²⁴ 爹

tie³¹ 叠碟喋蝶谍迭跌

tʰie³¹ 帖贴铁

nie³¹ 聂镊蹑猎列烈裂孽捏啮涅掠

tçie²⁴ 嗟皆街阶

tçie³¹ 接捷睫杰揭碣羯竭节截结洁拮秸劫孑绝

tçie⁵³ 姐解

tçie²¹⁴ 借藉_{~故}芥诫介界戒倔

tçʰie³¹ 切_{~开}

tçʰie⁵³ 且

tçʰie²¹⁴ 妾怯窃

çie²⁴ 些蝎楔_{木~子}薛

çie³¹ 邪斜谐偕携胁协血恤_{T~杉}挟歇鞋穴雪

çie⁵³ 写

çie²¹⁴ 泻卸谢榭懈邂解_{姓氏}屑_{不~一顾}泄亵蟹

ie²⁴ 耶椰噎掖

ie³¹ 爷叶页业

ie⁵³ 也野冶

ie²¹⁴ 夜腋曳

iau

piau²⁴ 膘镖标彪

piau⁵³ 表婊裱

pʰiau²⁴ 飘漂_{~流}

pʰiau³¹ 瓢嫖剽

pʰiau⁵³ 漂_{~白}

pʰiau²¹⁴ 票漂_{~亮}

miau²⁴ 喵瞄

miau³¹ 苗描

miau⁵³ 藐渺秒

miau²¹⁴ 庙妙谬_{荒~}

tiau²⁴ 刁貂雕凋

tiau⁵³ 屌

tiau²¹⁴ 钓吊掉调_{音~；~动}

tʰiau²⁴ 挑佻

tʰiau³¹ 条鲦_{鲦子}笤迢窕调_{~和}

tʰiau⁵³ 条_{打~~；没穿裤子，只用于小孩子}

tʰiau²¹⁴ 跳眺

niau³¹ 燎瞭撩僚嘹镣缭疗辽聊寥_{~~无几}

niau⁵³ 鸟袅了_{~结}

niau²¹⁴ 尿料廖

tçiau²⁴ 交郊胶茭蛟姣教_{~书}焦蕉椒浇骄娇

tçiau³¹ 嚼

tçiau⁵³ 绞狡饺皎佼矫搅剿缴侥

tçiau²¹⁴ 教_{~育}酵窖觉_睡轿叫较校_{~对}

tçʰiau²⁴ 敲锹悄剿跷_{踩高}

tçʰiau³¹ 瞧憔樵乔侨桥荞

tçʰiau⁵³ 巧

tçʰiau²¹⁴ 鞘峭诮窍俏翘

çiau²⁴ 肖逍消宵霄硝销嚣萧箫潇骁枭

çiau³¹ 淆

çiau⁵³ 小晓

çiau²¹⁴ 孝哮效校笑啸

iau²⁴ 妖夭邀腰要_{~求}幺吆

iau³¹ 肴遥摇谣瑶窑窈姚尧

iau⁵³ 舀杳_{无音信}咬

iau²¹⁴ 要_{重~}耀

iəu

tiəu²⁴ 丢

niəu²⁴ 溜

niəu³¹ 牛刘浏留榴瘤馏流硫琉

niəu⁵³ 纽扭钮忸柳

tçiəu²⁴ 鸠究阄_抓纠赳灸咎鬏揪

tçiəu⁵³ 酒九久玖韭□_{~干：扭干、拧干}

tɕiəu²¹⁴　就救臼舅旧柩疚

tɕʰiəu²⁴　秋丘邱蚯鳅

tɕʰiəu³¹　囚求球裘述酋仇_{姓氏}

tɕʰiəu⁵³　楸

ɕiəu²⁴　修羞休

ɕiəu³¹　泅_{~水}

ɕiəu⁵³　朽

ɕiəu²¹⁴　秀绣锈袖嗅

iəu²⁴　忧优悠幽攸黝

iəu³¹　尤邮由油游犹鱿

iəu⁵³　有友酉莠

iəu²¹⁴　又右佑诱柚鼬釉幼

ien

pien²⁴　鞭编边蝙

pien⁵³　贬扁匾

pien²¹⁴　变辨辩便_{方~}遍_{__}辫

pʰien²⁴　篇偏翩

pʰien³¹　便_{~宜}

pʰien²¹⁴　骗_{欺~}遍_{~地}片

mien³¹　绵棉眠

mien⁵³　免勉娩冕缅腼渑沔

mien²¹⁴　面

tien²⁴　掂踮_{~胸}颠巅癫

tien⁵³　点典

tien²¹⁴　店电殿奠佃垫淀玷甸

tʰien²⁴　添天

tʰien³¹　甜田填恬

tʰien⁵³　舔殄腆

tʰien²¹⁴　掭_{~笔}涕鼻~

nien²⁴　拈搛蔫研

nien³¹　黏鲇鲶廉镰帘鲶连涟莲联年怜

nien⁵³　脸碾撵敛

nien²¹⁴　念练炼恋链

tɕien²⁴　监_{~牢}尖兼艰间_{中~}奸歼煎肩坚菅笺缄揝

tɕien⁵³　减碱检俭捡睑简柬拣剪茧

tɕien²¹⁴　鉴_{~定}舰涧渐剑谏箭溅践贱饯件犍建键健腱
毽_{~子}荐见

tɕʰien²⁴　千迁芊阡纤签谦牵铅骞

tɕʰien³¹　钳钱乾_{~坤}虔前黔潜

tɕʰien⁵³　浅遣谴

tɕʰien²¹⁴　嵌欠茜歉倩茜

ɕien²⁴　仙鲜_{新~}先

ɕien³¹　衔嫌闲痫娴涎贤弦舷咸

ɕien⁵³　险鲜_{~有}癣藓显

ɕien²¹⁴　陷馅限苋_{~菜}线羡宪献现县腺

ien²⁴　奄阉腌焉鄢嫣烟胭咽_{~喉}淹

ien³¹　岩炎盐阎檐严颜延蜒筵言辕妍沿袁

ien⁵³　掩眼演衍俨

ien²¹⁴　验厌艳焰酽雁谚晏宴堰鼹赝砚彦燕_{~子}咽_{~下}
_去苑

in

pin²⁴　彬兵宾槟滨缤冰斌濒

pin⁵³　禀秉丙柄炳饼

pin²¹⁴　病并鬓殡

pʰin²⁴　拼姘乒

pʰin³¹　贫嫔频颦凭平坪评瓶屏萍苹

pʰin⁵³　品

pʰin²¹⁴　聘

min³¹　民鸣明名铭酩茗冥瞑

min⁵³　闽悯敏抿泯皿

min²¹⁴　命

tin²⁴　丁钉_{铁~}疔仃叮酊

tin⁵³　顶鼎

tin²¹⁴　钉_{~住}订锭定

tʰin²⁴　听_{~见}厅汀

tʰin³¹　亭停婷廷庭蜓霆

tʰin⁵³　艇挺

tʰin²¹⁴　挺_{动词, 打麻将时暂时代替某人}

nin²⁴　拎

nin³¹　林琳霖淋_{~雨}临邻鳞燐粼麟嶙磷遴陵凌菱绫
凝_{~结}宁柠泞灵零铃图伶龄玲聆羚苓翎

nin⁵³　檩凛领岭

nin²¹⁴　赁夯凝_{汤~成冻了}令另蔺躏佞

tɕin²⁴　今矜金津斤筋茎京荆惊鲸精睛菁晶经襟朘
兢旌

tɕin⁵³　锦巾紧仅谨瑾景憬警井颈儆

tɕin²¹⁴ 禁尽烬进晋劲近境敬竟镜竞静靖净径浸靳

tɕʰin²⁴ 钦亲卿清轻青蜻侵倾

tɕʰin³¹ 琴禽擒秦勤芹擎情晴

tɕʰin⁵³ 寝请顷

tɕʰin²¹⁴ 亲～家庆沁馨

ɕin²⁴ 心芯辛新薪欣兴～旺星腥猩馨熏勋薰

ɕin³¹ 行形型刑邢寻

ɕin⁵³ 省反～醒擤

ɕin²¹⁴ 信衅兴～高杏幸性姓讯迅

in²⁴ 音阴荫因茵姻殷鹰莺婴缨鹦嘤樱罂英瑛膺

in³¹ 吟淫银垠龈寅蝇迎盈赢瀛萤莹荧萦营

in⁵³ 饮引蚓隐尹影颖

in²¹⁴ 印应映胤

ian

nian³¹ 娘良凉量～长短粮梁梁高～

nian⁵³ 两辆

nian²¹⁴ 酿踉亮谅晾量数～

tɕian²⁴ 将～来疆僵缰姜江浆

tɕian⁵³ 蒋奖桨讲

tɕian²¹⁴ 酱将大～匠犟偏～降下～

tɕʰian²⁴ 枪羌腔锵

tɕʰian³¹ 墙蔷强襁详祥降投～藏～起来

tɕʰian⁵³ 抢

tɕʰian²¹⁴ 像

ɕian²⁴ 相～互箱厢湘襄镶香乡

ɕian³¹ 翔详祥降投～

ɕian⁵³ 想晌饷享响

ɕian²¹⁴ 相～貌象橡向项巷像

ian²⁴ 央泱秧殃

ian³¹ 阳羊洋佯杨扬疡

ian⁵³ 仰养痒

ian²¹⁴ 样恙漾

ioŋ

tɕioŋ⁵³ 迥炯炅扃窘

tɕʰioŋ³¹ 琼穷穹茕

ɕioŋ²⁴ 兄胸凶吉～；～器匈汹

ɕioŋ³¹ 熊雄

ɕioŋ⁵³ 凶 动词，大声呵斥、批评

ioŋ²⁴ 雍臃庸慵拥

ioŋ⁵³ 允永咏勇涌踊俑恿蛹泳

ioŋ²¹⁴ 用佣

u

pu³¹ 不卜萝～

pu⁵³ 补哺

pu²¹⁴ 布怖部步埠商～

pʰu²⁴ 铺～设

pʰu³¹ 蒲葡匍菩朴～素朴姓氏扑仆瀑

pʰu⁵³ 普谱浦脯甫圃捕逮～濮溥讣～告

pʰu²¹⁴ 铺店～

mu³¹ 木目穆牧

mu⁵³ 亩牡母拇

mu²¹⁴ 沐睦

fu²⁴ 夫肤敷孵麸麦～子

fu³¹ 蝠符扶芙苻浮俘拂佛仿～匍福幅服伏袱茯缚复

fu⁵³ 府腑俯斧抚釜腐辅

fu²¹⁴ 付咐赋父附驸富副妇负阜傅赴腹覆馥

tu²⁴ 都首～督

tu³¹ 独读牍犊椟渎笃毒兀碗～子、锅～子：指称这些容器具内底部

及内底部残剩的物品

tu⁵³ 堵赌肚牛～、猪～

tu²¹⁴ 杜度渡镀妒肚～子

tʰu²⁴ 秃凸

tʰu³¹ 徒屠途涂图突荼

tʰu⁵³ 土吐～痰

tʰu²¹⁴ 吐呕～兔

nu³¹ 奴卢庐泸芦鲈颅鸬鹏～炉六绿砮弩

nu⁵³ 努鲁橹虏掳卤

nu²¹⁴ 怒路璐赂露鹿麓陆录禄碌戮鹭～鸶

tʂu²⁴ 租猪诸诛蛛株朱珠侏茱

tʂu³¹ 卒竺竹筑祝粥足烛逐帚妯～娌触接～

tʂu⁵³ 祖组阻煮主嘱瞩俎诅

tʂu²¹⁴ 著助驻柱住注蛀炷铸伫

tʂʰu²⁴ 粗初

tʂʰu³¹ 除锄厨蹰橱蹰雏出族

tʂʰu⁵³ 储楚础处相～杵拄

tʂʰu²¹⁴ 促醋怵猝黜蹙簇蹴畜~生 处~所~ 触~角

su²⁴ 苏酥稣疏~远 蔬书舒抒枢输~运 殊淑姝

su³¹ 速宿叔孰熟塾俗续赎术武~缩

su⁵³ 暑鼠署薯曙数动词蜀属

su²¹⁴ 嗉鸡~子庶恕数名词竖树漱述肃粟素诉束戍墅溯凤谡

zu²⁴ 输打牌~哒

zu³¹ 如茹儒濡蠕孺汝

zu⁵³ 乳擩辱褥缛

zu²¹⁴ 入

ku²⁴ 姑孤菇咕估辜沽

ku³¹ 骨谷

ku⁵³ 古牯股鼓蛊汩

ku²¹⁴ 故固锢雇顾梏

kʰu²⁴ 箍枯窟骷

kʰu³¹ 哭

kʰu⁵³ 苦

kʰu²¹⁴ 库裤酷

xu²⁴ 呼乎惚

xu³¹ 胡湖狐弧壶葫~芦忽蝴糊瑚醐鹄核苹果~

xu⁵³ 虎琥浒

xu²¹⁴ 户沪互护扈瓠~瓜

u²⁴ 乌污坞呜巫诬

u³¹ 吴蜈梧无芜屋

u⁵³ 吾五伍午忤武舞鹉侮

u²¹⁴ 误务雾勿悟物戊晤毋鹜兀婺

ua

tʂua²⁴ 抓

tʂua³¹ □~坨、~槽：一种犁地用的农具；形容手足抽筋后，手足蜷缩的状态

tʂua⁵³ 爪

tʂʰua²⁴ □~湿：淋湿

ʂua²⁴ 唰~起来、~下来：捋起来、捋下来

ʂua³¹ 刷

ʂua⁵³ 耍

kua²⁴ 瓜

kua³¹ 刮

kua⁵³ 寡剐

kua²¹⁴ 挂卦

kʰua²⁴ 夸

kʰua³¹ 括包~

kʰua⁵³ 垮

kʰua²¹⁴ 跨胯

xua²⁴ 花

xua³¹ 华中~铧划~船华~山;姓氏桦滑猾

xua²¹⁴ 化画话划计~

ua²⁴ 蛙挖娃洼

ua³¹ 袜娃

ua⁵³ 瓦哇干~：干呕

uo

tuo²⁴ 多

tuo³¹ 掇拾~夺铎踱

tuo⁵³ 朵躲

tuo²¹⁴ 舵惰堕剁垛跺~脚

tʰuo²⁴ 拖

tʰuo³¹ 驮脱蜕~皮托坨砣跎陀鸵驼骆~

tʰuo⁵³ 妥椭庹

tʰuo²¹⁴ 唾拓□~笼：穿着邋遢、不得体，同时伴随有行动的迟缓和愚钝

nuo²⁴ 啰

nuo³¹ 挪罗逻萝锣箩骡螺腡落烙骆酪洛络乐快~诺

nuo⁵³ 裸诺~连：废话很多

nuo²¹⁴ 糯懦擩

tʂuo³¹ 拙作昨着睡酌灼桌卓琢~磨啄浊镯凿

tʂuo⁵³ 左佐

tʂuo²¹⁴ 坐座做

tʂʰuo²⁴ 搓蹉撮挫

tʂʰuo³¹ 绰戳龊

tʂʰuo²¹⁴ 锉~子措错辍

ʂuo²⁴ 蓑梭唆梳娑挲

ʂuo³¹ 朔塑说~话勺~子

ʂuo⁵³ 锁琐所索

ʂuo²¹⁴ 硕烁

zuo³¹ 若弱

kuo²⁴ 锅歌哥戈~壁

kuo³¹ 郭国帼角三~形鸽割葛各搁阁

kuo⁵³ 果裹馃油~子

kuo²¹⁴ 个过

kʰuo²⁴ 科棵颗蝌苛稞柯珂轲

kʰuo³¹ 壳瞌～睡磕

kʰuo⁵³ 可渴

kʰuo²¹⁴ 课阔扩廓

xuo²⁴ 喝豁～嘴唇

xuo³¹ 荷～花河何和～气禾合盒活

xuo⁵³ 火伙～～人

xuo²¹⁴ 贺货祸霍豁～然开朗和～面或惑获鹤

uo²⁴ 倭窝蜗涡莴屙

uo³¹ 蛾鹅娥峨俄讹恶鄂鳄

uo⁵³ 我

uo²¹⁴ 卧握幄沃龌～龊饿

uai

tʂuai²¹⁴ 搜□动词，蹲

tʂʰuai²⁴ 搋

tʂʰuai⁵³ 揣

tʂʰuai²¹⁴ 踹

ʂuai²⁴ 衰摔

ʂuai⁵³ 甩

ʂuai²¹⁴ 帅疝率统～蟀

kuai²⁴ 乖

kuai⁵³ 拐

kuai²¹⁴ 怪

kʰuai⁵³ 块

kʰuai²¹⁴ 会～计刽侩脍快筷

xuai³¹ 怀槐淮徊

xuai⁵³ □动词，用双手握住某样东西用力摇晃

xuai²¹⁴ 坏

uai²⁴ 歪

uai²¹⁴ 外

uəi

tuəi²⁴ 堆

tuəi²¹⁴ 对队兑

tʰuəi²⁴ 推

tʰuəi⁵³ 腿

tʰuəi²¹⁴ 颓退

tʂuəi²⁴ 追锥

tʂuəi⁵³ 嘴

tʂuəi²¹⁴ 最罪缀赘醉坠惴

tʂʰuəi²⁴ 催崔摧吹炊

tʂʰuəi³¹ 垂槌锤捶

tʂʰuəi⁵³ 璀

tʂʰuəi²¹⁴ 脆翠粹瘁萃淬

ʂuəi²⁴ 虽

ʂuəi³¹ 髓隋随绥谁

ʂuəi⁵³ 水

ʂuəi²¹⁴ 碎岁税睡遂隧邃穗祟

ʐuəi⁵³ 蕊

ʐuəi²¹⁴ 芮锐瑞睿

kuəi²⁴ 圭闺规龟归瑰

kuəi⁵³ 诡轨鬼癸

kuəi²¹⁴ 鳜桂跪柜贵

kʰuəi²⁴ 亏盔窥

kʰuəi³¹ 傀奎逵葵睽魁馗

kʰuəi²¹⁴ 溃馈匮愧

xuəi²⁴ 灰恢诙麾挥辉晖徽

xuəi³¹ 回茴蛔

xuəi⁵³ 悔海毁

xuəi²¹⁴ 桧贿晦汇会绘惠蕙慧秽讳彗卉

uəi²⁴ 煨偎威危微薇巍

uəi³¹ 桅为作～维惟唯帷违围

uəi⁵³ 伪萎委诿痿韦伟纬尾娓苇炜猥

uəi²¹⁴ 卫为～什么位魏畏尉慰蔚胃谓猬喂未味

uan

tuan²⁴ 端

tuan⁵³ 短

tuan²¹⁴ 断锻段缎

nuan³¹ 娈鸾峦

nuan⁵³ 暖卵

nuan²¹⁴ 乱

tʂuan²⁴ 专砖钻～进去

tʂuan⁵³ 转～眼纂

tʂuan²¹⁴ 赚撰转～圈圈篆传～记钻～子

tʂʰuan²⁴ 川钏穿

tʂʰuan³¹ 传～达椽船鲹～鲦子蚕

tʂʰuan⁵³　喘舛

tʂʰuan²¹⁴　窜篡串

ʂuan²⁴　删酸闩栓拴

ʂuan²¹⁴　算蒜涮鳝

ʐuan³¹　然燃

ʐuan⁵³　软阮染冉

kuan²⁴　官棺倌观～看鳏关冠皇

kuan⁵³　管馆

kuan²¹⁴　贯灌罐冠～军惯观道～

kʰuan²⁴　宽髋

kʰuan⁵³　款

xuan²⁴　欢

xuan³¹　桓还～原环

xuan⁵³　缓

xuan²¹⁴　奂唤涣焕换痪幻患宦

uan²⁴　豌蜿弯湾

uan³¹　玩完丸纨顽

uan⁵³　皖碗畹腕婉惋晚挽宛绾～头发

uan²¹⁴　万

uən

tuən²⁴　敦墩蹲

tuən²¹⁴　顿饨沌炖盾钝遁

tʰuən²⁴　吞

tʰuən³¹　屯豚臀囤

nuən³¹　伦沦轮仑昆～

nuən²¹⁴　论

tʂuən²⁴　谆尊遵

tʂuən⁵³　准

tʂʰuən²⁴　椿～树春村

tʂʰuən³¹　醇淳存

tʂʰuən⁵³　蠢

tʂʰuən²¹⁴　寸

ʂuən²⁴　狲孙

ʂuən³¹　唇纯鹑

ʂuən⁵³　吮损笋榫～头

ʂuən²¹⁴　顺舜瞬

ʐuən²¹⁴　润闰

kuən⁵³　滚磙

kuən²¹⁴　棍

kʰuən²⁴　昆鲲坤

kʰuən⁵³　捆

kʰuən²¹⁴　困

xuən²⁴　昏婚浑～浊荤

xuən³¹　魂馄浑～身是汗横～直；蛮～

xuən⁵³　混～相

xuən²¹⁴　混～日子

uən²⁴　温瘟

uən³¹　文纹蚊雯闻

uən⁵³　稳吻刎紊

uən²¹⁴　问

uaŋ

tʂuaŋ²⁴　庄装妆桩

tʂuaŋ²¹⁴　壮状

tʂʰuaŋ²⁴　疮窗

tʂʰuaŋ³¹　床

tʂʰuaŋ⁵³　闯

tʂʰuaŋ²¹⁴　创怆撞

ʂuaŋ²⁴　霜孀双

ʂuaŋ⁵³　爽

kuaŋ²⁴　光

kuaŋ⁵³　广

kuaŋ²¹⁴　逛

kʰuaŋ²⁴　匡筐眶框诓

kʰuaŋ³¹　狂诳

kʰuaŋ²¹⁴　旷况矿

xuaŋ²⁴　荒慌

xuaŋ³¹　黄簧皇蝗隍煌惶徨凰

xuaŋ⁵³　谎幌恍

xuaŋ²¹⁴　晃

uaŋ²⁴　汪

uaŋ³¹　亡王

uaŋ⁵³　网枉往罔惘

uaŋ²¹⁴　忘妄望旺

y

ny³¹　驴

ny⁵³　女旅屡～次履缕褛吕铝侣

ny²¹⁴　虑滤

82

tɕy^{24} 居据车拘驹疽雎苣鞠掬珠玻璃弹球
tɕy^{31} 菊局
tɕy^{53} 举矩咀～嚼
tɕy^{214} 剧据锯踞巨拒距炬具俱惧飓聚句
tɕ^{h}y^{24} 蛆趋区驱岖躯蛐黢屈～原
tɕ^{h}y^{31} 渠瞿衢屈委～曲酒～
tɕ^{h}y^{53} 取娶曲歌～
tɕ^{h}y^{214} 趣觑祛去
ɕy^{24} 墟虚嘘须需戌
ɕy^{31} 徐
ɕy^{53} 许诩栩
ɕy^{214} 絮序叙绪畜～牧蓄煦旭酗
y^{24} 淤迂
y^{31} 鱼渔于余竽愚虞娱圄身陷囹～盂臾庾萸腴俞愉榆瑜渝逾～期
y^{53} 语雨宇禹羽予与屿
y^{214} 御誉预豫遇寓吁芋愈喻谕裕域育玉狱郁驭欲浴峪毓尉～迟恭鹬～蚌相争

ye

tɕye^{24} 撅噘～嘴
tɕye^{31} 厥蕨橛蹶决诀抉崛珏矍爵掘觉绝
tɕye^{214} 倔
tɕ^{h}ye^{31} 茄瘸缺榷阙
ɕye^{24} 靴薛
ɕye^{31} 穴雪
ye^{31} 悦阅月越粤

yen

tɕyen^{24} 鹃娟涓捐
tɕyen^{53} 卷～起来
tɕyen^{214} 眷卷案～绢圈猪～倦券
tɕ^{h}yen^{24} 圈圆～
tɕ^{h}yen^{31} 全痊荃诠蜷泉拳权颧
tɕ^{h}yen^{53} 犬
tɕ^{h}yen^{214} 劝
ɕyen^{24} 轩宣喧萱掀锨铁～
ɕyen^{31} 旋漩璇玄悬
ɕyen^{53} 选
ɕyen^{214} 眩炫楦渲绚
yen^{24} 冤渊鸢鸳
yen^{31} 圆员缘元原源辕猿园援媛袁沿
yen^{53} 远
yen^{214} 院愿怨苑

yin

tɕyin^{24} 均钧君军
tɕyin^{214} 骏俊峻竣菌郡
tɕ^{h}yin^{24} 倾
tɕ^{h}yin^{31} 群裙
tɕ^{h}yin^{53} 顷
ɕyin^{24} 醺
ɕyin^{31} 旬荀询徇循巡荨
ɕyin^{214} 逊殉训驯
yin^{24} 晕
yin^{31} 匀云芸耘营荣
yin^{53} 陨
yin^{214} 韵运酝孕熨蕴泳

ər

ər^{31} 儿尔而
ər^{53} 耳饵洱迩
ər^{214} 二贰

参考文献

[1]丁声树，李荣.汉语方言调查简表[M].北京：中国科学院语言研究所，1958.
[2]丁声树，李荣.古今字音对照手册[M].北京：中华书局，1981.
[3]丁声树，李荣.汉语音韵讲义[M].上海：上海教育出版社，1984.
[4]中国社会科学院语言研究所.方言调查字表[M].北京：商务印书馆，1981.
[5]赵元任，等.湖北方言调查报告[M].北京：商务印书馆，1948.
[6]赵元任.钟祥方言记[M].北京：科学出版社，1956.
[7]北京大学中国语言文学系语言学教研室.汉语方音字汇(第二版)[M].北京：文字改革出版社，1989.

台山深井镇那扶话声韵调及其语音特点[①]

甘于恩[1]　何桂榕[2]

（1.暨南大学汉语方言研究中心　广东广州　510630；2.清远市司法局　广东清远　511515）

【提　要】广东四邑地区通行四邑方言，本文介绍了位于四邑地区的台山市深井镇那扶话的音系，对其声、韵、调进行了较为详细的描写。

【关键词】四邑话　那扶话　语音特点

一、绪论

江门市台山深井镇位于台山西南部，濒临镇海湾，毗邻恩平和开平，距台城76公里。台山于1986年建深井镇、那扶镇；2006年，那扶镇撤销，并入深井镇。据台山市深井镇政务网2006年10月公布的信息，深井镇全镇总面积340平方公里，人口6.3万，旅外华侨、港澳台同胞达1.8万人。本文记录的是原那扶镇的音系，下文统一称"那扶话"。

台山通行四邑方言中的台山话，根据甘于恩（2010）介绍，台山话内部可分为4小片（台北片、西南片、东南片、川山片），本文调查的那扶话属于台山话的西南片。据本次调查，那扶话与台城话在声调方面较为一致，而在声、韵方面存在一定程度的差异。

发音人：张雄波，男，1955年生。台山市深井镇那扶中学校长，那扶人，大专毕业后即留当地教书，未长期离开过当地。平时主要使用那扶白话，参加教学活动时使用普通话。

二、那扶话的声韵调

（一）声母（18个，零声母包括在内）

p 波饼佩百	pʰ 婆谱拼扑	m 摩马雾木	f 飞款放服		w 乌往颖获
t 多肚电得	tʰ 驼娶趁畜	n 男娘努溺		l 罗理练力	
ts 租准际侧	tsʰ 纤悄翅撒		s 须船刺缩		j 丫元预越
k 歌矩尴谷	kʰ 夸茄困却	ŋ 原咬外若	h 飘唐可协		
∅ 安矮暗握					

声母说明：

①v的实际发音接近[ʋ]，有轻微的唇齿摩擦。

②j是舌面半元音，亦带有较为明显的摩擦。

③∅声母的字多来自古影母字，有些字开头稍带喉塞成分，如：阿~胶｜安。

---

① 国家社科基金重点研究项目"粤、闽、客诸方言地理信息系统建设与研究"（13AYY001）前期成果。谨以此文纪念为台山深井方言调查做出贡献的张雄波校长。

（二）韵母（43个）

	i 书诛旨翅	u 司谱虑数（数字）
a 他爬寡架	ia, 些者惹射	ua 初婆果饿
ai 排摆怪戴		
ɜi 迷驶礼系		
ei 岂美废季		
		ui 杯才税耐
au 交拷狡窖		
ɐu 毛炒叟孝		
eu 偷首宙幻		
ou 巫		
	iu 标彪鸟叫	
am 贪衫览站（站立）		
ɜm 含林减禁（禁止）		
	im 廉染剑念	
an 凡坦限雁		
ɜn 品根困顺		
øn 专损殉乱		
	in 鞭远显建	un 端本岸换
aŋ 盟横耿硬	iaŋ 娘丈让镜	
ɔŋ 帮广放撞		
eŋ 冰景圣铃		
ip 妾猎业叠		
oŋ 冬蒙拥众		
ap 答蜡插甲		
ɜp 盒立汁膝		
at 法达杀刷		
ɜt 笔乞忽出		
ot 割葛渴喝		
øt 捋₋柚子拙突述缀		
	it 必列揭节	ut 阔活夺末
ak 百窄摘革	iak 掠啄尺劈	
ɜk 北或黑塞		
ɔk 博郭学获		
ek 逼域亦敌		
ok 木毒缩玉		
ŋ̍ 五午误悟		

韵母说明：

① 韵母中含有的元音可归纳为7个音位：[a]、[ɜ]、[e]、[ɔ]、[o]、[i]、[u]，其中 [ɜ]、[e]、[ɔ]、[o] 不可独立成音节；没有撮口呼元音 [y] 及其系列韵母。

② ui韵母中，[u] 是主要元音，[i] 是韵尾；与k、kh、t、th、h、s声母相拼时，[u] 的开口度较大，处于 [u] 与 [o] 之间。

③ iu韵母中，[i] 是主要元音，[u] 是韵尾。

④ in韵母在个别字中听起来像撮口的yn，如"全"、"船"、"冤"、"怨"，严式可记成iʸn，但不构成音位对立，现统一记in。

⑤ eŋ中的 [e] 不是标准的 [e]，实际部位要偏后、偏低，介于 [e] 和 [ɛ] 之间，现记作e。

⑥ un韵母字中的 [u] 开口度略大，处于 [u] 与 [o] 之间，与塞擦音声母相拼时更接近 [u]，现统一记作 [u]。

⑦ 存在韵母ɜm与am对立、ɜn与an对立，[ɜ] 是处于 [ə] 和 [ɐ] 之间的元音。

⑧ m可自成音节，成为声化韵母m，如：午误悟m̩⁵¹。

（三）声调（8个）

阴平33	多弓贾太~阳	阳平22	罗茶文勇
阴上45	左止感厂	阳上31	痴引也往
去声51	裤句贺巷		
上阴入5	不汁国剧~烈		
下阴入3	博脚绝度~量	阳入2	百鸽木夹

声调说明：

① 那扶粤语声调8个。平、上各分阴阳；去声只有一类（阴去），阳去与阴平合流；入声三分，但具体情况与广州话略有不同。

② 存在21变调的字，多为名词，如"马、渣、架、街、婿、权"。

③ 存在调值为214/215的字，多为名词，如"叉、虾、鱼、雨、豆、镜"。入声中也存在对应的214/215调值的字，如"率~效、鹤、镯、帛、獭~水"，是类似于广州话高升变调一类的变调。

三、那扶话的一些语音特点

（一）声母特点

（1）古非敷奉母字，今那扶话多读唇齿 [f]，如：飞fei³³｜凡fan²²｜泛fan²²。

（2）古帮组字存在少数擦音化现象，古滂母字今读 [h]，如飘hiu³³｜漂~白hiu³³｜漂~亮hiu³³。

（3）古微母字与明母同，今读 [m]，如：文mɐn²¹｜舞mou²¹。

（4）古全浊声母今读塞音、塞擦音，普遍是逢平、上送气，去、入不送气，如：斜tʰia²²｜旁pʰŋ²²｜柱tʰui³¹｜惰tɔ²²｜宙tsɐu²²。

（5）古泥、来母不合流，泥母今读 [n]，如：南nam²²｜男nam²²；来母今读 [l]，如：蓝lam²²｜旅

lui^{31}。

（6）古精组与知照组合流，只有一套塞擦音/塞音「ts」、「t^h」/「ts^h」、「s」，如：津tsɐn^{33}∣猪tsi^{33}∣斩tsam^{45}；车tshia^{33}∣翅ts^{h}i^{33}∣撤ts^{h}it^5；邪t^{h}ia^{22}∣扯t^{h}ia^{45}∣厨t^{h}ui^{22}；锁sua^{45}∣色sek^5∣臣sɐn^{22}。值得一提的是，那扶话中ts^{h}声母的字只有15个，而t^{h}声母的字则有267个，广州话中读ts^{h}的字，在那扶话中大多数读t^h。

（7）古日母字与古疑母同，且不分洪细音，今多读「ŋ」，如：儿ŋi^{22}∣惹ŋia^{33}∣我ŋɔ^{33}∣涯ŋai^{21}∣伪ŋei^{51}。少数日母字读「j」，如：柔jeu^{22}∣儒ji^{22}∣入jɐp^2∣辱jok^2。

（8）古见母字，那扶话不论洪细，除了个别读「h-」、「w」、「k^h」，如：侥hiu^{33}∣会$_{~计}$wui^{51}∣概k^{h}ui^{33}；其他一律保留舌根音「k」，如：该kui^{33}∣娇kiu^{33}∣结kit^5。

（9）古溪母字，今那扶话与广州话一样，部分读为「h」，如：开hui^{33}∣口hɔu^{45}∣轻hen^{33}∣哭hok^5。

（10）古晓母合口一、二等字与古非敷奉母合流，今那扶话多读「f」，同广州话，如：花fa^{33}∣婚fɐn^{33}∣况fɔŋ^{33}。

（11）古匣母字逢开口今多读「h」，如：河hua^{22}∣学hɔk^2，少数读「k」，如：茎ken^{51}；逢合口今多读「v」，如：怀vai^{22}∣滑vat^2，少数读「j」，如：县jin^{51}∣萤jeŋ^{22}∣穴jit^2。

（12）古影组部分合口韵摄，如遇摄合口三等字及山摄合口三、四等字同大多数开口韵摄，今读「j」，如：羽ji^{31}∣远jin^{45}∣渊jin^{33}∣爷jia^{22}；多数合口韵摄今读「v」，如：位vei^{51}∣域vek^2；部分开口韵摄今读「ø」，如：哀ui^{33}∣恶$_{善~}$ɔk^5。

（二）韵母特点

（1）果摄开口一等与果摄合口一等非见系字多读「ua」，如：多tua^{33}∣波pua^{33}。个别果摄合口一等见系字今读「ia」，如：靴hia^{33}。

（2）假摄开口二、三等有别，假开二今读「a」，如：巴pa^{33}∣雅ŋa^{45}；假开三今读「ia」，如：车ts^{h}ia^{33}∣泻sia^{33}。

（3）遇摄合口三等韵，广州话念「øy」的，那扶话念「ui」，如：女nui^{45}∣居kui^{33}∣句kui^{33}。

（4）蟹摄开口一等、蟹摄合口一等字，那扶话念「ui」，开口度较广州话小，如：待tui^{51}∣改kui^{45}∣腿hui^{45}∣灰fui^{33}。蟹开二、开三、开四合流。

（5）止摄开口三等帮组、泥组、见系字，止摄合口三等非组及见系字，那扶话多念「ei」，如：碑pei^{33}∣梨lei^{22}∣起hei^{45}∣肌kei^{33}∣汽hei^{33}∣飞fei^{33}∣规k^{h}ei^{33}∣季kei^{33}。止摄开口三等精组字今多读「u」，如：紫tsu^{45}∣次su^{33}；知照组今多读「i」，如：迟thi^{22}∣始t^{h}i^{45}。止摄合口三等泥组字、精组、知照组字，广州话念「øy」的，那扶话念「ui」，如：嘴tsui^{45}∣帅sui^{33}。

（6）效摄开口一、二等韵合流，那扶话大部分念「ɔu」，如：高kɔu^{33}∣保pɔu^{45}∣饱pɔu^{45}∣孝hɔu^{33}。效摄开口三、四等韵合流，今多读「iu」，如：苗miu^{22}∣叫kiu^{33}。

（7）流摄开口一、三等合流，今多念「eu」，如：狗keu^{45}∣九keu^{45}；少数非日常用字今读「ɔu」，如：奏tsɔu^{33}∣宙tsɔu^{51}。

（8）咸摄开口一等韵非见系及咸摄开口二等韵字，那扶话今读「am」，如：贪ham^{33}∣斩tsam^{45}；咸开一见系字今读「ɐm」，如：甘kɐm^{33}∣憨hɐm^{51}。咸摄开口三等韵，今多读「im」，如：渐tsim^{51}∣剑kim^{33}∣念nim^{51}。咸摄合口三等韵今读「an」，如：凡fan^{22}∣泛fan^{51}。

（9）深摄开口三等韵，那扶话今读「ɐm」，如：林lɐm^{22}∣浸tsɐm^{33}∣甚sɐm^{41}。

（10）山摄开口一（见系字除外）、二等韵合流，今读［an］，如：但 tan⁵¹｜奸 kan³³；山开一见系字今读［un］，如：肝 kun³³｜看 hun³³。山摄开口三、四等韵大多合流，今读［in］，如：编 pʰin³³｜练 lin⁵¹。

（11）山摄合口一等同山开一见系字，今读［un］，如：官 kun³³｜段 tun⁵¹。山摄合口二等字今读［an］，如：关 kan³³｜幻 van⁵¹。山摄合口三等字今读三分，非组读［an］，如：反 fan⁴⁵｜饭 fan⁵¹；非组除外，多同山摄合口四等字读［in］，如：穿 tʰin³³｜元 ŋin²²；个别读［un］，如：阮 ŋun⁴¹；个别读［øn］，如：喘 tʰøn⁴⁵。

（12）臻摄合口一、三等韵见系及影组字，臻摄开口一、三等韵字，那扶话今读［ɜn］，如：跟困 kʰɜn³³｜均 kɜn³³｜根 kɜn³³｜珍 tsɜn³³。臻合一、臻合三非见系或影组字，今多读［ɜn］或［øn］，如：笨 pɜn⁵¹｜嫩 nøn⁵¹｜顺 sɜn⁵¹｜俊 tsøn³³；个别读［un］，本 pun⁴⁵｜盆 pʰun²²｜门 mun²²。

（13）宕摄开口一等、合口一等、合口三等与江摄开口二等韵合流，今那扶话读［ɔŋ］，如：帮 pɔŋ³³｜抗 kʰɔŋ³³｜讲 kɔŋ⁴⁵｜光 kɔŋ³³｜况 kʰɔŋ³³。宕摄开口三等保留介音［i］，今读［iaŋ］，如：娘 niaŋ²²｜向 hiaŋ³³。

（14）曾摄开口一等、梗摄开口二等合流，今读［aŋ］，如：朋 pʰaŋ²²｜生 saŋ³³。

（15）曾摄开口三等与梗摄开口三、开口四等、合口三等合流，今读［eŋ］，如：剩 tseŋ⁵¹｜名 meŋ²¹｜并 peŋ³³｜兄 heŋ³³。

（16）通摄合口一、三等合流，今读［oŋ］，如：终 tsoŋ³³｜蒙 moŋ²²｜宋 soŋ³³。

（17）咸摄、深摄基本保留韵尾［-p］，并且主要元音与相应的阳声韵保持一致，如咸摄字：答 tap⁵｜合 hɜp²｜接 tsip³；深摄字：立 lɜp²｜习 tsɜp²。少数收［t］尾，如咸摄合口三等非组字：法₍办₎ fat⁵｜乏 fat²。

（18）山摄、臻摄今多收［t］尾，如山摄：达 tat²｜渴 hut³｜设 sit⁵｜劣 løt⁵；臻摄：日 ŋɜt²｜述 søt²。

（19）宕摄、江摄、曾摄、梗摄、通摄今多收［k］尾，如宕摄：博 pɔk³｜弱 ŋiɜk²；江摄：啄 tiak⁵｜学 hok²；曾摄：北 pɜk⁵｜忆 jek⁵；梗摄：麦 mak²｜席 tsek²；通摄：木 mok²｜局 kok²。

（三）声调特点

（1）那扶话共有 8 个调类，平、上各分阴阳，去声只有一类（阳去），古清去与阴平合流，如：朱 tsi³³｜注 tsi³³；入声三分，但具体情况与广州话不完全一致，在广州话中读下阴入或者阳入的，在那扶话中读上阴入（高调），如：国 kɔk⁵｜剧₍剧烈₎ kʰiak⁵｜赫 hak⁵。

（2）那扶话中存在四邑方言中常见的"低调变调"和"高升变调"，主要集中在表示名词。"低调变调"如：柑 kam³¹｜柴 thai³¹｜架 ka³¹。"高升变调"的调值有 213/214/215 三种，如：歌 kua²¹³｜蔗 tsia²¹⁴｜鹤 hok²¹⁴｜票 pʰiu²¹⁵｜洁 kit²¹⁵。

四、那扶话与台城话的声、韵比较

那扶话与四邑诸语言点在声、韵方面存在比较明显的区别：

（一）声母上的区别

（1）那扶话的鼻音声母中基本没有浊塞音成分［b］、［d］、［g］，而台城话较多存在这一特点。

（2）古帮组字的声母擦音化现象不多，只有零星几个古滂母字今读 [h]，如飘 hiu³³｜漂 ₋白 hiu³³｜漂 ₋亮 hiu³³，而台城话中这一现象较常见。

（3）古端、定两母在那扶话中未见零声母读法，今多读 [t]，如：堆 tui³³｜达 tat²。

（4）那扶话中，古精组与知照组今基本合流，广州话今读 [ts] 的，那扶话也读 [ts]；广州话中读 [tsʰ] 的，那扶话则今多读 [tʰ]，只有少数知照组字仍读 [tsʰ]，如：纤 tsʰim³³｜悄 tsʰiu³³｜翅 tsʰi³³｜撤 tsʰit³。

（二）韵母上的区别

（1）那扶话果摄开口一等与合口一等合流，今读 [ua]，不同于台城话分读为 [a]、[ɔ]。

（2）那扶话存在 [ɛ-] 系列韵母，与广州话的 [ɐ-] 系列韵母对应，如：

例字 语言点	流	音	品	入	笔
那扶话	lɛu²²	jɛm³³	pɛn⁴⁵	jɛp²	pɛt⁵
广州话	lɐu²¹	jɐm⁵⁵	pɐn³⁵	jɐp²	pɐt⁵

五、余论

本文仅从字音入手，分析那扶话的声、韵、调，显然欠妥，但由于客观条件的限制，笔者没来得及在当地深入调查，亦不失为一憾事。本文的分析只是基于对字音调查结果的描写，即使将其与台山话的声、韵特点进行了比较，但得出的结果亦未免过于粗糙。只有加上对当地的词汇、语法做深入的调查，才能更完整、准确地展现那扶话的语音面貌，而这些都有待日后的补充。

参考文献

[1]中国社会科学院语言研究所.方言调查字表[M].上海：商务印书馆，1981.

[2]詹伯慧.粤西十县市粤方言调查报告[M].广州：暨南大学出版社，1998

[3]甘于恩.广东四邑方言语法研究[M].广州：暨南大学出版社，2010.

[4]熊正辉.广东方言的分区[J].方言，1987（3）.

[5]李新魁.粤方言语音特点探论[J].广东社会科学，1990（1）.

[6]邵慧君，甘于恩.广东四邑方言语音特点[J].方言，1999（2）.

[7]甘于恩.四邑话：一种粤化的混合方言[J].中国社会语言学，2003（1）.

[8]甘于恩，简倩敏.广东方言的分布[J].学术研究，2010（9）.

中山人与中山方言

高 然

（暨南大学汉语方言研究中心　广东广州　510630）

【提　要】中山方言的研究应与其他绝大多数方言研究有别，是因为中山的地形地貌近几百年来处于不断的和巨大的变化之中，古香山岛上及后来积淤的大片沙田上的移民迁入与村落的建立都是随着这些变化而变化的，这种"双动态（地变人动）"与其他"单动态（地静人动）"的背景是完全不同的，因此中山方言的研究，须以这个背景为大前提。本文拟从中山的自然地厘变化的历史、中山历代移民迁入建村等资料以及中山各方言现状的第一手材料等等来概略地厘清中山各方言的源头、分类、分布地域、语言特点、人口数等基本问题。全文共分五章：一、前言；二、中山的地理形态及其历史演变；三、中山民系分布及其历史来源；四、中山汉语方言分布及其分类；五、本文小结。

【关键词】中山人　中山方言

一、前言

与绝大多数汉语方言研究不同，中山方言研究必须与其地理历史变化紧密联系在一起，因为中山的地理形态近1000年来都处于不断的变化之中：从茫茫大海中的一小岛变成今天的大片陆地，各地移民也都随着陆地的出现而先后移居到中山，移民带来的方言也由此形成如今的分布现状，所有这一切都与珠江三角洲的积淤息息相关，如今中山的陆地仍在飞速地、不断地扩大中。探讨中山方言的来源、分布、特点、互相影响等，谁先谁后，互相产生何种关系，无一可脱离对其1000年来的地理形态变化及其带来移民变化的研究。本文拟从诸多相关资料等以及相关田野调查材料中找出中山1000年来大致的地理变化、移民历史以及语言分布等概貌。文中出现的绝大多数地名及其产生的时间、历史来源等信息，主要来自中山市地方志编纂委员会编《中山市志》（上）（广东人民出版社，1997年）和广东省中山市地名志编纂委员会编《广东省中山市地名志》（广东科技出版社，1989年）两本书，由于引用数巨大，难以一一说明，在此先特别说明。

二、中山的地理形态及其历史演变

中山原名香山，在汉代时（公元前206—220年）是番禺的县地；晋（265—420年）以后为东官郡地；到了唐代（618—907年）则为东莞县地；并于南宋绍兴二十二年（1152年）独立设香山县，隶属广州，民国后则改属广东省，于1925年孙中山逝世后易名中山县，还于1983年改名中山市至今。

中山市位于广东省中南部，珠江口（虎门）西南岸（市区石岐北距广州城80多公里）；东与深圳宝安、香港等地隔珠江口狮子洋与伶仃洋相望；东南陆地与珠海接壤；西南临珠江口磨刀门；西边隔江与江门、新会和斗门相邻；北部接顺德与番禺。

原隶属香山县的澳门，于1845年（清道光二十五年）被葡萄牙人宣布为"自由港"而划出；原属香山县的珠海于1962年划出设珠海县；原属香山县的今斗门县境内斗门、乾务、白蕉和平沙等于1965年划出归斗门县；原属香山县的今番禺境内的南沙、黄阁、大岗、万顷沙等于1959年划出归番禺等等。

中山的地理形态，自古以来就处于不断的变化中。明代《永乐大典》中所谓"香山为邑，海中一岛耳，其地最狭，其民最贫。"明嘉靖本《香山县志》（1547年）香山县境全图也画出了茫茫大海中香山岛陆地北隔大海望浮虚山、小黄圃岛、小榄岛等；东只到紫马岭、莲峰山；南隔海与湖州山、南台山相望；西隔海与长洲山相望。而文献上的描述则似乎提前了一些，《中山市志》（广东人民出版社，1997年）里最早的关于香山地理变化的记载是始于元代大德八年（1304年），香山西北部冲积平原"西海十八沙"（即今小榄、东升、坦背、横栏等地）不断扩大与开垦。权且以此为界，近700年香山岛由一个南海伶仃洋上的小岛，慢慢地因为珠江口的淤泥堆积，自西北向东南不断地扩大陆地，至今已完全与大陆连接在一起。今天的珠江（东、西和北江）所有出海口最东边起于狮子洋伶仃洋间的虎门；按序往西南是南沙附近的蕉门；再往西南是番禺万顷沙与中山民众浪网三角之间的洪奇沥；再往西南是顺德容桂水道与中山小榄水道合流于中山港西的横门；再往西是中山古镇南流至神湾（与江门、新会、斗门交界）的磨刀门；再往西南是斗门井岸与白蕉间的鸡啼门，最西边止于斗门西虎跳门，古香山岛正好在所有出海口的正中位置，是今中山市地之来源。

从香山县志的记载我们可以大致摸清中山地理演变轨迹：

①元大德八年（1304年），香山西北部冲积平原"西海十八沙"不断扩大与始有人开垦。

②明嘉靖年间（约1540年），香山东北部冲积平原"东海十八沙"（今南头、东凤、阜沙、大岗、黄圃、横沥、三角、浪网、民众等）不断积淤扩大，石岐以北，浮虚山以南宽阔的石岐海已成"海中多洲坦，种芦积泥成田之地"。

③清雍正元年（1723年），香山南部坦洲小围、三角沙小围兴筑。

④清乾隆元年（1736年），香山东北部浪网沙小围兴筑。

⑤清嘉庆元年（1796年），香山西北部古镇小围等兴筑。

⑥清嘉庆二十四年（1819年），香山北部与大陆连接，农用地增至125万亩。

⑦清同治元年（1862年），香山西北部古镇大围兴筑。

上述七段记录均是《中山市志》里对中山地理几百年来变化的仅有的记载。

三、中山民系分布及其历史来源

古香山岛的大致范围北至今石岐北员峰山、莲峰山止（北面即浩瀚之石岐海）；东至今南蓢、张家边小山或丘陵及其台地；南至今三乡与神湾间的白水林山；西止板芙湖州山、南台山及其台地，以及隔海今沙溪大涌一带高地（原为岛）。今珠海凤凰山一带、澳门（东西望洋山）一带，今珠海南屏和湾仔间的加林山，以及斗门境内的黄杨山一带，都是积淤前古香山岛及其附近岛屿有人聚居的地方。关于居民来源，历代县志记载不多，但各族谱家谱等，以及前面提的《广东省中山市地名志》等，都提供了不少的资料。古香山不同民系的来源与分布如下：

1. 中山闽人

闽人指源自福建而今仍操闽语的定居者。中山闽人如今主要分布在中山中部原香山岛丘陵及其台地地区，即东起南蓢，北止张家边，西北止沙溪、西边止大涌、西南神湾的芒涌等，南部三乡的三块互不关联（山隔开）的地区。三地闽语简称南蓢话（含张家边）、隆都话（含大涌、神湾芒涌等）和三乡话。中山闽语人口总数约17万（实际说闽语人口）。

关于移民时间和来源等情况，有案可稽的最早记载是北宋天圣年间（约1023年）三乡桥头村的来源"惠州路判郑菊叟家居谷都榕树埔，后经一桥迁居，其第八世孙雪庵为祀始祖迁此建村，名桥头"。与此大约同时的还有三乡平岚东村和平岚南村，都是"北宋"年间，前者为郑菊叟第十世第五房孙从三乡乌石村析出居平岚东，后者林姓人由珠玑巷迁入。建于北宋的还有沙溪的永厚环，蔡姓北宋迁入，缪姓南宋迁入。

中山闽人村落中的相当大多数都是始建于南宋时期（1127—1279年）：

南蓢镇：南蓢、大车、南塘、大罴头、田边、安定、亨美（南宋初），林溪、岐山（1225—1271年）、麻东、麻西（1274—1279年），东濠涌、赤坎（南宋末）等。

张家边：陵岗（绍兴八年（1138年）），黎村（嘉定年间（1208—1224）），濠头（1228—1233年）、张家边（1265—1274年）等。

沙溪镇：云汉、岭后亭、岚霞（南宋初），钱山、林边塘、圣狮、象角、永厚、齐亨、大庞头、大石兜（1225—1258年），隆圩、涌头、水溪、濠涌、龙瑞、新路（南宋末）等。

大涌镇：叠石（1195—1200年）、全禄（1238年），青冈（1274年）等。

上列闽语村落占全中山南宋时期建村总数67%，其他的33%都基本是今非闽语村落，如：小榄镇：小榄（凤山）（1131年）、永宁、冈头（1268年）；古镇镇：冈东、冈南、七坊（1174年），古镇、曹一、麒麟（宋末）；横栏镇：贴边（1258年）；环城区：沙涌（1203年）、恒美（1279年）；石岐及其附近：南下（1130年）、土瓜岭（1152—1162年）、库充（1138年）、大鳌溪（1228年）、长洲（1262年）、起湾（1265年）、槎桥（1279年）等［南宋时期现中山境内（不含斗门和其余已划出的区域）建村数约55个，闽语村落37个，其他18个］。

元代建村数锐减，全中山境内约26个，其中闽语村14个，占54%。

南蓢镇：西村、茶山、莘山（1333—1367年）等。

张家边：窈窕（元）等。

沙溪镇：下泽（元初）、申明亭（1355年）、新石门（1345年）、沙平（元末等）。

大涌镇：南文（元初）、大涌（1297—1300年）等。

三乡镇：前陇（元）、大布（1312年）等。

环城区：寮后（元中叶）、龙环（1341—1368年）等。

明代是香山建村的较旺盛期，粗略统计超过150个村落产生于明代的近300年间，其中闽语村落共40多个，在总建村数中比例大大下降，仅占30%左右，如下：南蓢镇：贝外、泮沙、西亨、南庄、王屋、东桠（1368—1398年）、边山、西江里、井头山、土草蓢、关塘、旧村、左步、涌口（明中叶）等。

张家边：大环、珊洲、江尾头、西桠、小隐（明中叶）、义学、泗门（明末）等。

沙溪镇：婆石、龙聚环（明初）、板尾园（1368年）、格坑（1370年）、元亨里、涌边（1375—1382年）、厚山（1446年）、港头、坎溪、秀山（1465—1487年）、塔园（1522—1566年）等。

大涌镇：南村（明初）、起凤环（1430年）、岚田（1573—1619年）等。

三乡镇：平湖、雍陌、鸦岗、塘墩、西山（1480—1580年）等。

清代则是香山移民建村最鼎盛时期，近300年间超过1000个自然村落形成。然而，闽语村落所占比例缩小到微乎其微的地步，仅区区30来个村落建立。粤语与客家话村落几乎占了近100%。这30来个闽语村落如下：

南蓢镇：龙穴新村（1736—1795年）、榄边（1821年）等。

张家边：沙边（1648年）等。

沙溪镇：上亨、龙头环（清初）、敦陶（乾隆中（1740年））等。

大涌镇：坎头、石井（1723—1725）等。

三乡镇：美溪（清初）、沙岗、外埔、里埔（1736年）、岐黄、金环（清末）等。

板芙镇：大环（1726年）、沙沟、虾角、里溪、月角（1737—1786年）、上环、沙头、加茂、板芙、中环（1800—1840年）、金钟（1880年）等。

神湾镇：芒涌（1821—1850年）等。

环城区：月山、沙田（1644年）、新凤环、金溪（1680—1720年）等。

民国（1911年）初年至1991年80年间，中山境内仍有100来个新自然村落建成，但无一闽语村落。

除了上列有史可据的材料外，还有"据传"早于宋的建村信息，如最早的沙溪镇的岗背村与豪吐村，均是南北朝（420—589年）产物"原高忠生居于此，485年与豪吐村陈姓人换村居住"或"公元485年岗背村高忠生与陈姓人换村至此（指豪吐）。"还有唐代（618—907年）的，如张家边的神涌村"唐朝，陕西长安人周疆宦迁居于此，建村于一河涌东侧"；三乡镇的乌石村"据传，唐代已有彭、关两姓人居此，继有郑、陆、陈等姓人迁来"；白石村"唐代彭英到此定居，后来本市沙溪镇源兴里汤姓人迁此"；茅湾村"唐代汪、林两姓人到今村后鸡啼山下定居，称茅湾外埔"等。这些类似"据传"的信息仅供参考，不一定可成为依据。古香山地名来源的有案可稽信息绝大多数始于北宋，但并不就是说明北宋之前没人居住。香山县能在南宋绍兴年间独设，也说明当时香山境内人口等基数达到了一定的水平，所以改香山寨为县治。值得注意的是，上面所列北宋前的"据传"村落除三乡镇茅湾村外，其余全都是闽语村落。

闽人是古香山岛上最早，人口规模最大，建村最早最多的定居者。

2. 中山客家人

客家人又称㑷子佬，操的是客家方言，又称客话、客语方言、㑷子话、㑷话等。在今中山境内，客家人基本上清一色分布在所有山中或丘陵地带，即今中山中部五桂山，往西南基本连在一体的白水林山等山间及其周围。从行政区域方面来看，客家人聚居区涉及了从东部南蓢、翠亨到中部五桂山，再往西到环城、板芙的边缘，再往南到三乡的西部丘陵，再往南到神湾坦洲的丘陵山地上，其他乡镇的客家村落可以少到忽略不计，这便是中山客家方言的分布区域了。中山客方言内部相当一致，据资料显示70%以上移民来自广东紫金县，甘姓是中山客家第一大姓。

关于移民时间和来源等情况，现有记载的最早记录为元代至元元年（1335年）翠亨镇竹头园村何姓人由广东五华县迁入，但在元代时段里仅此一例。接下来第二例得在明代才能找到。

明代今中山境内有超过150个村落形成，客家人村落共有18个，该阶段是客家移民的起始期，新建客家村落数占总数约10%。下列为明代18个客家村落分布情况，地名（村名）后括号里的数字为1990年度居民数，附在地名后，仅供参考：

南蓢镇：观音座（78人）（明初）、陂角头（197人）、元山（194人）、石门路（127人）（1400—1424年）、大塘（143人）（1460年）、田心（58人）、白虎头（50人）（明末清初）等（以上移民均来自紫金县甘、刘姓）。

翠亨镇：长沙埔（344人）（1400年）、后门坑（56人）、杨贺（129人）、平顶（63人）（1522—1580

年）、兰溪（295人）、田心（120人）（1630—1635年）等（除平顶为五华县迁入，后门坑没资料外，其余4个村均来自紫金县，仍以甘姓为主，廖、温、杨较少）。

板芙镇：虎爪（241人）（1643年）（叶姓紫金迁入），新围（783人）（1522年）等。

神湾镇：桂涌（359）（明初）等。

五桂山：紫泥环（198人）、讯地（255人）（明末）（李姓紫金迁入）等。

上列资料可看出虽然建村在数量上有18个，但村子规模都较小，人数都不多，最大的村子都不到400人，较小的都只有两位数（有5个村子）。另外就是移民来源地的单一性，基本上来自紫金县。

清代全中山境内有1000多个村落形成，是粤语与客话背景移民的最鼎盛期。但即便如此，客家村落占其中仍是小比例，仅约90个村落，占7%左右，而且，都是人数少规模小的村子，是因为山区地少且地形复杂所造成的结果。

南蓢镇：陂头下（60人）（1644—1661年）、范屋（154人）、余屋（91人）、鲤鱼地（25人）、徐屋（140人）（康熙年间1662—1722年）、南面（118人）、元墩（39人）、饼铺（27人）、瓦屋下（61人）（雍正年间1723—1735年）、甘村（109人）、贺屋（130人）、上贺（26人）、灯笼坑（172人）、横溪（64人）、三家村（55人）、横迳（54人）、筲箕环（63人）、湖溪里（78人）（乾隆年间1736—1795年）、剑门牌（80人）、甘屋（115人）、树坑（80人）、长攸连（76人）（嘉庆年间1796—1820年）等（上列绝大多数自紫金迁入，瓦屋下与湖溪里自兴宁迁入）。

翠亨镇：张落坑（87人）（顺治年间1660年）、书房坳（141人）、练屋（92人）、攸福隆（203人）、白石岗（47人）、木子埔（40人）（康熙年间1662—1722年），张琶企（40人）、龙田（30人）（雍正年间1723—1735年）、金竹山（9人）、峨眉（120人）、黄猄头（9人）、剑首（69人）（乾隆年间1736—1795年），大象埔（61人）（嘉庆年间1796—1820年）等（上列仍大多数自紫金或紫金移民邻村迁入，白石岗为梅县迁入）。

三乡镇：竹溪（280人）（1708年），三合（196人）、八亩（304人）、三溪（484人）、锚山（148人）、南龙（龙井、南坑）（533人）、大布新村（386人）（清末）等（三乡客家移民来源较复杂，多是邻村分迁而入）。

板芙镇：果园（268人）（1700年）、杉坑（112人）（1726年）、孖龙（53人）（1801年）、黄茅岗（142人）、讯地环（112人）（1886年）等（上列也大都由紫金迁入）。

神湾镇：邱屋（153人）、船溪（412人）（1662—1686年）、南镇（346人）、石嘴（128人）、定溪（205人）（1736年）、深环仔（143人）、十二环（217人）、北溪（198人）（清末）等（神湾客家移民来源未有资料）。

五桂山：龙塘（172人）、张屋排（107人）（清初）、南坑尾（113人）、石榴坑（426人）、马槽（181人）、沙头井（94人）、马溪（733人）（康熙1662—1722年）、白兰桥（422人）、邱屋（154人）、鲤鱼山（292人）（雍正1723—1735年）、石莹桥（112人）、和平（133人）、槟榔山（74人）、南塘（32人）、龙贡（91人）、金竹园（97人）、郑家山（69人）、客人地（109人）、旗溪（232人）（乾隆1736—1795年）、石窝口（94人）、何屋排（36人）、田心（171人）（嘉庆1796—1820年）、南坑（200人）、大山脚（195人）、社背（333人）、控虾（63人）、禾虾（54人）（道光1821—1850年）、巫屋（55人）、白石坳（45人）、坑尾（30人）、西坑（89人）、王屋（48人）、石井（53人）、担水坑（40人）（咸丰1851—1861年）、杉坑（58人）、杨桃山（43人）、三家村（16人）（光绪1875—1908年）等（光绪年间的三个村落应该是现今中山境内最后建立的客家村落了。五桂山村落中来自紫金的有大约12—15个，另外来自五华古姓的也不少，如以桂南的马溪为主，石莹桥、南坑、槟榔山、石窝口、白石坳、社背、控虾、禾虾等均与五华古姓人关系密切）。

民国初年（1911年）至1991年80年间，中山境内仍有100来个新自然村落建立，几乎无一客语村落产生。

现中山境内的总客家村落数应在120个以内（以自然村计），客方言总人口数应接近3万人（实际操客方言人口）。

上列客家移民建村材料反映：在地域上全部与闽人喜聚水边平地、山间台地不相矛盾，都聚居在山间；在时间上比闽人迟了很多，最早基本上是明代才开始（1400年左右），清代达到高潮后止。

客家人也是古香山较早的定居者，但人口规模不大。

3. 中山粤人

粤人指说粤语的定居者，也包括中山境内的所有疍家人，即操水上话的人，这类话就是粤语的一类。中山北部所谓的沙田话，还有中山市区石岐人及郊区部分村落居民所操的石岐话，中山南部坦洲等的水上话，都属粤语。

在现今中山境内，粤方言村落主要分布在中山中部石岐市区及郊区，东至南蓢崖口，西南沿旧岐关公路向南至麻子的两边大多数村落，这是一条相当狭窄的弧形带，也是古香山最早的粤语村落带之一。另外，粤语还分布在沙溪—石岐—张家边—横门以北的基本上所有的沙田地区，还有中山南部的坦洲的绝大所数沙田地区，还有香山岛东南三乡至今珠海、澳门的下方话；最后，在某些以闽语或客语为主的乡镇（如三乡、翠亨、南蓢、神湾等）也有零星粤语村落。

中山粤语也比较复杂。从大类上来看，中山粤语至少可以分成7大类：①石岐腔（以阳平高降上声曲折调为主要特征之古粤语）；②西海沙田话（以小榄横栏为主之顺德模式）；③古镇话（新会模式）；④东海沙田话（以三角、民众等为主的番禺/东莞模式）；⑤南部沙田话（以坦洲为主的沙田话）；⑥下方话（原香山岛东南部粤语，阳平低降、上声升调之古粤语）；⑦水上话（真正船民之方言）等。该7类中石岐腔与下方话是中山古粤语，另4类是中山较新粤语。

中山以粤语为母语的人口（扣除闽、客以及非中山方言之居民）应在90万左右（1997年），不包括1997年后的新移民（近20年来中山境内人口多了一倍有余，总人口数已超过300万）。

关于移民时间和来源等情况，今粤语村落有记载的最早是环城区的福涌村，北宋末（1126年）宋官梁仲卿迁此，初名梁家基，到清代易名福涌。北宋时段仅此一粤语村建立。

南宋年间，建立粤语村落有记载的数量大大增加，尤以石岐及其周边地区为多，还有中山西北海中小岛、小榄、古镇高地开始有村落形成。

石岐区：石岐街（南宋绍兴二十四年，1154年）、南下村（建炎四年，1130年）等。

西区：长洲村（景定三年，1262年）等。

东区：库充（绍兴八年，1138年）、土瓜岭（1162年）、大鳌溪（绍定年间1228—1233年）、起湾（咸淳1265—1274年）、槎桥（祥兴二年，1279年）等。

环城区：沙涌（嘉泰三年，1203年）、恒美（1279年）等。

小榄镇：小榄圩（绍兴1131—1162年）、永宁（咸淳1265—1274年）、冈头（咸淳四年1268年）等。

古镇镇：冈东、冈南、七坊（淳熙年间1174—1189年）、古镇、麒麟、曹一（宋末）等。

横栏镇：贴边（宝祐1253—1258年）等。

上列有20个粤语村落建立。然而石岐及其周边的大量村落移民来源似乎与今已然成为粤语村落的现实产生了矛盾，如长洲村黄姓人虽是"南宋景定三年（1262年），新会县杜阮村的进士黄宪奉命到安南（今越南，当时属南宋封的安南王国），归途遇飓风，漂至香山，回京复命后辞官迁居于此，繁衍成村。"但此村是明确来源于福建福州的黄氏家族，当时操不操闽语已无可考，如今已然是粤语村。还有库充的陈姓、大鳌溪的郑姓等，都与福建多有关系。还有南下村的杨姓，其始祖杨元规从扬州广陵迁广州，定居于此，现在都操粤语了。

南宋年间，全中山境内建村总数约55个，粤语村落18个，占约33%，没有客家村落建立。这些粤语村落应是古香山最早的有案可稽的粤语村落：基本都在香山县城附近，与设县治的时间几乎同时，小榄岛、古镇岛和横栏岛也各有几个村落形成。

元代古香山都是村落建立的非旺盛期，全中山境内才26个村落形成，闽语村落占了14个，占54%；客家话村落仅1个（翠亨镇竹头园村）；粤语村落也有11个，占42%。这些村落仍主要分布在石岐附近（与县城的扩大多少有关系？），小榄岛和古镇岛也各有1个村子形成。

石岐区：张溪（元大德五年，1301年）、白沙湾、老富头村（至正初年，1335年）。

环城区：曹边、北台（元末）等。

翠亨镇：崖口（至顺元年，1330年）等。

张家边：五星、蓢尾（至正初年，1314年）等。

三乡镇：古鹤（顺帝，1333年）。

小榄镇：螺沙（元末）等。

古镇镇：古二（元初）等。

上列粤语村落仍然主要分布在古香山岛上，都在闽人聚居区的边缘地带，如张溪、白沙湾都在古香山石岐海海边，而且白沙湾与老富头村的郑姓人还是从沙溪大庞头（南宋绍定年间，1230年建）迁入而建村的；三乡的古鹤也是三乡闽人聚居区的最东南缘，下接全是粤语村落（今坦洲界涌等）。古鹤村讲粤语也是一个谜，古鹤郑姓为主，郑氏祠堂门口写有"源流莆田，分支东莞"，这"莆田"是福建莆田，郑姓也是莆田郑氏（上述粤语村落仍与闽语移民息息相关）。

到元末明初（1368年）止，闽语村落超过55个形成，客话村落只有1个，粤语村落30个左右，除12个粤语村落在当时小榄岛、古镇岛和横栏岛分布外，其余全部在古香山岛上。从时间上看，闽、粤移民似乎时间与数量都没有很大的差异，但从地理分布上看，更可看出闽人是更早、人口更多、占据更好地形的移民群体。尚且，石岐及其周边的今粤语村落，古移民来源与闽人闽语息息相关。

明代全香山约有150个村落新建，闽人村落有40多个，客语村落18个，合计60余个。余下的约90个都是粤人村落，分布地点约三分之一仍分布在今石岐及附近一带，今南区（旧称环城区）石岐河东岸现105国道两旁的台地，剩下的三分之二都是今小榄、黄圃等的古"西海十八沙"区（此地先"东海十八沙"积淤）。

石岐区：柏山、福获（明初）、基边、厚兴、桥头（沙岗）、三溪、齐东、员峰、天门（明中叶，1404—1483）等。

环城区：渡头、板桥、洋寮、马岭、上塘（明前期），竹秀园、长溪（明后期）等。

神湾镇：桂涌、沙岗、柚柑埔（明中叶）等。

张家边：宫花、大岭（明前期）等。

坦洲镇：申堂、沾涌、埔顶、石塘（明中叶）等。

港口镇：公庙（羊蹄沙）（1616年）等。

小榄镇：葵南、九洲基、埒西一、绩西（明前期）、文阁（东区等）、联东、捷龙（明中叶）等（这几个村均是大村名，内含超过60个自然村）。这些村落移民基本来源附近顺德、番禺等县。

黄圃县：镇三、后岗、黄圃、石岭、安庆、鼓楼（明前期）、北头、三社、岗东、永乐、太平（明中叶）、团范（明末）等，来源顺德、番禺等。

清代全香山有1000多个村落形成，扣除闽语30余个（大都是邻村分居迁入为主），客语虽有约90个，合计共120多个，在全部清代建村数10%以下，余下90%以上全是粤语，而且基本上是沙田话（北部）或水上话（南部坦洲等）类（清代以及清代后建村的粤语村落分布详况本文暂略）。

粤人虽最早可追溯到北宋末年的福涌村（今南区），而且在南宋石岐四周以及北部小榄、古镇等地均已开始有粤语村落建立，但许多来源今仍存疑：是原闽后变粤？抑或一开始就是粤？都值得再深究。明代在香山岛靠海四周仍有少数粤语村落形成，而在今中山西北部的古"西海十八沙"则有很大数目的粤语村落形成，到了清代更是包括了"东海十八沙"以及所有后来积淤地，基本上全是粤语村落（90%以上）。因此可以说，粤人并非最早的居民，在明代积淤形成前粤人与闽、客相比仍不属强势居民群体，而是到了明代后，特别是清代后粤人粤语才成了香山岛以及四周积淤地的较强势人群或语言。还有移民来源的一致性，西海黄圃、南头、阜沙、东凤、小榄、东升、坦背、港口、横栏等地的移民最多来自顺德县，其次是番禺县；古镇及附近却来自新会县；而东海今三角、浪网、民众等地移民却最多来自番禺与东莞，其次才是顺德或新会；南部坦洲最多是斗门新会移民，其次是东莞等地。这些都是与地理原因紧密相关的。板芙的沙田区有些特别，除部分顺德外，其余相当数量都是邻村分居迁入建村的。以清初为界，中山粤人可分为古粤与今粤两大类。

四、中山汉语方言分布及其分类

明确了地理地貌上香山的变迁以及在其之上随之而来的移民分布，对中山境内汉语方言的分布以及分类便有了较清晰的头绪：中山境内粤语、闽语、客话三大类方言齐全，且各大类下都有各的支系。

1. 闽语

中山闽语在当地都有许多别称，如"村话"，是隆都、南萌和三乡三地都共有的叫法。除此之外，各种支系还都另有别名，如隆都话又叫"沙溪话、大涌话、西乡话、打村讲、拍村讲、打声讲、过海话、蛇佬话"等；三乡话又叫"谷都话、三乡话、小三乡话"等；张家边话或南萌话又叫"东乡话、德（得）都话"等。中山境内的这三种闽语既是三种不同的种类（语言特点），又恰好分布在三块基本上不相连的区域，并且最重要的是三者基本不能互通。包括城区石岐以闽语为母语的居民，中山闽语总人口应约17万。

（1）隆都话：隆都话的分布范围东起今岐江河西的谿角，西止磨刀门西江边大涌镇的叠石，北至沙溪镇的圣狮，南至神湾镇的芒涌，中间含有沙溪、大涌、南区（原环城西部）、板芙和神湾五个乡镇，总人口接近9万，其中沙溪60000人、大涌25000人、环城2000人、板芙500人、神湾600人（1997年数据）。隆都人皆来自福建，而且皆主要来自今闽东方言（以福州话为代表）与莆仙方言为主的地区，在语言上隆都话也实在地反映该两地特别是前者（闽东方言）的方言特点，如有撮口韵，"沙 sɵ⁴⁵，配 pʰuɵi²¹，饭 puɵn³¹，择（路）tɵʔ⁵"等；有相当复杂的连读变调规则，如阴平调（45）有两个变调值，（53）和（33），上声（24）也有两个变调值（33）和（21），阳平（33）、阴去（11）都有两种变调，阳去（31）有一种，阴入和阳入不变等。

隆都话及其同类的各方言的语音词汇语法等特点是相当的一致，如都有撮口的 [ɵ] 元音，都有十分复杂的连读变调规则，声调调类与调值完全一致，如下表：

	阴平	阳平	上声	阴去	阳去	阴入	阳入
龙头环（沙溪）	45（53-33）	33（21-不变）	24（23-21）	11（55-33）	31（33）	21（5）	5（21）
大涌（大涌）	45（53-33）	34（33）	23（21）	21（53-33）	31（33）	22（5）	5（21）
金溪（环城）	45（53-33）	33（21-不变）	24（53-21）	21（55-33）	31（33）	21（3）	5（21）
里溪（板芙）	45（55-33）	33（21）	24（53-21）	11（33）	31（33）	21（5）	5（21）
芒涌（神湾）	45（33）	33（21）	24（21）	11（55-33）	31（33）	21（5）	5（21）

词语上如“车米（碾米）、猴溜（泥鳅）、我吔（我们）、你吔（你们）”等都具有很大程度的一致性与排他性；语法上如表示已然状的助词“影ɐŋ^{21}”就仅只隆都片与南蓢片有，如“我食影饭（我吃了饭了）；伊觑影书（他看完书了）”等。

（2）南蓢话：南蓢话的分布范围东起南蓢镇的南蓢村，西止张家边区的沙边与泗门；北到张家边的义学与珊洲，南止南蓢泮沙，中间含有南蓢与张家边二镇区，因地处县城石岐东边，也俗称“东乡”，该种方言也俗称“东乡话”。这类东乡话的总人口超4万，其中南蓢约2.5万人，张家边约有1.5万人。从来源来看，南蓢人均认可来自福建，但何地大体无详情。根据语音特点来判断，与隆都片有许多相同之处，如也同样有撮口元音［ɵ］，但在声调上却在显示内部高度一致的同时，南蓢话无论与隆都片，或者三乡片相比，都具排他性，如下表：

	阴平	阳平	上声	阴去	阳去	阴入	阳入
榄边（南蓢）	11（55-53-33）	33（55-不变）	53（33-21-不变）	23（55-33-不变）	21（55-33）	5	21（5）
麻东（横门）	11（55-53-33）	33	41（21）	23（55-33）	21（55-33）	5	21（5）
泗门（张家边）	12（43-33）	33（45）	53	55（33）	34（33）	5	21
张家边（张家边）	12（43-33）	33（45）	53	55（33）	34（33）	5	21（5）

不仅如此，连读变调规则也比隆都片要复杂（上面表格中声调数字后小括号里的小数字便是连读变调值），这些都反映了南蓢片比隆都片更接近福建莆仙方言而不是闽东方言的事实，起码是以这两种方言为基础，莆仙占的比例略大于闽东方言。闽东方言与莆仙方言都有大量的撮口元音，连读变调都十分多样复杂，这些主要区别性特征如今仍十分鲜明地反映在隆都话与南蓢话中。就这两大片方言中保留的撮口［ɵ］元音，完全是闽东与莆仙方言的遗留，与粤语的影响无关。

（3）三乡话：三乡话的分布范围在东起三乡盆地东缘的前陇、塘墩，西止三乡的白石，北至三乡的乌石、沙岗、大布等，南止三乡的鸦岗等，基本只含三乡一镇。三乡话总人口应超过3万人（包括住石岐或澳门者）。三乡人源头郑氏大都认为来自福建莆田郑，但今三乡话的特点却不太能反映今莆仙方言的特点，反而与闽南方言，特别是漳州腔模式特点接近，无论是语音或词汇或语法等都与隆都片、南蓢片有很大的区别，如完全无撮口元音；有大量与闽南漳州腔相同的ui（uĩ）韵，“黄ui^{55}（uĩ^{23}）、远hui^{21}（huĩ^{33}）、卵nui^{33}（nuĩ^{33}）、软nui^{24}（uĩ^{53}）、断tui^{33}（tuĩ^{33}）”等（括号里的是漳州音）；还有许多如“尘tin^{55}（tin^{23}）、阵tin^{21}（tin^{33}），寒kua^{55}（kuã^{23}）、汗kua^{21}（kuã^{33}）、碗ua^{24}（uã^{53}），蚁hia^{33}（hia^{33}）、瓦hia^{33}（hia^{33}），耳hi^{33}（hi^{33}），日zit^{31}（zit^{121}）、认zin^{21}（zin^{33}）”等等，都是闽南方言或漳州腔特有的（如“日、认”的声母z就是漳州腔）。声调的调值也显出与隆都片、南蓢片的巨大差异，如下表：

	阴平	阳平	上声	阴去	阳去	阴入	阳入
鸦岗（三乡）	33	55[21]	24[21]	212[33]	21[33]	5	31[21]
平岚（三乡）	33	55[21]	24[21]	212[33]	21[33]	5	31[21]
大布（三乡）	33	55[21]	24[21]	212[33]	21[33]	5	31[21]

上面表格里的情况表明三乡话内部的高度一致与对另两类中山闽语的排他性。另外，连读变调规则也强烈地反映出闽南方言的特点——都只有一种连读变调（有的如阴平或阴入还索性没有变调），并且还简单到只剩（33）（21）两类，与隆都片、南蓢片有如此复杂的连读变调决然不同。

诚然，中山境内三地闽语仍有其闽语的共性，即大体上没有f声母而只有h或其他读法（隆都片与南蓢片已在少数字音上采用了唇齿音f(v)的读法，如"父fu³³（隆、南）、反fɔn²⁴（隆）、非fi（三、隆、南）、话va²¹/ua³¹（南/隆）、雨fɔ⁵³/fɛ³³（南/隆）"等；三乡也在吸收粤语文读时读f，如"粪pun²¹²/pɵn²³/pɵn¹¹（三/南/隆）、蜂pʰaŋ³³/pʰɔŋ¹¹/pʰɔŋ⁴⁵、风hoŋ³³/hoŋ¹¹/hoŋ⁴⁵、肺hoi²¹²/hui²³/hui³¹"等。古知、彻、澄母字的大多数白读音仍读"舌头音"，如"猪tu³³/ti¹¹/ti⁴⁵（三/南/隆）、转tui²⁴/tɵn⁵³/tien²⁴、竹tip⁵/tok⁵/tok²¹、郑tɐi²¹/taŋ²¹/taŋ³¹"等。古心、邪、书、禅母部分字白读音仍读ts、tsʰ或s，如"笑tsʰiu²¹²/tsʰiɛu²³/tsʰiɛu¹¹、谢tsia¹¹/tsia²¹/tsie³¹、水tsui²⁴/tsui⁵³/tsui²⁴"等，还如调类都是7个调等等。

2. 粤语

中山粤语的分类也与移民来源不同、年代不同等息息相关。从大类来看，中山境内的粤语至少有4—7种：石岐腔、下方话、水上话、沙田话（又可分为东海沙田话、西海沙田话、古镇话、坦洲话4个分支）。

（1）石岐腔：也叫"石岐话"，分布在古香山岛的东北缘→北缘→西北缘→转南下至今三乡麻斗（即沿今105国道两旁），均是明代（含明代）前所建的粤语村落带，呈一新月状。月弯的南部是山及丘陵，北部是大海（或西北部是古隆都）。这一新月状石岐腔的共同特点主要表现在声调上，如阳平是个高降的（51），上声则是个曲折调（213）等，这是绝对区别于古香山岛南部"下方话"最重要的，也基本上是唯一的标志。在新月状石岐腔各方言里，这两个特点高度一致，且排他。在此区域中，该腔各方言均被视为同一种话，尽管今石岐（中山旧城区）已仿省城广州话而出现了大量的撮口元音œ、ø、y等，旧式读h声母的字大量地被f所替代等而认为非这类口音是"乡下话、乡下腔"。石岐腔的总人口目前还不易掌握较详细的数字。最粗略地估计，说这种腔的人口数应不会超过15万，具体石岐及郊区约11万、环城（今南区）1.6万、张家边及东乡其他1.4万、板芙及其他约1万。关于这类粤语来源，前文也提过，有不少村落是闽人移民，如石岐城里的"莲塘郑氏"；石岐今东北部的岐关村（郑、林二姓明嘉靖初自福建迁入）；石岐基边（或基头）村，是莲塘郑氏后裔明洪武（1385年）迁入；石岐后兴村，也是明洪武年间郑氏由莲塘迁入；板芙的湖州村之大环是清代雍正四年（1726年）刘氏自今沙溪豁角迁入；上环村则是刘氏清嘉庆十一年（1806年）从沙溪豁角迁入；沙沟村是林氏于清乾隆年从大涌安堂迁入；南区环城树涌村是元皇庆元年（1312年）刘氏从沙溪豁角迁入等等，这些地方本来皆来自闽语移民，如今基本上是粤语石岐腔的地盘，这些地点都有史料记载来源，而还有多少缺少资料说明的就不得而知了。石岐粤语的许许多多秘密都隐藏在其语言里。

石岐腔粤语是古香山最早的粤语之一，也仅流行于该新月状地带中。

（2）下方话：这儿的"下方"，指的是古香山岛东南以及延伸至澳门的地带自古以来在香山岛上就是基本相连的山地及其边缘，包括今南蓢、今三乡境内的粤语，今珠海境内的界涌、沥溪、福溪、梅溪、翠微、前山；珠海东北部上、下栅，会同，唐家湾等地的粤语，也包括澳门粤语的前身。这种"下方话"，与石岐腔相比最重要的区别也是声调中阳平与上声的调值，与石岐的不同而与省城广州话的相似，阳平多为低降调（21），上声为低或中升调（24）。下面表格所列可看出石岐腔与下方话在声调上的区别：

	阴平	阳平	上声	去声	阴入	阳入
石岐（石岐）	55	51	213	33	5	3
莴尾（张家边）	55	51	213	33	5	3
竹秀园（环城）	55	51	214	33	5	2
墟仔（三乡）	55	21	24	33	5	3
前山（珠海）	55	21	24	33	5	3
澳门（澳门）	55	21	24	33	5	3
广州（省城）	51/55	21	35　13	33　22	5	3　2

上表可看出今澳门粤语只有6个声调，广州话上声分阴阳，阴上（35）、阳上（13）；去声分阴阳，阴去（33）、阳去（22），在这儿澳门以及所有"下方话"全合并了；还有入声里不见"中入"，下方话的绝大多数都只读（3），而有些6个声调的（如竹秀园）则只读（2）（三乡白话的许多人都有发（3）变（2）的趋势）。

下方话的总人口也暂未有详细数据，因为这类腔还包括隆都、张家边、南莴等闽语区的共同语——各地白话，带闽语腔的粤语，但不是石岐腔，而是在声调调型上更类似省城广州话的粤语。这种非石岐腔的粤语在隆都被称为"省岐隆"，即既像省城广州话，又像石岐话，又带有自身隆都腔的混合式粤语。张家边的许多人会说至少三种当地话：与闽人说张家边闽语；与石岐人或邻村如陵岗、濠头、莴尾等人则说石岐腔；与三乡人或北部沙田人（三角、民众、浪网、黄圃等）或其余讲粤语的广东人等讲的则一定是张家边白话（不是石岐腔）。因此，隆都及其附近的"省岐隆"、三乡白话、南莴白话、张家边白话等（甚至还包括五桂山区客家人说的白话），与"下方话"都属同一类声腔。以下方话为母语的人口粗略估计不足3万人（中山境内）。

下方话也同样是古香山岛上最早的粤语之一。

实际上，不论是石岐腔也好，下方话也好，除了在声调上的两大差别，在其他语音、词汇、语法等方面均有相当程度的相似：①除今石岐城区，这两种粤语大多没有撮口元音，如"猪tsi⁵⁵＝知tsi⁵⁵，树si³³＝试si³³，"去"读hi³³，"香"读hiɔŋ⁵⁵，"雪"读sit³"等。②曾梗两摄韵尾广州话读eŋ/ek尾的大都读ɐŋ/ɐk，如"正经tsɐŋ³³kɐŋ⁵⁵（不读tseŋ³³keŋ⁵⁵），精伶（机灵）tsɐŋ⁵⁵lɐŋ⁵⁵"等。③都只有6个声调：阴平、阳平、上声、去声、阴入和阳入，并且阳入的读法都归入中平调（3）等。但石岐腔与下方话仍有差距，合口的"瓜kwa、龟kwei"等下方话读ka、kei等等。④词汇方面都有如"风飚hoŋ⁵⁵tʰai⁵⁵（台风）、灰尘hui⁵⁵tsʰɐn⁵¹⁻⁽²¹⁾、树栽si³³tsɔi⁵⁵（树苗）、鸡僆（仔）kei⁵⁵lan³³（tsei²¹³⁻⁽²⁴⁾）（未下蛋小母鸡）、三稔sam⁵⁵nim³³（杨桃）"等词语，这些在今广州话里分别是"台风、烟尘、树苗、鸡项、洋桃"。

（3）沙田话：沙田话似乎也被称为"疍家话、水上话、咸水话、水乡话"等，不一而足。实际上沙田话与水上话是两种截然不同的来源：前者绝大多数是农耕者，因为珠江口积淤，于是纷纷就近拓荒、围垦或定居，耕作的农田泥沙混合之淤，谓沙田；后者就是船民上岸定居，规模均无前者庞大，而且时间均较后起，且零散，如原石岐西区（石岐河城区河段西岸）人口1.3万，其中水上居民就有2000多；原烟墩区也有大量原水上居民（1963年前称"水上公社"）；今张家边的壳涌村、灰炉村、滘仔村等都是船民到此挖坑烧灰后定居而成村，而且时间都差不多是20世纪50年代。真正的水上话，也包括今三乡镇内的新圩村、涌尾村的方言，其船民落地成村都是20世纪五六十年代的事了。因此，沙田话不是水上话（以及相关的疍家话、咸水话等），与此相关的调查应再进一步深入，尤其是南部坦洲，西南的板芙、神湾，北部的港口、张家边、横门等的沙田话与水上话的调查，应进一步明确以区分。

沙田话分布区域十分广阔，东部起珠江口伶仃洋洪奇沥水道与横门水道间的民众、浪网、三角等，西止与顺德、新会交界的小榄、古镇、横栏等，北接与顺德、番禺交界的黄圃等，南可由西南板芙、神湾至坦洲（与斗门对看），所占区域几乎是积淤前旧香山岛的两倍还多。沙田话至少有四大支系：①东部包括浪网、民众和三角为主的，也包括部分黄圃、阜沙和港口等地的方言为东海沙田话，这类沙田话在时间上较迟于西海沙田话100年以上，而且移民来源也相当不同，大多来自东莞和番禺。②西部包括小榄、横栏为主的，今东凤、东升、南头、坦背、沙萌以及部分黄圃、阜沙和港口等地，还有西南角的板芙等的沙田话，谓之西海沙田话，这类应是中山境内最早的沙田话，至今超过300多年历史了，来源主要为顺德，包括部分番禺和新会。③古镇沙田话，以古镇为主，包括附近某些村落的方言。这类方言历史也相对长，最早已超过400年历史，其来源主要自新会，因此与西海沙田话有较明显的区别。④坦洲沙田话，以坦洲为主，包括附近的神湾等。这类沙田话也较西海沙田话迟，而且移民更多自斗门、新会等。

上面的这种划分仍是未进行较细致调查前的粗略分类而已。关于沙田话总人口，初步估计有70万，其中东海片17万、西海片41万、古镇片7万、坦洲片5万。

沙田话的支系划分，仍主要取决于语言特点（虽也尽量参照村民之来源），仍以声调调类调型等为依据，可看出几个分支情况：

	阴平	阳平	阴上	阳上	阴去	阳去	阴入	中入	阳入
小榄（中山）	53	42	35	13	32	21	5	3	2
横栏（中山）	53/55	42	35	13	32	21	5	3	2
大良（顺德）	53/55	42	35	13	32	21	5	3	2
三角（中山）	11	21	35	213		42	5	23	3
莞城（东莞）	212	21	35	13		32	4	2	23
古镇（中山）	33	21	55			22	5	3	21
会城（新会）	23	22	55	11		31	5	23	21

上表里三种沙田话（坦洲话缺资料）反映出与各自来源地的一致（或相似）而与其他分支有别，如西海片的都是9个调类，而且调型相当一致；东海片的8个调类一致，调型也大致相同；古镇的情况略有出入，但也呈现出较一致的趋势。该三者均与石岐腔或下方话（都是6个调）或新圩水上话（7个调）无论调类调型都不同。

（4）水上话：水上话又称"疍家话、咸水话"等，与沙田话来源不同，是船民的语言，基本是粤语底子，分布极分散，多有差异。今中山境内迄今较明确的水上话居民点有今石岐城区石岐河段原水上公社居民，今南区竹秀园东南的长溪村，今三乡茅湾涌沿岸的新圩、涌尾（泉眼），今张家边东北的灰炉、壳涌、溶仔等。对中山水上话的调查研究仍处于初级阶段。水上话人口数也极难有准确数字，初步估计不超过3万，而且种类还繁多，例如石岐区原水上公社居民是否已改说石岐腔，竹秀园的长溪也是否改说"环城话（也是石岐腔）"等。下面是三乡新圩水上话的声调现状：

	阴平	阳平	上声	阴去	阳去	阴入	阳入
新圩（三乡）	45（55）	55/33（21）	24	33	21（33）	5	21（35）
前山（珠海）	55	21	24	33		5	3

上表呈现出水上话有7个声调，但广府话（括号内的调值）借调特多（有4类）。下方话（前山）只有6个调类，而新圩水上话有7个调，且调值调型差别也不小。新圩一栏里括号内的数字符号表示是广府话（广州音）的借调，即借用广州话词语时常读这类调。新圩水上话的阴平与阳平与其余粤语差距最大，阴平是高升调，如"鸡 kei⁴⁵、猪 tsi⁴⁵、猫 miau⁴⁵"等；阳平高平（55）与中平（33）似乎分布较平均，分布规律仍不可循，如"行 haŋ⁵⁵（走）、田 tʰin⁵⁵、姨 hi⁵⁵、人 jen⁵⁵、抬 tʰoi⁵⁵"等，而"床 tstʰuaŋ³³、郎 luaŋ³³、蛇 se³³、喉咙 heu³³loŋ³³、斜 tsʰe³³"等读（33）；另有如"咸 ham²¹、长 tsʰuaŋ²¹"等读（21）等。阳去也起码有两类，一类与阴去合并读（33），一类读（21），如"下 ha²¹、大 tai²¹、外 wai²¹、妹 mui²¹、面珠 bin²¹tsi⁵⁵（面子）"等，但这类读法在阳去中数量少于（33）。新圩水上话不论在调类上或调值调型上也与沙田话有很大区别。水上话不是沙田话。

3. 客话

中山客话在当地也有许多别称，如"倻子话、倻佬话、倻话、客家话"等。中山境内客话分布相当集中，都处在古香山岛上连绵起伏的丘陵中间：东起南蓢（或翠亨）的竹头园，西止板芙镇东南的虎爪村、杉坑村（均属今白溪村），北起五桂山镇的长命水，南止坦洲镇白水林山南麓的村落，客话总人口近3万。中山客话村落数目不少，有120个左右，但各村落规模都不大。中山客话村落来源约70%自广东紫金，余下自梅县及附近，因此中山客话内部高度一致，几乎没有明显差异。见下表声调：

	阴平	阳平	上声	去声	阴入	阳入
翠亨（南蓢）	33	21	41	55	2	5
白石（三乡）	34（33）	21	41	55	31	5
南龙（三乡）	34（33）	22	41	55	31	5
马溪（五桂山）	34（33）	21	41	55	3	5

上表显示其高度一致性（阴平（34）后括号内表示有习惯性的连读变调，即有的得变（33），有的不变）。三乡的两村来源并不同：白石话来自紫金县的甘姓村落方言，南龙话来自增城（陈姓）与龙川（袁姓）等氏族的村落方言；翠亨村人姓蔡，清康熙年（约1700年）建村，来源无考；桂南于五桂山南麓、马溪村五华古姓人迁入，也是约1700年建村。

中山客话的其他共同特点在语音上表现为：都有浊声母 b、d、g、v；都没有撮口韵；韵尾 -m、-n、-ŋ 和 -p、-t、-k 全部齐全；都有6个声调，而且调型调值基本一致等。在词汇上表现为：均吸收了约40%—60%的粤语或其他方言词语，"粤化"十分严重，如"鸡春 kai³⁴tsʰun³⁴/鸡卵（鸡蛋）、柜筒 kʰui⁵⁵tʰoŋ⁴¹/拖格（抽屉）、樽 tsun³⁴/瓶儿（瓶子）、齐齐 tsʰiɛ²¹tsʰiɛ²¹/同阵（一起）、劏猪 tʰoŋ³⁴tsu³⁴/剧猪（杀猪）、寻日 tsʰam³⁴giet³¹/头日（昨天）、出年 tsʰut³¹gien²¹/明年（明年）"等（斜杠后的是梅县客话）。

五、本文小结

（1）中山方言的研究与其他绝大多数方言的研究相当不同，是因为首先必须考虑中山的地貌是动态的，地上的移民村落等均是在这种移动变化中而变化，而且也大体是有据可循的。有了这个大前提，后头的小前提或细节便有了坚实的、富逻辑性的依据，这是本文最主要的目的。

（2）古香山用了近700年才由香山岛变成今日与大陆完全连接在一起的中山市，更多移民和村落都是后300年才迁入或建立的，距今时间不算长。

（3）闽人为香山岛上有据可查的最早、人数较多的居民，今占中山方言总人口120万（1997年统计数）中的约17万，占14.2%。旧粤人（指石岐腔与下方话）也是香山岛上次早的居民，人数有18万，占15%。客家人是再次早的居民，人数最少，才近3万人，占2.5%。新粤人（指沙田话与水上话）是最迟的迁入者，人数庞大，达73万人，占近61%。120万人口中还含以非中山方言为母语者，人数约9万，占7.5%。以1997年的数字为据的理由是：

①这是当时统计中山方言人口的最新数字。②1997年前的中山人口数相对稳定，移民潮未起（1989年版《中山市地名志》的统计数是107万）。③居于第①②条理由，本"1997年统计数"已是中山本地方言人口较可靠的统计数了，不但今天，也许也是今后的唯一可信的参考数据了（今中山已超过300万人）。

（4）本文的闽、粤、客村落数统计有些含有某种程度交叉性，如原闽今变粤，原客今变粤或反之等等，会存在一定误差，但大方向更重要。

（5）闽、客方言"粤化"程度都相当严重，但闽语仍是闽语，客话仍是客话。石岐城区内的石岐话"广州化"也十分严重，老石岐话成分日益减弱且消失。老粤语（下方腔）也日益受到年轻一代挑战逐渐变成省城广州话类，由缺少撮口到加进撮口韵，曾梗摄里字音也仿读 eŋ/ek 而不读 ɐŋ/ɐk 等了，尽管声调依然是6个调（整个广东的广府腔（广州话）也都正在变成6个调，而非9个调了）。

（6）本文的语料来源，除在"参考文献"中注明的外，其余绝大部分均为本人田野调查所得，在此特别说明。

参考文献

[1] 中山市志办.中山市志（上）[M].广州：广东人民出版社，1997.

[2] 中山市地名志编委会.广东省中山市地名志[M].广州：广东科技出版社，1989.

[3] 陈小枫.顺德方音变化初探[A].第二届国际粤方言研讨会论文集[C].广州：暨南大学出版社，1990.

[4] 郑伟聪.小榄话变调现象初探[A].第二届国际粤方言研讨会论文集[C].广州：暨南大学出版社，1990.

[5] 广东省测绘局.广东省县图集[M].广州：广东省测绘局，1982.

[6] 高然.中山闽语研究[D].暨南大学博士学位论文，1997.

[7] 高然.中山闽语语音的一致性与差异性[J].方言，2000（3）.

[8] 高然.中山闽语声调与闽、粤语声调的关系[A].闽语研究及其周边的关系[C].香港：香港中文大学，2002.

[9] 高然，等.广东中山三乡白石客话词汇特点述略[J].南方语言学，2015（8）.

[10] 黄雪贞.梅县方言词典[M].南京：江苏教育出版社，1995.

[11] 甘于恩.香山片粤语的分布、特点及其内部差异[A].汉语南方方言探论[M].广州：世界图书出版公司，2014.

[12] 蔡燕华.中山粤方言的地理语言学研究[M].暨南大学硕士学位论文，2006.

[13] 陈晓锦.东莞方言说略[M].广州：广东人民出版社，1993.

[14] 甘于恩.广东四邑方言语法研究[M].广州：暨南大学出版社，2010.

[15] 冯国强.中山市横栏镇四沙贴边沙田话的音系特点和同音字汇[J].南方语言学，2015（9）.

[16] 何科根.广东中山翠亨客家话方言岛记略[J].中国语文，1998（1）.

美国芝加哥广府话音系①

陈晓锦　　黄裕君

（暨南大学汉语方言研究中心　广东广州　510630）

【提　要】芝加哥是美国最重要的铁路、航空枢纽，同时也是美国及世界主要的金融、文化、制造业、期货和商品交易中心之一，华人移民芝加哥的历史过百年，芝加哥华人社区主要流行汉语粤方言广府话和台山话。本文首次披露了流行在美国芝加哥华人社区中的粤方言广府话的语音系统，并阐述了其声母、韵母、声调特点，显示了芝加哥广府话语音系统保留了粤方言广府话语音的基本特点，与中国广州话语音同大于异。文章的材料来自芝加哥的实地调查。

【关键词】美国　芝加哥　广府话　音系　语音特点

一、引言

芝加哥位于美国中西部的伊利诺伊州，东临密歇根湖，辖区内人口约290万。芝加哥及其郊区组成的大芝加哥地区，人口超过900万，是美国仅次于纽约市和洛杉矶的第三大都会区。地处北美大陆中心地带的芝加哥，是美国最重要的铁路、航空枢纽，同时也是美国及世界主要的金融、文化、制造业、期货和商品交易中心之一。自1833年建市以来，芝加哥经过一百多年的发展，逐渐成为一个具有世界影响力的大都市。

芝加哥华人社区的历史几乎与芝加哥的建城史相当，据芝加哥唐人街华人历史博物馆的记载，华人移民芝加哥的历史从19世纪中期开始，至今已有一百多年。早年移民芝加哥的华人以广东四邑（广东台山、新会、开平、恩平等地）地区的为主，故芝加哥华人社区原先流行汉语粤方言台山话，一位88岁的老华人告诉我们，早年若在华人圈中讲广府话，会被斥为"好沙尘_{好显摆}"。不过，20世纪七八十年代以来，随着中国穗港澳使用粤方言广府话移民的日渐增加，以及粤方言在世界华人圈中地位的上升，粤方言广府话的使用者慢慢多了起来，现在广府话已成为华人社区的主要交际用语之一。

本文披露芝加哥广府话的音系，并阐述芝加哥广府话的声母、韵母、声调特点，文章的材料来自芝加哥的实地调查。由于美国缺乏传统概念上的华校教育，只有数量不多的中文补习学校，土生华人通常不识汉字，调查是从词汇直接进入的，我们记录了3000多条词条的《词汇调查表》，再从中整理归纳出语音系统。调查显示，芝加哥华人社区的广府话保留了粤方言广府话的基本特点，与中国广州话的语音

① 本文为国家社科基金重点项目《美国华人社区汉语方言与文化研究》(项目批准号：14AYY005)，国家社科重大项目《海外华人社区汉语方言与文化研究》(项目批准号：14ZDB107)的阶段性成果之一。

同大于异。文章的主要发音人为：

范安伦，男，被调查时32岁，第二代华人，父母亲均来自中国广州，本人在芝加哥出生长大，文化程度大学，退伍军人，曾到过伊拉克打仗。不懂汉字，会说英语、粤方言广府话、华语，广府话和华语均夹杂着英语。

邝振明，男，被调查时46岁，第二代华人，父亲祖籍广东台山，母亲来自香港，本人在芝加哥出生长大，文化程度大学，不懂汉字，会说英语、粤方言广府话、粤方言台山话，广府话夹杂着英语。

二、声韵调简介

1. 声母20个

p pʰ m f w t tʰ n l ts tsʰ s j k kʰ kw kwʰ ŋ h ø

说明：

kw-是k-的圆唇，kwʰ-是kʰ-的圆唇。

2. 韵母57个

单元音韵母　a ɔ ɛ œ i u y

复元音韵母　ai ɐi iɐ ei ɔi œy yu au ɐu ou iu ui

鼻音韵尾韵母　am ɐm im an ɐn ɔn in œn yn un aŋ iɐ ɛŋ ɔŋ œŋ eŋ uŋ ma

声化韵母　m̩

塞音韵尾韵母　ap ɐp ip at ɐt ɔt iɐ ip ut yt ak ɐk ɛk ɔk œk ek uk

只出现在借词中的韵母　ə ɛu ɛm ən ɛt

说明：

韵母ə、ɛu、ɛm、ən、ɛt 只出现在来自英语的借词中，例如：

ə　　□□□kʰiu⁵⁵kʰam³³pə²¹：黄瓜。英语：cucumber。□□ kʰə²¹nu⁵⁵：独木舟。英语：canoe。

ɛu　　□□ kʰɔk⁵tʰɛu⁵⁵：鸡尾酒。英语：cocktail。

ɛm　　起□hei³⁵tɛm⁵⁵：筑坝。英语：dam。□□□sɛm⁵⁵ma⁵⁵kɛm⁵⁵：夏令营。英语：summer game。

ən　　□□□ ə²¹pʰak⁵mən²¹：公寓。英语：apartment。

ɛt　　□pʰɛt⁵：宠物。英语：pet。

3. 声调9个

阴平 55　　天透花晓杯帮三心猪知高见飞非边帮

阳平 21　　麻明扶奉茶澄男泥盐喻以云喻云横匣龙来

阴上 35　　古见展知纸照章走精短端比帮碗影手审书

阳上 13　　社禅女泥野喻以暖泥买明马明有喻云坐从

阴去 33　　盖见醉精对端变帮爱影菜清送心放非

阳去 22　　是禅父奉树禅害匣饭奉病并漏来用喻以

上阴入 5　　竹知屋影塞心得端笔帮福非一影黑晓

下阴入 3　　割见尺穿昌窄照莊阔溪百帮拍滂发非铁透

阳入 2　　局群月疑入日食牀船六来石禅服奉

三、芝加哥广府话语音特点

1. 声母特点

（1）20个声母，数量与粤方言中国广州话一致。古全浊声母清化后，如同广州话，除部分全浊上声字读送气音，例如：坐$_{從}$ts^{h}o^{13}、椅$_{群}$k^{h}ei^{13}、抱$_{並}$p^{h}ou^{13}、肚$_{定}$t^{h}ou^{13}；其余基本上平声送气，仄声不送气，例如：爬$_{並}$p^{h}a^{21}、病$_{並}$pɐŋ^{22}、图$_{定}$t^{h}ou^{21}、地$_{定}$tei^{22}、厨$_{澄}$ts^{h}œy^{21}、住$_{澄}$tsy^{22}、床$_{牀}$ts^{h}ɔŋ^{21}、闸$_{牀}$tsap^2、葵$_{群}$kw^{h}ɐi^{21}、柜$_{群}$kwɐi^{22}。

（2）国内的粤方言广州话等所有的古非、敷、奉、溪、晓、匣母字有不少读f-声母的特点，芝加哥广府话也有，例如：府$_{非}$fu^{35}、付$_{非}$fu^{22}、费$_{敷}$fei^{33}、番$_{敷}$fan^{55}、肥$_{奉}$fei^{21}、饭$_{奉}$fan^{22}、灰$_{溪}$fui^{55}、苦$_{溪}$fu^{35}、款$_{溪}$fun^{35}、花$_{晓}$fa^{55}、虎$_{晓}$fu^{35}、货$_{晓}$fɔ^{33}、乎$_{匣}$fu^{21}。

（3）与国内粤方言广州话等一样，古微母字今念m-声母，与明母字合流，例如：麻$_{明}$ma^{21}、马$_{明}$mei^{13}、买$_{明}$mai^{13}、雾$_{微}$mou^{22}、尾$_{微}$mei^{13}、晚$_{微}$man^{13}、文$_{微}$mɐn^{21}、袜$_{微}$mɐt^2、物$_{微}$mɐt^2。

（4）声母中没有腭化的现象，古见组字除了溪母的合口字有读f-声母以外，不论洪音细音，均保持舌根塞音k-、k^h-和喉塞音h-的读法，例如：家$_{见}$ka^{55}、居$_{见}$kœy^{55}、拘$_{见}$k^{h}œy^{55}、欠$_{溪}$him^{33}、去$_{溪}$hœy^{33}、汽$_{溪}$hei^{33}、棋$_{群}$k^{h}ei^{21}、巨$_{群}$kœy^{22}、钳$_{群}$k^{h}im^{21}、险$_{晓}$him^{35}、许$_{晓}$hœy^{35}、晓$_{晓}$hiu^{35}。这也是国内广州话等粤方言的特点。

（5）只有一套塞擦音和擦音声母，和国内广州话等其他粤语相同，古精、知、照三组声母合流，读ts-、ts^h-、s-，例如：知tsi^{55}=资tsi^{55}、池ts^{h}i^{21}=瓷ts^{h}i^{21}、师si^{55}=私si^{55}。

（6）n-、l-有别，中古泥（娘）母读n-，来母读l-，例如：女nœy^{13}≠旅lœy^{13}、泥nei^{21}≠黎lei^{21}、脑nou^{13}≠老lou^{13}。

（7）半元音声母j-主要出现在日母、影母和喻母中，晓母和匣母也有一些读j-，例如：耳$_{日}$ji^{13}、人$_{日}$jɐn^{21}、日$_{日}$jɐt^2、医$_{影}$ji^{55}、要$_{影}$jiu^{33}、影$_{影}$jɐŋ^{35}、雨$_{喻云}$jy^{13}、移$_{喻以}$ji^{21}、盐$_{喻以}$jim^{21}、休$_{晓}$jɐu^{55}、苋$_{匣}$jin^{22}。

（8）半元音声母w-主要出现在影母、匣母、喻母中，疑母、晓母也有一些读w-：蛙$_{影}$wa^{55}、弯$_{影}$wan^{55}、稳$_{影}$wɐn^{35}、和$_{匣}$wɔ^{21}、华$_{匣}$wa^{21}、滑$_{匣}$wat^2、云$_{喻云}$wɐn^{21}、运$_{喻云}$wɐn^{22}、旺$_{喻云}$wɔŋ^{22}、玩$_{疑}$wan^{35}、歪$_{晓}$wai^{55}。

（9）舌根鼻音ŋ-声母主要出现在疑母、影母中，见母也有个别读ŋ-，例如：鹅$_{疑}$ŋɔ^{21}、艺$_{疑}$ŋei^{22}、颜$_{疑}$ŋan^{21}、亚$_{影}$ŋa^{33}、矮$_{影}$ŋɐi^{35}、晏$_{影}$ŋan^{33}、鸭$_{影}$ap^3、钩$_{见}$ɐu^{55}。在中国穗港澳粤语中常见的ŋ-声母转读零声母的所谓"懒音"现象，没有在芝加哥广府话中出现。

（10）零声母字主要来自影母，例如：阿a^{33}、爱ɔi^{33}、安ɔn^{55}、蕹uŋ^{33}。

2. 韵母特点

（1）韵母中，有5个只出现在英语借词中的韵母ə、eu、ɤm、ɤn、ɤt（参见上文），尽管读这些韵母的字不多，每个都是只有一两个或两三个例子，但这是芝加哥广府话韵母的一大特点，反映了其脱离祖籍地母体方言以后，在新环境中发展出来的变化，国内广州话等粤语没有这种表现。

（2）拥有粤方言广府话韵母的普遍特征，以半低不圆唇元音ɐ为主要元音的系列韵母。ɐ系列韵母与a系列韵母形成对立，这种有对立的韵母一共8对：ai：ɐi、au：ɐu、am：ɐm、an：ɐn、aŋ：ɐŋ、ap：ɐp、at：ɐt、ak：ɐk。例如：街kai^{55}≠鸡kɐi^{55}、考hau^{35}≠口hɐu^{35}、三sam^{55}≠心sɐm^{55}、班pan^{55}≠槟pɐn^{55}、棚p^{h}aŋ^{21}≠朋p^{h}ɐŋ^{21}、狭hap^2≠合hɐp^2、达tat^2≠突tɐt^2、百pak^3≠北pɐk^5。

（3）另一其他粤方言广府话普遍也有的特点是，拥有圆唇半低元音œ和以œ作主要元音的韵母œ、

œy、œn、œŋ、œt、œk，例如：靴 hœ⁵⁵、水 sœy³⁵、堆 tœy⁵⁵、笋 sœn³⁵、钝 tœn²²、凉 lœ²¹、窗 tsʰœŋ⁵⁵、术 sœt²、律 lœt²、雀 tsœk³、弱 jœk²。

（4）与广州话等粤方言同，没有舌尖元音，古止摄开口韵逢 ts-、tsʰ-、s-、j- 声母读 i，在其他声母后面则基本读 ei，例如：芝 tsi⁵⁵、自 tsi²²、厕 tsʰi³³、迟 tsʰi²¹、丝 si⁵⁵、时 si²¹、衣 ji⁵⁵、椅 ji¹³、鼻 pei²²、屁 pʰei³³、眉 mei²¹、你 nei¹³、李 lei¹³、地 tei²²、机 kei⁵⁵、期 kʰei²¹、戏 hei³³。

（5）国内的粤方言普遍比较完整地保留了鼻音韵尾 -m、-n、-ŋ，入声韵尾 -p、-t、-k，芝加哥广府话也一样，古咸、深、山、臻、宕、江、曾、梗、通等摄的阳声韵尾和入声韵尾两两相对，例如：男 nam²¹、衲 nap²、柑 kɐm⁵⁵、急 kɐp⁵、恬 tim²²、碟 tip²、山 san⁵⁵、杀 sat³、槟 pɐn⁵⁵、笔 pɐt⁵、便 pin²²、别 pit²、乱 lyn²²、捋 lyt²、换 wun²²、活 wut²、帮 pɔŋ⁵⁵、膊 pɔk³、姜 kœŋ⁵⁵、脚 kœk³、憎 tsɐŋ⁵⁵、侧 tsɐk⁵、升 sɐŋ⁵⁵、色 sɐk⁵、腥 sɛŋ⁵⁵、锡 sɛk³、动 tuŋ²²、独 tuk²。

（6）只有一个自成音节的声化韵 m̩，例如：唔 m̩²¹、五 m̩¹³、误 m̩²²。

3. 声调特点

（1）声调调类9个，平声、上声、去声依声母的清浊分阴阳，与粤方言中国广州话相同；入声依声母的清、浊分阴阳后，阴入又再依音节主要元音的长短分出上阴入和下阴入，上阴入韵母的主要元音舌位大多数高，下阴入韵母主要的元音舌位大多数较低，如"一 jɐt⁵、七 tsʰɐt⁵、色 sɛk⁵、甲 kap³、八 pat³、百 pak³"，这点亦与中国广州话同。

（2）古清音声母平声字读阴平，浊音声母平声字读阳平。古清音声母上声字读阴上，浊音声母上声字读阳上，但有一些古浊音声母上声字跑到了阳去，例如：是 si²²、父 fu²²。

（3）有两个与中国广州话一致的变调：高平变调55，高升变调35。变调大多出现在连读的后一音节，也有出现在连读的第一音节、中间音节，或单音节词中的，高升变调出现得比高平变调多。高平变调55，例如：手指尾 sɐu³⁵tsi³⁵mei¹³₅₅、靓妹 小姑娘 lɛŋ³³₅₅mui²²₅₅、乞儿兜 钵子 hɐt⁵ji²¹₅₅tɐu⁵⁵、伯爷公 老头儿 pak³jɛ²¹₅₅kuŋ⁵⁵、伯爷婆 老太婆 pak³jɛ²¹₅₅pʰɔ²¹₃₅。此例高平变调和高升变调都出现了。

高升变调35，例如：糖 糖果 tʰɔŋ²¹₃₅、油 油漆 jɐu²¹₃₅、肥料 fei²¹liu²²₃₅、黄豆 wɔŋ²¹tɐu²²₃₅、厨房刀 tsʰy²¹fɔŋ²¹₃₅tou⁵⁵、番茄仔 fan⁵⁵kʰɛ²¹₃₅tsɐi³⁵。

从信宜白话再看是非问的"麽"、"呢"连用[①]

梁　赟　邵慧君

（华南师范大学文学院　广东广州　510006）

【提　要】关于阳江话疑问语气词"麽"、"呢"连用的情况，近几年已有几位专家学者撰文讨论并存在一定分歧。本文从粤西信宜白话入手，描写其疑问句句末语气助词"麽"和"呢"的功能、"麽"、"呢"连用的条件以及"麽"、"呢"连用的功能来说明粤西一带粤语的确存在"麽"、"呢"连用的情况，并针对前人观点的分歧进行深入探讨。

【关键词】是非问　麽　呢　连用

与广州话相比，以粤西地区句末语气词为研究对象的篇章数量并不多，但是近年来有多位学者撰写文章讨论阳江话是否存在疑问语气词"麽"、"呢"连用的情况，并且在此问题的看法上颇有分歧，这引起了笔者的注意。而信宜白话和阳江话都是粤语的一个分支，都属于粤方言中的高阳片，所以在语法应用方面存在着相通点。因此，笔者尝试结合学者们分析阳江话疑问语气词"麽"、"呢"连用现象的角度，来探讨信宜白话"麽"、"呢"连用的现象，通过信宜白话疑问句句末语气助词"麽"和"呢"的功能，"麽"、"呢"连用条件，"麽"、"呢"连用功能来说明粤西一带粤语的确存在"麽"、"呢"连用的情况，并针对前人观点的分歧进行深入探讨。文中信宜白话语料取自笔者的观察记录。信宜东镇白话是笔者的母语。

一、信宜白话疑问句中的"麽"与"呢"

在探讨信宜白话疑问句中"麽"、"呢"共现的问题之前，我们先来了解信宜白话句末语气词"麽"、"呢"各自的功能。

（一）麽

1. 信宜白话句末"麽"的功能

彭小川（2006）曾指出，普通话是非问中应该有两个"吗"："吗$_1$"是对所不了解的事实的提问；"吗$_2$"用于诧异问和反诘问[②]。

信宜白话的"麽"［mo^{33}］用于是非问句末，但它只对应普通话的疑问语气助词"吗$_1$"，与"吗$_2$"

---

① 本文为国家社会科学科学基金一般项目"粤西湛茂地区粤、客、闽方言接触研究"（项目批准号：11BYY026）研究成果。

② 彭小川.关于是非问的几点思考［J］.语言教学与研究，2006（6）.

相对应的则是另一个疑问语气助词"啊"[a⁵⁵]。例如：

（1）星期六要补课嚜？（星期六要补课吗？）

（2）星期六要补课啊？我都无醒起咧。（醒起：记住、想起）（星期六要补课吗？我都不记得了。）

（3）今晚黑你出去嚜？我谂住捞你出去荡街。（捞：和）（今晚你出去吗？我想和你出去逛街。）

（4）今晚黑你出去啊？你无醒起明明要来揾你？（今晚你出去吗？你不记得明明要来找你？）

例（1）、（3）是为了打听不了解的事实而提问的，信宜白话中只能用"嚜"，不能用"啊"；例（2）是诧异问，例（4）是反问，均只能用"啊"，不能用"嚜"。这说明，信宜白话的"嚜"是用于是非问的疑问语气词，是说话方事先不知道答案的是非问，它仅对应于普通话的"吗₁"。与"吗₁"一样，"嚜"只能用于肯定式，不能用于否定式，这是因为如果"嚜"前的命题是个否定形式（如"我无钟意己件衣服"），这就表明问话人已经知道答案，无须再来一个疑问了。

信宜白话的"嚜"一般不能用于非是非问。例如：

（5）听日我捞华华去爬山，你去嚜？（明天我和华华去爬山，你去吗？）

（6）听日我捞华华去爬山，你去无去？（明天我和华华去爬山，你去不去？）

　*听日我捞华华去爬山，你去无去嚜？

（7）听日我哋去唱K定系去荡街？（明天我们去唱K还是去逛街？）

　*听日我哋去唱K定系去荡街嚜？

（8）乜嘢事咁急？（什么事情这么急？）

　*乜嘢事咁急嚜？

2. 信宜白话句末的"嚜"和"吗"

黄伯荣（2009）曾指出，阳江话口语里有是非问专用语气词"吗"[ma²¹]，其文读音为[ma³³]①。刘伟民（2011）也同意其观点，并进一步说明"吗"[ma²¹]只见于关系熟悉亲密的人之间的交流②。对于此观点，笔者观察发现，信宜东镇白话是非问里"吗"[ma²¹]也可用在句末充当语气词，例如：

（9）我捞你一齐去，好吗[ma²¹]？（我跟你一起去好吗？）

（10）你想食苹果吗[ma²¹]？（你想吃苹果吗？）

（11）我捞你一齐去，好嚜？

（12）你想食苹果嚜？

由上述例子可见，例（9）、（10）都是问话人对所不了解的事实的提问，句末的"吗"[ma²¹]相当于普通话中的"吗₁"，这种句子可用于任何熟悉或不熟悉的人之间的交流，与刘伟民所说的阳江话的"吗"只见于关系熟悉亲密之间交流是不同的。信宜白话句末"吗"[ma²¹]可以换成"嚜"，这进一步说明了"嚜"的确是用于是非问的疑问语气词，表示说话方事先没有知道答案的一般疑问句。只不过句末中的"嚜"比"吗"的语气更亲切柔和。

"吗"的另一读音[ma³³]仅在年轻人对话中出现，例如"你想食苹果吗[ma³³]？"但是土生土长的老一辈没有这种说法，因此笔者推断这有可能是普通话的推广对方言的影响。

3. 是非问"VP+嚜"和正反问"VP+无"

对于是非问句末的"嚜"是不是否定副词这一观点，学者们存在着分歧。黄伯荣（2009）认为阳江话"VP+无？"句式是正反问（有的学者也称"反复问"），句末"无"是否定词，不是语气词"嚜"，并无语气词"嚜"、"呢"连用现象；刘伟民（2011）通过"VP+无"向"VP+无+VP"变换证明其为否定

---

① 黄伯荣.粤语阳江话疑问句语气词——兼评阳江话语气词"嚜""呢"连用说.粤语研究,2009(4、5)(合刊).

② 刘伟民.粤语阳江话的"VP-无?"句式——兼议阳江话语气词"嚜""呢"连用说.中国语文,2011(5).

词；而在"无"的读音问题上，刘伟民认为该句子"无"读［mou⁴³］还是［mo²¹］是其句末地位和语流音变导致的①。笔者认为几位学者的争论焦点在"VP+无"句式认识上，笔者尝试结合信宜白话来认识"VP+无"句式。根据笔者对信宜白话的观察记录，存在"麽"和"无"［mau³⁵］出现在同一个句子作为句末的现象。例如：

A组

（13）你捞我一齐去麽？（你和我一起去吗？）

（14）你捞我一齐去无？（你和我一起不？）

（15）* 你捞我一齐去无去？

B组

（16）你近排身体好麽？（你最近身体好吗？）

（17）你近排身体好无？（你最近身体好不？）

（18）你近排身体好无好？（你最近身体好不好？）

A组和B组"VP+麽"句式都存在着相应的"VP+无"句式。如果说A组和B组的"VP+麽"句式都不是是非疑问句，而是正反问句的省略式"VP+无"，那么应该可以补出省略成分。但是，例（15）是根据信宜白话的语法和习惯不能成立的句子，也就是说，例（15）无法填补省略成分。这充分说明了"麽"在例句中是是非疑问句句末语气助词。而例（18）的变换成功也为"麽"是否定词的观点提供了证明。此外，笔者认为A组和B组的"VP+无"句式是不一样的。因为例（14）不能补出正反问省略的部分，那么该句就不是"VP+无"正反问的省略式，为此笔者推测A组句末的"无"通过语法化由否定副词变成了语气词；而例（17）可以补出正反问省略的部分，所以例（17）才是"VP+无"正反问省略式。由于语法化后的"无"还保留原来的用法，所以信宜白话存在语气词"无"和否定副词"无"作为句末的现象。

此时我们再观察B组，用信宜白话去读这些句子，语音上最后一个音节（例句中"麽"对应的音节）的读音没有发生变化，还是读［mo³³］。但若把它们都补充省略成分之后，原来句子里"麽"对应的音节（例句中"无"对应的音节）无论在省略后或是未省略句式里都读［mau³⁵］。此处说明了"麽"和"无"不是可以随便变调的，二者韵母和声调都不同，由此可见它们并不是某一个否定词在不同语境中的变调。

综上所述，"麽"可代替"吗"用于是非问句末，而不能用于非是非问句末，说明"麽"是是非问疑问语气词。信宜白话同时存在"VP+麽"和"VP+无"句式。

（二）呢

普通话的语气助词"呢"只能出现在非是非问的句末，而不能用于是非问，与"吗"形成互补分布②。根据"呢"在不同的句式中出现，邵敬敏（1989）把现代汉语句末语气词"呢"分为"呢₁"和"呢₂"③。经笔者观察发现，信宜白话句末语气词"呢"也有两个，二者出现在不同的句式中，功能也有所不同。

① 刘伟民.粤语阳江话的"VP-无？"句式——兼议阳江话语气词"麽""呢"连用说.中国语文，2011（5）.

② 金立鑫.关于疑问句中的"呢".语言教学与研究，1996（4）.

③ 邵敬敏.语气词"呢"在疑问句中的作用.中国语文，1989（3）.

1. 呢₁ [nə²¹]

一般来说，"呢₁"常用于正反问、选择问和特指问中，对应于普通话的"呢₁"。例如：

（19）你食无食呢₁？（你吃不吃呢？）→你食无食？

（20）食鱼肉定系食鸡肉呢₁？（吃鱼肉还是吃鸡肉呢？）→食鱼肉定系食鸡肉？

（21）你几时放假呢₁？（你什么时候放假呢？）→你几时放假？

显然，与普通话一样，信宜白话的正反问、选择问和特指问本身已具备表达疑问的形式：正反并列结构、选取结构、疑问代词，"呢₁"的有无并没有影响表达的效果，"呢₁"不是构成一个疑问句的必要条件，所以它不是一个表示疑问的语气词，而是表示缓和的探究语气。

2. 呢₂

信宜白话在上述例句中，"呢₁"不能换成"呢₂"，"呢₂"用于"非疑问信息+呢"的形式中。从形式上看，"非疑问信息+呢"是"名词/动词+呢₂"的一种特殊疑问句；从语义上看，该形式没有疑问点，因此"呢₂"不能省去，它实际上负载了这类疑问句的疑问信息。笔者在这里把"呢₂"问句分作两种情况来探讨，例如：

"呢₂"问句一：名词（名词词组）+"呢₂ [nə⁵⁵]"

（22）我嗰书呢₂？（我的书在哪里？）

（23）晓萍呢₂？（晓萍在哪里？）

在没有特定的语境和上下文的条件下，大家都明确问的是处所。这种句式里"呢₁"不可替换"呢₂"，只有补充了疑问代词才可以使用"呢₁"，例如："我嗰书到庶女（在哪里）呢₁？"、"晓萍到庶女呢₁？"

"呢₂"问句二：名词（名词词组、代词）+"呢₂ [nə²¹]"

这种"呢₂"问句二与"呢₂"问句一不同，除了主语还可以是代词之外，它必须依靠上下文而存在，问的内容也随上文。例如：

（24）我放假返屋企，你呢₂？（我放假回家，你怎么样？）

（25）你考到满分，你嗰同位呢₂？（你考了满分，你的同桌怎么样？）

"呢₂"问句二：动词+"呢₂ [nə²¹]"

"呢₂"用在动词或动词性短语后，表示"假设这个动作发生了该怎么办"

（26）我哋出去荡街，等一系落水呢？（等一系：待会）（我们出去逛街，待会下雨了怎么办？）

（27）老鼠偷吃呢？（老鼠偷吃了，怎么办？）

需要特别注意的是，"呢₂"问句二中"呢₂"读音为 [nə²¹]，虽然与"呢₁"读音相同，但是从句式上看，二者处于不同的句式结构中，"呢₁"可出现在完整的特指问、选择问和正反问的句末，"呢₂"出现在"非疑问形式+呢"的特殊疑问句中；从疑问语气上看，"呢₁"不含疑问语气，"呢₂"含有疑问语气。"呢₂"问句一和问句二都可以在"非疑问形式+呢"的结构中出现，根据读音的不同可以判断出它们各自的语义。

二、"麽"、"呢"连用的条件

笔者在第一小节已经讨论并认为信宜白话里存在是非问句末语气词"麽"，并且认为是非问"VP+麽"和正反问"VP+无"两种句式是同时存在的；也讨论了信宜白话句末语气词"呢"的具体用法（"呢₁"和"呢₂"）。

那么到底信宜白话里有没有句末语气词"麽"、"呢"连用呢？正如黄伯荣（2009）和刘伟民（2011）

指出的问题那样，这个问题的关键是"麽"究竟是一个语气词还是否定词。在前文笔者已经论述了"你捞我一齐去麽"中的"麽"不是一个否定词，而是一个语气词。那么我们可以说"你捞我一齐去麽?"是一个是非疑问句，与此同时，信宜白话里确实存在"你钟意食苹果麽呢?"这种句子。也就是说，至少从这个句子来看，信宜白话里确实存在疑问语气词"麽"、"呢"连用的情况。

（一）"麽"和"呢₁"连用

在"你钟意食苹果麽呢?"这种句子里，"麽"变读为 $[mə^{22}]$，"呢"读 $[nə^{21}]$。那么"麽"是与"呢₁"共现还是与"呢₂"共现呢，又或者"麽+呢₁"和"麽+呢₂"同时存在？我们先来看看下面的例句：

（1）芳芳知道几时出成绩麽呢?（芳芳知道什么时候出成绩吗?）

（2）我得去参加比赛麽呢?（我可以去参加比赛吗?）

（3）你暑假爱去庶荡麽呢?（庶：相当于普通话"哪里"）（你暑假要去哪里玩吗?）

（4）己间学校靓麽呢?（己：指示词，相当于普通话"这"）（这间学校漂亮吗?）

从与普通话的对比上看，"呢"在上述的例句中根本不起作用，起疑问作用的是语气词"麽"。

由上文论述得知，"呢₁"的有无并没有影响句子表达的效果，"呢₁"不是构成一个疑问句的必要条件，我们暂且把上面4个例句句末的"呢"去掉，例如：

（5）芳芳知道几时出成绩麽?（芳芳知道什么时候出成绩吗?）

（6）我得去参加比赛麽?（我可以去参加比赛吗?）

（7）你暑假爱去庶荡麽?（你暑假要去哪里玩吗?）

（8）己间学校靓麽?（这间学校漂亮吗?）

例（5）—（8），根据信宜白话的语法和习惯，这4个句子都是成立的，并且与普通话对比中，我们可以观察到以"麽"结尾的句子和以"麽呢"结尾的句子它们表达的内容是一模一样的。也就是说，"呢"的有无并没有影响句子的表达效果。由此笔者推断出"麽"可以和"呢₁"连用（下文的"麽呢"连用指的是"麽呢₁"），不能与"呢₂"连用。

（二）"麽"、"呢"连用的前提条件

在"麽"和"呢₁"连用的探究中，笔者发现"麽"、"呢"连用的基础是"麽"问句，它存在的前提条件如下：

1. 以"麽"结尾的一般是非疑问句

通常情况下，以"麽"结尾的是非问都可以把"麽"替换成"麽呢"。例如：

（9）星期六要补课麽? →星期六要补课麽呢?（星期六要补课吗?）

（10）今晚黑你出去麽? 我谂住捞你出去荡街。→今晚黑你出去麽呢? 我谂住捞你出去荡街。（今晚你出去吗? 我想和你出去逛街。）

（11）听日我捞华华去爬山，你去麽? →听日我捞华华去爬山，你去麽呢?（明天我和华华去爬山，你去吗?）

（12）你想食苹果麽? →你想食苹果麽呢?（你想吃苹果吗?）

非"麽"结尾的是非问，句末均不能用"麽呢"，例如：

（13）你食开饭啦？（你吃完饭了吗？）

　　*你食开饭麽？

（14）拱耐□［ŋen³⁵］无到，无会係塞车喺？（□［ŋen³⁵］：相当于普通话的"还"）（这么久还没到，
　　　不会是塞车吧？）

　　*拱耐□［ŋen³⁵］无到，无会係塞车麽？

（15）你无知道要上课啊？（你不知道要上课吗？）

　　*你无知道要上课麽？

可见，不是以"麽"结尾的一般是非问，均不能用"麽呢"提问。

2. 以"麽"结尾的特指性是非问

邢福义（1987）指出，特指性是非问是在含有疑问代词的特定结构后面用语气助词"吗"。把"吗"换成"呢"，或者干脆去掉"吗"，句子便是一般的特指问[①]。上文有所提及，信宜白话句末"吗"可以换成"麽"。由此可见，特指性是非问句末的"麽"可以替换为"麽呢"，例如：

（16）除开苹果，你□［ŋen³⁵］想食乜野麽？→除开苹果，你□［ŋen³⁵］想食乜野麽呢？（除了苹果，
　　　你还想吃什么吗？）

（17）今日有乜谁来过麽？→今日有乜谁来过麽呢？（今天有谁来过吗？）

（18）琴日你去庶荡麽？→琴日你去庶荡麽呢？（琴日：昨天）（昨天你去哪里玩了吗？）

这类特指性是非问，也是对所不了解的或未知的事情的提问，是一般疑问句。从基本倾向看，回答特指性是非问，否定的总是针对是非问的，肯定的则针对特指问[②]。总的来说，不管是肯定的回答，还是否定的回答，都完全可以用点头、摇头来表示[③]。这说明"麽呢"句基本性质应该是属于是非问。

（三）"麽"、"呢"连用的结构层次

按照黄伯荣、廖序东的说法，从句子和语气词连用的结构层次上看，句子实体一般情况下是先同第一个语气词组合，然后再跟第二个语气词组合[④]，以此类推，这说明连用的几个语气词不是处在一个平面上。由上文所得，"麽"、"呢"连用的前提条件是以"麽"为句尾的疑问句，笔者由此推断"麽"、"呢"之间并不存在直接组合关系。这里所谓"句子实体"是指一个句子除去连用语气词外的剩余部分[⑤]。例如：

例句 句式 序号	以"麽"结尾的疑问句	以"麽呢"结尾的疑问句
（19）	*我嗰书到庶女麽？	*我嗰书到庶女麽呢？
（20）	*你食云吞定系食面麽？	*你食云吞定系食面麽呢？
（21）	*你去无去爬山麽？	*你去无去爬山麽呢？
（22）	你去爬山麽？	你去爬山麽呢？

"麽呢"之所以不能用于前三个例句，是因为在第一层"麽"与句子实体的组合就已经不成立了。

---

① 邢福义.现代汉语的特指性是非问.语言教学与研究，1987（4）.

② 邢福义.现代汉语的特指性是非问.语言教学与研究，1987（4）.

③ 黄伯荣，廖序东.现代汉语（下册）（增订四版）.北京：高等教育出版社，2007：98.

④ 黄伯荣，廖序东.现代汉语（下册）（增订四版）.北京：高等教育出版社，2007：34-36.

⑤ 丁恒顺.语气词的连用.语言教学与研究，1985（3）.

在上文的论述中，我们已经得知"麽"是是非问的疑问语气词，"麽"不能用在非是非问句末，那么在第一层里强行把"麽"安排到特指问、选择问或正反问里面都是不成立的。例（22）"麽"确实先与句子实体组合成为"你去爬山麽［mo³³］?"，然后再跟后面的"呢"组合。所以，从语气词连用的层次上看，"麽"和"呢"不处在一个平面上；此外，"麽呢"在没有同句子实体组合之前其本身并不表示任何语气色彩，也就是说，并不是先由"麽"和"呢"组合成"麽呢"，然后再由"麽呢"同句子实体结合，而是先由"麽"同句子实体组合，然后这个组合体再同"呢"进行组合。

三、"麽呢"句的表达功能

为了充分表达说话人的思想感情，常常要借助于句调、重读、停顿或语气词等。如果写成书面，句调虽然可通过标点符号反映出来，但各种语气的不同情态、色彩和意味的差别就无从表现。要表达这种种差别，往往得靠语气词这一表达手段。前文已经论述"麽"问句和"麽呢"句都是是非疑问句，前者句末的"麽"都可以替换成"麽呢"，那么，二者在表达功能上是否存在不同之处呢？

从记录到的语料来看，所有含"麽"的句子都是疑问句，且一般都要求对方就所说话语作出回答，虽然去掉"麽"之后这些话语也可以是疑问句（可通过升调表达疑问信息），如：

（1）你考到第一名？↗（你考到第一名？）

上述例句说话方通过升调除了可以表达疑问之外，还带有怀疑、不确定语气（即说话方怀疑听话方可以考到第一名）。但加上"麽"之后，语气较缓和。这也是符合说话人要求他人回答问题（即回答，该话语也至少是听话人对说话人所提的问题加以思考）时，尽量缓和"要求"的心理取向。例如：

（2）你考到第一名麽？（你考到第一名吗？）

上述的"麽"问句是说话方为了打听不了解的事实（即说话方不知道听话方有没有考到第一名）而作出的提问，句末"麽"除了有疑问语气之外还带有征询意味。而"麽呢"句则因多了一个"呢"而增添了由它带来的探究义。例如：

（3）你考到第一名麽呢？（你考到第一名吗？）

使用上述的"麽呢"句时，说话方心中已有了猜测（即说话方认为听话方可以考到第一名或说话方认为听话方考不到第一名），通过"麽呢"句来探究，希望听话方作出回答来检测自己的猜想。

由此看来，句中采用疑问语气词所表现出来的功能是用问号所无法显示出来的。可见语气词是表达思想、抒发感情的重要的语法手段。

四、结语

信宜白话疑问句中语气助词"麽"、"呢"能够共现，以"麽呢"连用的形式出现在是非问的句末。通常情况下，以"麽"结尾的是非问句末都可以替换成"麽呢"，只不过"麽呢"句中的"麽"和"呢"不处在同一个平面上。此外，语气词是表达思想、抒发感情的重要的语法手段。"麽"问句更多是一种对不了解的事实的询问；而"麽呢"句则因多了一个"呢"而增添了由它带来的"探究"意味。

参考文献

[1]黄伯荣.粤语阳江话疑问句语气词——兼评阳江话语气词"麽""呢"连用说[J].粤语研究,2009(4、5)(合刊).

[2]朱德熙.语法讲义[M].北京:商务印书馆,1982.

[3]刘伟民.粤语阳江话的"VP-无?"句式——兼议阳江话语气词"麽""呢"连用说[J].中国语文,2011(5).

[4]李艳.句末"没"否定副词到疑问语气词的渐变[J].深圳大学学报(人文社会科学版),2010(4).

[5]金立鑫.关于疑问句中的"呢"[J].语言教学与研究,1996(4).

[6]邵敬敏.语气词"呢"在疑问句中的作用[J].中国语文,1989(3).

[7]邢福义.现代汉语的特指性是非问[J].语言教学与研究,1987(4).

[8]黄伯荣,廖序东.现代汉语(下册)(增订四版)[M].北京:高等教育出版社,2007.

[9]丁恒顺.语气词的连用[J].语言教学与研究,1985(3).

[10]邵敬敏.汉语方言疑问范畴比较研究[M].广州:暨南大学出版社,2010.

[11]齐泸扬."呢"的意义分析和历史演变[J].上海师范大学学报(哲学社会科学版),2002(1).

[12]彭小川.关于是非问句的几点思考[J].语言教学与研究,2006(6).

[13]胡炳忠.关于"呢"的两个问题[J].语言教学与研究,1989(2).

[14]王良杰.谈"吗"和"呢"的用法[J].唐山师范学院学报,2006(3).

[15]王建设.贵阳方言句尾语气词连用的结构层次和语用功能[J].贵州师范大学学报(社会科学版),2004(4).

[16]胡清国.句末语气词的语用功能[J].宁夏大学学报(人文社会科学版),2008(4).

[17]王志清.试论语气词的连用[J].社科纵横,2006(4).

[18]柴俊星,孙丹.海南文昌话语气词的功能表达义[J].海南大学学报人文社会科学版,2015(3).

[19]陈俊芳,郭雁文.汉语疑问语气词的语用功能分析[J].中北大学学报(社会科学版),2005(6).

现代汉语和粤语中的"中动结构"小议①

单韵鸣

（华南理工大学国际教育学院　510640）

【提　要】本文概括了前人对汉语"中动结构"的研究，认为汉语不必专设"中动结构"的概念，但常与外语"中动结构"对应的难易句和"NP+VP+AP"句式之间有关联，指出难易句在粤语里自然度很高，符合粤语"中心语在前，修饰语或限定语在后"较优的语序类型特征。

【关键词】现代汉语　粤语　中动结构　语序类型特征

　　"中动结构（middle construction）"是一个和被动句相关的概念。这个概念来自外语，特别是那些只有主动和被动二分语态的语言。英语里面被视为典型的中动句的如 "The book sells well." "The car drives fast."。西方学界之所以有中动结构的概念，是因为这些句子的主语是动词的受事成分，但动词使用的是主动语态的形式，而不是被动语态形式。换句话说，主语像被动句，谓语像主动句，整个句子既不是主动句又不是被动句的形式。"中动"一说由此得来。"中动"概念引起了国内汉语学界和外语学界众多学者的关注和讨论（宋国明，1997；曹宏，2004a；曹宏，2004b；曹宏，2005a；曹宏，2005b；何文忠，2007；古川裕，2005；司惠文，2008；殷树林，2006；陈立民，2006；何元建，2010；严辰松，2011；李炎燕，2011；蔡淑美，2012等）。问题集中在究竟汉语有没有中动结构（又称作"中动句"）？如果有，哪些属于中动句的范畴？中动句的句法构成，语义、用法特征，句式对动词形容词的选择限制，句式的语法化过程、浮现过程及句式认知研究等等。

一、现代汉语中有没有"中动结构"的讨论

　　对中动句研究的前提是，汉语有没有中动句。对此，学界至今仍然存在不同意见，至于哪些属于中动句更是众家各执一词。认为有中动句的学者，很多都把目光集中在能与英语典型的中动句相对应（其实是对应的翻译）含有"起来"的汉语句子，比如"这车开起来很快"、"政府官员贿赂起来很容易"。也有的学者把范围扩大，认为除了含有"起来"，一些动词带"来"、"着"、"上去"的都属于中动句范畴。蔡淑美（2012）扩展的范围更大，一些动词后面有"起来"、"来"、"着"、"上去"、"去"、"下去"、"出去"、"出来"等补语的（例1—6），甚至动词后面带其他补语（例7—8），或不带补语作标记，带状语的复杂动词结构的（例9—11），就属于广义的中动句范畴。以下选摘自蔡淑美文中的例句：

　　（1）胖子说，那种样式看来确实不太好。（林那北《龙舟》，《小说选刊》2010年第4期）
　　（2）只要每月供得起，房子看着满意，自己又需要，他们就先买下来住着。（新华社2004年新闻稿

① 本文是国家社科基金项目"粤语代际语料调查记录及变异、显危研究"（15BYY056）的阶段性成果；亦是广东省公共外交与跨文化传播研究基地成果之一。

_002）

（3）他……套着身皱巴巴的蓝色咔叽布中山装，戴着顶绽开了线头的前进帽，瞅去还是很有架势的。（张楚《小情事》，《十月》2010年第3期）

（4）稻香气稠稠地在嗓子眼儿里化不开，咽下去有些呛人。（刘恪《谱系学》，《大家》2010年第4期）

（5）鸿渐自以为这话说出去准动听，又高兴得坐不定，预想着学生的反应。（钱钟书《围城》）

（6）这两个字写出来比听上去还要邪恶，那些充满暴力线条和无耻撩拨的笔划，仅仅看一眼就会后脊梁冒凉气，像挨了一拳那么难受。（王朔《看上去很美》）

（7）这信拆开有两张报纸那么大。

（8）这是啥料！您……您摸摸……摸摸，这料子摸两下多软和啊！

（9）过后苏戈对我说，他这时候才读懂我的眼神，粗一看，会让人觉得很温和，秋波婉转，总有三分笑。（计文君《开片》，《十月》2010年第6期）

（10）相框上的人物在胡静悦的擦拭中一寸寸变清晰，金童玉女般的男女甜美灿烂地笑着，咋看都有模有样有款有型。（马忠静《别往心里去》，《清明》2011年第1期）

（11）他正在堤坡下放羊，披着的那件羊皮袄，可是有年头了，灰不溜秋的颜色，毛都快掉光了，他蹲在地上抽烟的样子，老远瞧还真的以为是头老羊呢。（黄丽荣《垂阳》，《青海湖》2011年第2期）

对汉语存在中动句的说法存疑的学者，主要观点是"NP+（状）V起来+AP"不完全等同于英语的中动句，而是汉语一般很常见的话题句，用法范围比英语的中动句广得多（殷树林，2006）。严辰松（2011）认为汉语的"起来"句只有一小部分能表达英语中动句的意义，两者不是对等句式，汉语还有一些难易句能表达英语部分中动句的意思，即用"好、易、难"等副词修饰用于动词前，如"这辆车好开"。汉语有诸多形式表示中动句的意义和功能，但没有一个独立、特定的句式对应于英语的中动句。何元建（2010）指出英语典型中间句的两个特征：宾格动词是限定形式；"特征成分（well/easily）"是副词。而这两个特征汉语都没有。不过，由于汉语不分限定与非限定动词，宾格动词是否限定形式并不重要。重要的是，汉语中间句的"特征成分（好/容易）"是形容词，这是跟英语的根本区别。据此判断汉语没有典型的中间句结构（即本文所述的"中动结构"），有的只是复杂的形容词谓语结构，属于中间句的变体。

二、我们的看法

在我们看来，首先中动句的概念来自外语，特别是那些主动和被动二分语态的语言。国内学界比较熟悉的是英语，翻译、比照，很多都是对应英语的。就拿英语来说，句法结构上，中动句杂糅了主动句和被动句的特点，两像两不像，西方学者在注意到此类"特殊"句式后，给它们定性为"中动句"，进而对这类句式进行探讨。值得注意的是，西方学者认为其特殊，需要另外新增概念的前提是像英语这些外语，主动和被动在形态上是严格区分的。反观汉语，汉语本来就没有严格的形态标记，如上文所述，受事成分如果是已知信息，充当主语（话题成分），而谓语和主动句谓语没有两样，即构成意念被动句是很平常的现象。句法上，主动句和被动句都表现为：

主语+谓语

主动句：施事+谓语

被动句：受事+（被动标记+施事）+谓语

语用上都是"话题＋述题"结构。其中谓语还可以由主谓结构构成，话题有主话题和次话题之分。对于表示性质状态的形容词谓语句，就更没有主动被动一说，语用上就是"话题＋述题"结构。由此看来，需要增加中动概念的前提在汉语里面似乎并不存在。

关于英语中动句特点，西方学者已经有了很多深入的研究。概括起来有以下几点：句子抑制施事成分；施事具有任指性或通指性的特点；句子情状方面具有非事件性，只描述事物的性质或状态，或描述由于主语位置事物内在的某种属性而导致动作行为的难易性。这些特点是学者们从句法形式上界定了中动句以后，进行概括提炼的。英语的中动句翻译成汉语，大致可译为难易句（tough construction）（古川裕，2005）和"NP＋VP＋AP"句式。能够较多符合英语中动句特点的难易句"P（patient）＋AP＋V"如：

（12）这把刀挺好用的。

（13）这辆车比较难开。

（14）番薯叶很容易种。

值得注意的是，能与英语中动句对应的难易句主语为受事成分P，"AP"和"V"结合比较紧密，之间不能插入其他成分，"V"为二价动词的光杆形式。当然汉语的难易句不完全等同于英语的中动句，能进入汉语难易句，受"好/难/易"修饰的动词，不一定能进入英语的中动句，如：

（15）他说的话很好理解。？ What he said understands easily.

（16）汉字很难记。？ The Chinese character memorises hard.

另一方面，当英语某些中动句的意义不表难易时，汉语的难易句也不适用。如：

（17）This idea sounds work.

（18）The food smells good.

这两句在汉语里对应"NP＋VP＋AP"句式：

（17'）这主意听起来可行。

（18'）这吃的闻起来很香。

国内赞成"NP＋VP＋AP"，特别是V后带"起来"等补语的是中动句的学者，列举了不少例子，比如：

（19）他看上去没啥精神。

（20）这本书读起来很轻松。

（21）这椅子坐着不舒服。

问题是"NP＋VP＋AP"句式并不抑制施事，NP为受事，VP的施事可以出现，甚至NP也可以是施事。如：

（22）这话让人听着难受。

（23）他妹妹天生一把好嗓子，唱起歌来像鸟儿一样动听。

NP为受事成分，施事或隐或现，以及NP为施事的"NP＋VP＋AP"句式究竟有没有不同？我们认为没有本质上的区别。在汉语作为话题优先类型、受事成分作主语很常见的语言框架下，不管NP是施事或受事，都可看作句子的话题兼主语成分。"NP＋VP＋AP"包含"A（agent）＋VP＋AP"和"P（patient）＋VP＋AP"两种情况，A和P都是句子的话题，是被说明的成分。述语部分是一个状中结构，即话题NP（A或P），在VP的情况下（在VP时），AP。AP是表达的焦点，VP是触发AP显现的背景框（尽管语义表达上是"事件event"）。VP里面施事成分可能出现也可能被隐去，AP的语义指向也有多种可能，指向施事、受事、V所指的动作行为或其他。据以上分析，汉语"NP＋VP＋AP"句式本身并不能概况出英语中动句的特征，但句式能表达英语中动句一部分的意义。

"NP+VP+AP"中的VP比较重要，表示性质属性的AP有的必须由VP触发才能显现，整个结构省略了VP不能成立，如：

（24）这部电影看着很开心。

　　? 这部电影很开心。

（25）他跑起来没有多少响声。

　　* 他没有多少响声。

有的省略了VP，句子意思相差甚远，如：

（26）这狗叫起来好像饿狼一样。

（27）这狗好像饿狼一样。

此例省略了"叫起来"，就变成形容"狗"任何时候都像饿狼。此处VP发挥了限定AP呈现的范围，这是状语的重要作用之一。

按一般的处理方法，难易句V是谓语的中心，前面的短语看作V的修饰语，难易句和"P（patient）+VP+AP"看似没有相联。但如果把"程度副词+好/难/易"看作谓语的中心，V在后作为显现"好/难/易"限定范围的补充，即"在V时（或在V的方面），好/困难/容易"，那么难易句和"NP+VP+AP"就有共性了。两者都以AP为焦点，句式中的动词（短语）成分是AP浮现的背景框。事实上，有的难易句在对比中体现以AP的焦点比较明显：

（28）德国的大学易进难出。

（29）这个汉字难写，但不难认。

第一例可理解为德国的大学入读的时候容易，毕业出来难。第二例可理解为写这个汉字比较难，但认这个汉字却不难。有的时候V还会跑到AP的前面，充当次话题，这样AP为焦点就最明显了，和"NP+VP+AP"句法、语义的相似度更高。如：

（30）你这话说就容易，做就难。

何元建（2010）只把英语的中动结构对应汉语中的难易句，特别是"P+AP+V"中的"AP"为"好/容易"两个形容词的。句法分析上，他的观点和我们有相似之处，认为"好/容易"是中心语，其补语是动词短语。

如果我们把难易句的形容词看作中心语，动词看作补语，难易句的谓语就是中心语在前，（补充）限定成分在后的结构。这样难易句"P+AP+V"虽然和"NP+VP+AP"句式有语序上的差异，但两个句式的语义功能却是相通的，即两者都是以AP为中心的复杂谓语结构，V（或VP）是AP显示属性的限定范围。最后剩下的问题是，如果不把难易句和"NP+VP+AP"句式单独列出，它们在汉语的句类系统里的定位如何？我们仍然把它们放在形容词谓语句范畴。AP是句子的核心谓语，陈述主语或与主语相关的对象的性质属性。谓语的限定结构是一个动词或动词短语，主语是该动词的受事或施事。我们主张在句类上不单独设"中动句"的概念，主要是因为没有必要，也考虑到汉语本来就存在意念被动句，而过往关于汉语中动句的研究往往也都不能完全涵盖难易句和"NP+VP+AP"句式。多加了一个概念，但没有更高效地解决问题。不过我们不反对把难易句和"NP+VP+AP"句式作为句式（构式）来研究，发掘句式的句法语义等特点，找到两者的关联。

三、粤语中相关句式的特点及语序类型特征

上文花了较大的篇幅讨论英语中动句翻译成现代汉语所对应的句式及句式之间的联系，这为

我们下面探讨粤语（文中粤语主要指广州话）的情况奠定了基础。粤语也有难易句"P+AP+V"和"NP+VP+AP"句式，语义也可理解为：NP（受事或施事），在VP的情况下（在VP时），AP。比如：

（31）呢只笔几好写。（这支笔挺好用。）

（32）嗰部车好难揸。（那辆车很难开。）

（33）新写字楼系难租啲<㗎>喇。（新办公室是比较难出租的了。）

按我们对现代汉语难易句的处理方法，粤语同样可把难易句处理为中心语在前的复杂形容词谓语句。以上三句，依次可理解为"这支笔<在写的时候>挺好用"、"那车<开的时候>比较难（费劲）"、"新办公室<在出租的时候>会比较困难"。

"NP+VP+AP"句式在粤语中的例子如：

（34）佢讲啲话听落好庚耳。（他讲的话听起来很刺耳。）

（35）呢个<嘅>妹睇落几醒目。（这个妹子看起来挺醒目。）

（36）份工做开就顺手<㗎>喇。（工作做开了就顺了。）

（37）啲布料摸上手好滑漏。（这些布料摸起来很滑。）

（38）日本车太轻，开起身飘嘅。（日本车太轻，开起来飘的。）

（39）佢瞓起觉嚟死猪噉冧。（他睡起觉来像猪一样沉。）

在"NP+VP+AP"句式里面，VP作状语的特征更加明显。前5句的NP都是受事，最后一句的NP是施事；VP既可以是动趋结构（例34、35、39），也可以是其他动补结构（例36—38）。可见，粤语的"NP+VP+AP"句式和现代汉语没有两样，NP施事受事均可，VP结构也呈现多样化，不局限于动趋结构。粤语难易句的"P+AP+V"以及"NP+VP+AP"句式与现代汉语有较多共同之处。

邓云华、曾庆安（2011）在语料库中检索"读"、"用"、"写"后加"起来"的使用情况。发现以"读"、"用"、"写"三个动词为例，"V起来"的中动句在古汉语中很少见，最早也就出现在清代的文章里，在现代汉语中则比较常见；再用"读"、"用"两动词检索"很好+V"的情况，发现"很好+V"的形式的数量较"V起来"的形式要少很多，且在古汉语中没有找到相关例证。这说明"NP+VP+AP"句式，特别当VP为"V起来"的形式时，此句式比以"很好+V"为代表的难易句更为常见。事实上，汉语中不少难易句可变换为"NP+V起来+AP"句式表达。如：

（40）事情比较容易解决。→ 事情解决起来比较容易。

（41）这种方向盘很难操纵。→ 这种方向盘操纵起来很费劲。

（42）剧本不容易写。→ 剧本写起来不容易。

（43）这把刀好用。→ 这把刀用起来挺好（顺手）的。

在难易句和"NP+V起来+AP"句式可互相变换的情况下，粤语更倾向使用难易句。像上述例句，如果没有其他特殊语境的制约，粤语最自然的说法是：

（40'）件事容易解决。

（41'）呢种方向盘好难揸。

（42'）剧本唔易写。

（43'）呢把刀好用。

汉语有的不倾向用难易句表达的，广州话也会用难易句，比较：

粤语	汉语
（44）英文单词易记过中文字。	？英语单词比汉字容易记。
	√英语单词记起来比汉字容易。

（45）你啲头发又粗又硬，好虾人剪。　　　　? 你的头发又粗又硬，太为难人剪。

√你的头发又粗又硬，剪起来太为难人。

粤语中心语在前，修饰语或限定语（有的补语也起到补充限定的作用）在后的现象比现代汉语丰富。在构词的内部，粤语有一系列正偏式名词或后补式形容词（麦耘，1995），名词如"鸡乸、狗公、布碎、宵夜、人客"，形容词如"窄身、重秤、薄皮、大皮"等。在结构关系上，不乏后置副词，如典型的"你行先（你先走）"的"先"、"饮多杯添（再多喝一杯）"的"多"和"添"，还有后置连接成分"呢个猪膶红得嚟又新鲜（这个猪肝不但红而且又新鲜）"的"得嚟"、"你咁蠢嘎，讲极都唔明（你这么蠢的，怎么讲也不懂）"的"极"、"呢个细路见亲生部人就喊（这小孩一见陌生人就哭）"的"亲"等等。按我们的分析，把难易句的谓语部分看作一种中心语在前、限定语在后的结构，而该结构在粤语里自然度很高，正好体现了粤语的语序类型特征。

四、结　语

"中动结构"是现代汉语研究里面的一个热点。对于汉语是否存在中动结构，中动结构的范畴，句法构成、语义、用法特征等问题，学界还没有完全取得一致。本文概括了前贤的主要观点，提出汉语没有必要独立设"中动结构"的概念，论述了难易句"P+AP+V"和"NP+VP+AP"句式的关联，指出难易句在粤语里自然度很高，体现了"中心语在前，修饰语或限定语在后"的语序特征在粤语里较汉语占优。

参考文献

[1] 蔡淑美. 汉语广义中动式的结构、功能和历时演变 [D]. 新加坡国立大学，2012.

[2] 曹宏. 论中动句的句法构造特点 [J]. 世界汉语教学，2004（3）.

[3] 曹宏. 论中动句的语义表达特点 [J]. 中国语文，2005（3）.

[4] 曹宏. 中动句的语用特点和教学建议 [J]. 汉语学习，2005（5）.

[5] 曹宏. 中动句对动词形容词的选择限制及其理据 [J]. 语言科学，2004（1）.

[6] 陈立民. 论中动句的范围和结构——兼评曹宏的中动句研究 [A]. 东方语言学网论坛，2006.

[7] 邓云华，曾京安. 英汉中动构式的语用认知研究 [J]. 外国语文研究，2011（1）.

[8] 古川裕. 现代汉语的"中动语态句式"——语态变换的句法实现和词法实现 [J]. 汉语学报，2005（2）.

[9] 何文忠. 中动构句选择限制的认知阐释 [J]. 外语研究，2007（1）.

[10] 何元建. 现代汉语中间句的句法结构 [J]. 汉语学习，2010（1）.

[11] 李炎燕. 英汉中动构式的认知视角 [J]. 外语研究，2011（1）.

[12] 麦耘. 广州话的后补式形容词 [A]. 郑定欧：广州话研究与教学（第二辑），广州：中山大学出版社，1995.

[13] 司惠文. 汉语中间结构与几类形似结构的区分 [J]. 文教资料，2008（3）.

[14] 宋国明. 句法理论概要 [M]. 北京：中国社会科学出版社，1997.

[15] 严辰松. 汉语没有"中动结构" [J]. 解放军外国语学院学报，2011（5）.

[16] 殷树林. "NP+（状）+V+起来+AP"格式与英语中动句比较 [J]. 语言教学与研究，2006（1）.

龙川客家话反问句的结构类型①

黄年丰

（中山大学南方学院　广东广州　510970）

【提　要】龙川客家话的反问句与普通话反问句一样，常用的有四种类型：是非问型、特指问型、选择问型和正反问型。是非句表示反问常常需要借助于词类、语调或语气等手段，龙川话比较常用的是语气副词"系讲/话""啡"和一些特定结构"捉过＋陈述小句?""V得C"。常见的特指型反问句有"惹"类、"奈"类、"样般"类等。选择型反问句可根据不同的语境对前项、后项或各项进行否定。龙川话中的正反问是"F-VP"形式，是对于"VP"的否定，多数都带有"你话"、"你睇下"、"你捻下"等，表示一种责备对方的语义。

【关键词】龙川　客家话　反问句

　　龙川县位于广东省东北部，东江和韩江上游，地跨北纬23°50′57″—24°47′03″，东经115°03′13″—115°35′18″之间。东连兴宁、五华，南邻河源，西接和平，北界江西定南、寻邬。龙川县一直被明确地定义为纯客县。谢留文、黄雪贞（2007）在新编《中国语言地图集》中将龙川归入客家话粤台片的龙华小片中。

　　反问，又叫"反诘、激问、诘问"，表示反问的句子叫反问句，也叫"反诘句"。吕叔湘（1990）将"疑"和"问"分开，疑问语气下又分为询问、反诘、测度的不同。询问句是疑而且问，测度句介乎疑信之间，反诘问有疑问之形而无疑问之实。从句子结构来看，反问和其他疑问句的句子形式相同，以下按照不同的结构分别举例分析。

一、是非型反问句

　　是非句表示反问，常常需要借助于词类、语调或语气等手段，其中比较常用的是语气副词和一些常用结构。

（一）语气副词

1."系讲/话"

　　"系讲/话"相当于普通话的"难道""莫非""岂""……不成"，是经常用于反问句的语气副词，既可以用于肯定结构，也可以用于否定结构，用于后者的频率更高一些。从词语构成来看，"系讲/话"与"难道"也有相似之处，袁劲（1986）认为，"道"本是动词，"难道"表示"难以料到"或"难以想到"

---

① 本文是2014年度国家社科基金重大项目"海内外客家方言的语料库建设和综合比较研究（14ZDB103）的阶段性成果。

的意思。而老隆话中的"讲""话"也就是"说""道"的意思，"系讲/话"表面意思相当于普通话的"是说"，在老隆话中起到加强反诘语气的作用。"系讲"和"系话"语义相同，前者使用频率更高，简洁起见，以下例子中一般只用"系讲"一词。

（1）咁暗噜渠啡唔曾转，系讲有惹事？（这么晚了他还没有回来，莫非有什么事？）

（2）都年二十五噜，系讲你类啡唔曾放假？（都年二十五了，难道你们还没有放假？）

（3）系讲你唔知渠旧年已经走啦？（莫非你不知道他去年已经去世了？）

"系讲/话"一般只能用于是非型反问句中，加强反问语气，经常和"就"、"还"等连用。

（4）系讲渠使你去你就去啊？（难道他让你去你就去？）

（5）你系讲啡惶渠唔还钱畀你？（你难道还怕他不还钱给你？）

因为"系讲/话"在句子中可以放在主语前，也可以放在主语后面。一般来说如果急于要向听话者表明自己的反问语气，通常会放在主语前面。如上例5也可以说成："系讲你啡惶渠唔还钱畀你？"

2."啡"类反问句

老隆话中的"啡"［fɛi⁵²］相当于"还"，常用于反问句中。

（6）偃都畀渠骂噜，啡敢去跟渠啊/咩？（我都被他骂了，还敢去找他吗？）

（7）渠都话唔去，你啡讲秋咁多做惹嘚？（他都说不去了，你还说那么多干什么？）

这些句中的"啡"除了有反问的语气之外，还能表示一定的语义：可表示动作或状态持续不变，也可以表示意义的递进，如：

（8）车差唔多开了，你啡唔行□［kiak³］？（车快开了，你还不快点走？）

（9）你信唔过偃，啡信唔过阿英姑咩？（你信不过我，还信不过英姑吗？）

（10）你唔晓得写，啡唔晓得睇啊？

"啡"后还经常加否定词"唔"，表示说话者对于听话者当前的表现（没有"VP"）很不满意，强烈要求听话者执行"VP"这一动作。

（11）咁夜噜，你啡唔睏觉？（这么晚了，你还不睡觉？）

（12）偃类唔系讲好欸后日去渠改啊/咩？（我们不是说好后天去他那吗？）

（13）你唔系摎渠分欸手噜咩？做惹啡打电话畀渠？（你不是和他分手了吗？为什么还打电话给他？）

（14）都九点钟噜，你啡唔杭身啊？（都九点了，你还不起床吗？）

（二）常用结构

1."捉过＋陈述小句?"

"捉过"是"以为"的意思，表示对后面的陈述小句表示某种论断。现实中，"以为"所作的论断往往不符合事实。老隆话中反问句中用"捉过"表示与后面陈述小句相反的断言。如：

（15）你捉过偃会惶？（你以为我会害怕？）

（16）你捉过你啡细啊？啡爱我摎你睡。（你以为你还小啊？还要我陪你睡！）

（17）你捉过偃想来啊？（你以为我想来啊？）

"捉过"反问句主语没有第一人称的，也极少有第三人称，大多数是第二人称，句末多用语气词"啊"或者"咩"，如果不用语气词的则读成升调。

2."V得C"

（18）煮咁多菜，你一只人食得落啊？（煮这么多菜，你一个人吃得下吗？）

（19）使你唔有在伊踢球你啡踢，打烂人家玻璃你赔得传啊？（让你别在这踢球你还踢，打烂人家玻璃你赔得起吗？）

二、特指问型反问句

根据反问句中疑问词的不同，常见的特指型反问句有"惹"类、"奈"类、"样般"类等。

（一）"惹"类

"惹"作为疑问代词，表示"什么"的意思，反问句中的"惹"也跟询问句一样可以作主语、宾语、定语，通常是无指的，表示在说话者看来，在某个范围内，没有任何事物符合句子内容的要求。

"惹"在反问句中作主语多是否定句，如：

（20）惹你唔晓做喔？（你什么不会做？）

（21）老隆惹冇得卖？奈使带咁多东西？（老隆什么没有卖，哪用带那么多东西？）

（22）卖菜、走摩托惹唔系人做个事喔？（卖菜、跑摩托什么不是人做的事？）

"惹"前面往往还有一个确定范围的成分，如上例中的"你""老隆""卖菜、走摩托"等，相当于"什么都……"。"惹冇"表示没有什么事物是没有的，即什么都有。例22指"什么都是人做的"。

"惹"作宾语与作主语语义不同之处在于"任何"的意思不明显，整个反问句表示对于事实或者某种论断的否定，常有劝阻义。如：

（23）厓前世争你惹？嫁给你咁受罪！（我前世欠你什么？嫁给你这么受罪？）

（24）咁多人在伊，你惶惹？（这么多人在这，你怕什么？）

（25）又唔昧你考试，你有惹好紧张喔？（又不是你考试，你有什么好紧张的呢？）

（26）有惹好叫喔？（有什么好哭的呢？）

当说话者对听话者的行为或观点不满意，想劝阻对方停止动作或打消念头时，常常用这类形式，如例24就是让别人不要怕。"有惹X"经常用于反问，用来否定事实或某种看法，相当于"没有什么……"X多为名词性或形容词性成分，如例25和例26。另外，当听话者想对说话者的提问作出否定回答时，也常用这种形式。如：

（27）甲：你阿去啦？（你还去不去了？）

乙：你都咁话噜，我啡去惹喔？（你都这样说了，我还去干什么？）

反问句中放在动词后面的"惹"经常是问动作的原因，不是问事物，如前面例23、24都是表示原因，而不是事物。

"惹"作定语问事物的性质，通常包含有说话者对于这性质的否定：

（28）惹天气啊？又落水！（什么天气啊？又下雨了！）

（29）你开惹玩笑？咁大个细蚊仔使渠自己一只人出去嫽？（你开什么玩笑，这么小的小孩子让他自己一个人出去玩？）

（30）类吵交关你惹事？爱你管？（我们吵架关你什么事？要你管？）

另外，重复或引述别人的话时，可以在引述成分前后加"惹"，表示不赞成、不同意，也是反问的语气。引述成分可以是名词性的，也可以是谓词性成分或小句。如：

（31）甲：厓想走噜。（我想要走了。）

乙：走惹喔，今晚就在伊食夜噜。（走什么，今晚就在这吃晚饭嘛。）

（32）甲：偃捉过你唔去略。（我以为你不去呢。）

乙：惹你捉过，你唔晓问下厓？（什么你以为，你不会问我一下吗？）

（二）"奈"类

老隆话中询问地方的疑问代词"奈"在反问句中已经没有询问地方的意思，专门用来否定，是否认事实的可能性。如下面句子中的"奈有"其实是"没有"，"奈敢"其实是说"不敢"，"奈知"是"不知道"。

（33）你话买屋就买屋，奈有咁容易喔？（你说买房就买房，哪有那么容易呢？）

（34）奈敢使渠带细蚊仔啊？渠自己搞掂自己都算好噜。（哪敢让他带孩子，他自己照顾好自己就不错了。）

（35）甲：渠去奈去哦？（他去哪里了？）

乙：偃奈知啊？（我怎么知道？）

老隆话的"奈只"是询问人的疑问代词，在询问句中可以位于动词前或后，可以充当主语、宾语或定语。"奈只"在反问句中的分布与它在询问句中的分布是一致的，位于动词前的情况最为常见，其次是在动词或介词后作宾语。

（36）奈只话渠有胆啊？渠一只人都敢去老虎崖！（谁说他胆小？他一个人都敢去老虎崖。）

（37）你咁恶，奈只敢打你喔？（你这么凶，谁敢打你？）

（38）我惶过哪只喔？（我怕过谁？）

（39）有奈只敢得罪你啊？（有谁敢得罪你啊？）

（40）真系好笑，你咁样做对奈只有好处？（真是好笑，你这样做对谁有好处？）

有时"奈只"也可以作定语，后面的中心语在一定条件下还可以省略。

（41）偃伊世人受过奈只个气喔？（我这辈子受过谁的气？）

（42）偃一直都系靠自己，食过奈只着过奈只个啊？（我一直都是靠自己，吃过谁的穿过谁的？）

对于反问句而言，说话者认为"奈只"所指称对象的范围内没有人符合句子内容的要求，所以"奈只"是无指的，相当于"没有人"，如上例37，相当于"没有人敢打你"，例40相当于"你这样做对谁都没有好处"。

（三）"何"类

老隆话中的"何"类反问句不多，使用时也显得比较文气。如：

（43）明早就中考系略，何必咁紧张啊？（明天不就是中考而已，何必那么紧张呢？）

（44）你讲□［aŋ³¹］多渠也唔听咿，何苦再话渠喔？（你说再多他也不听的，何苦再说他呢？）

（45）咁久世界个事你又何必讲哩？（这么久的事情你又何必说呢？）

（四）"样般"类

普通话中的"怎么样"用作反问的相对于"什么"较少，老隆话中的反问句中的"样般"和询问句中一样，主要位于动词前作状语，如：

（46）渠使𠊎做个事，𠊎样般敢唔做？（他让我做的事情，我怎么敢不做？）

（47）捉渠个车票㧯啊去，睇渠样般走？（将他的车票藏起来，看他怎么走？）

三、选择型反问句

选择型反问句有三种类型：各项否定、前项否定、后项否定。各项否定指列举的各项都被否定，如果选择项为三项以上，则语义倾向为全部否定：

（48）你系唯爸啡系唯妈？咁来管我？（你是我爸还是我妈，这样管我？）

（49）𠊎奈得罪你啊？冇畀你食？冇畀你着？啡系打你了？（我哪儿得罪你了？没给你吃？没有给你穿？还是打你了？）

例48列举的两项用"系……啡系"连接，全部被否定。例49后面列举的几项没有关联词语，全部被否定。

前项否定指否定前一分句，肯定后一分句，如：

（50）你今下有事也唔有走啦，你说渠个事大，还系𠊎类个事大？（你现在有事也不要走，你说他的事大还是我们的事大？）

尽管是选择问的形式，但是说话者的语义十分明确，都是对前者的否定，对后者的肯定。

后项否定是指否定后一分句，肯定前一分句，如：

（51）渠在𠊎屋下住倒唔肯走，你话渠中意𠊎啊中意你咯？（他在我家住得不肯走，你说他喜欢我还是喜欢你？）

（52）系𠊎写啡系你写啊？彻昼在改嘈𠊎。（是我写还是你写？老是在那吵着我。）

四、正反型反问句

因为普通话正反问句是肯定加否定的形式构成的，所以正反型反问句有两种类型：前项否定和后项否定，如：

（53）问问你自己，受得了受不了这样的苦？（否定前项）

（54）你们缺德不缺德？（否定后项）

老隆话中的正反问是"F-VP"形式，没有前项后项之分，自然也就没有否定前项和否定后项之分，一般都是对于"VP"的否定，如：

（55）当紧咁多人个面畀渠骂，你话𠊎阿使见人哪？（当着那么多人的面被他骂，你说我有没脸见人？）

（56）冇头冇事打人阿□啊？（好端端就打人对不对啊？）

另外正反型反问句有一个特点是多数都带有"你话"、"你睇下"、"你捻下"等，表示一种责备对方的语义。

五、结语

与普通话反问句一样，龙川客家话的反问句常用的有四种类型：是非问型、特指问型、选择问型和正反问型。龙川话是非型反问句通过添加语气副词表达反诘等语气，比较常用的是语气副词"系讲/话"、

"啡"等；也可以通过一些特定结构"捉过+陈述小句?""V得C"表示反问。龙川话特指型反问句中，常用于表示反问的疑问代词有"惹"（什么）类、"奈"（哪）类、"样般"（怎么样）类等。选择型反问句则可以根据不同的语境对前项、后项或各项进行否定。龙川话中的正反问是"F-VP"形式，所以正反型反问句通常是对于"VP"的否定，多数都带有"你话"、"你睇下"、"你捻下"等，表示一种责备对方的语义。

参考文献

[1]谢留文，黄雪贞.客家方言的分区（稿)[J].方言,2007(3).

[2]吕叔湘.吕叔湘文集[M].北京：商务印书馆,1990.

[3]袁劲.说"难道"[J].青海师范大学学报（哲学社会科学版),1986(4).

晋语总括副词"全"和"都"的类型研究[①]

孙玉卿　麦　涛

（暨南大学华文学院　广东　广州　510610）

【提　要】文章以"全"和"都"不可替换的四种类型为切入点，分析了这四种类型在晋语中的具体分布情况；探讨了占绝对优势的"全"在由北向南的过程中逐渐弱化，"全"和"都"的语义分工逐渐显现，其发展趋势的地域特征非常明显。

【关键词】晋语　总括副词　全　都

一、问题的提出

现代汉语中"全"和"都"是两个表示总括的范围副词。一般来说，它们表示对范围内成员的总括，说明它们都具备了谓词所具备的性质。在很多情况下，两者是可以互换的。如"他们全来了"，也可以说"他们都来了"。但也有一些用法，其存在着不少的差异性。马真（2004）[1]P107认为："都"能用于任指的句子，总括任指的范围；"全"似乎不能用于任指的句子。马真列出了四组不能互相替换的句子，我们称为四种类型。

（1）*［重叠型任指短语］……全

　　a 人人都要守纪律。——*人人全要守纪律。

　　b 个个都是好学生。——*个个全是好学生。

（2）*［疑问词任指短语］……全

　　a 谁都知道这件事情。——*谁全知道这件事情。

　　b 他哪儿都不去。——*他哪儿全不去。

（3）*［其他型任指短语］……全

　　a 任何人都不会知道这件事。——*任何人全不会知道这件事情。

　　b 每个青年都要努力学习。——*每个青年全要努力学习。

　　c 所有公民都要遵守交通规则。——*所有公民全要遵守交通规则。

他还认为："都"和"全"在总括的对象方面也有差异。"都"可以总括主体、动作行为的对象、时间、处所和条件等。"全"虽然可以总括主体和动作行为的对象，但一般不能总括动作行为发生的时间、处所和条件。如：

（4）*［时间、处所和条件成分］……全

　　a 这个星期他都没来上班。——*这个星期他全没来上班。（时间）

---

① 本文为教育部社科基金项目《汉语方言数量范畴的类型学研究》（12YJA740067）的阶段性成果，也是国家社科基金重大项目（13 & ZD135）的阶段性研究成果。

b 我在上海、杭州、广州都遇见了我的老同学。——*我在上海、杭州、广州全遇见了我的老同学。(处所)

c 无论夏天、冬天,我都坚持锻炼。——*无论夏天、冬天,我全坚持锻炼。(条件)

"全"和"都"的这些差异性在不同的汉语方言表现的却是迥然不同。有些方言表示总括的范围副词只有一个,或者是"全",或者是"都";也有的方言"全"和"都"都有,但其过度的特征非常明显。我们以晋语为例,对晋语内部的并州片、吕梁片、上党片、五台片和大包片等方言点进行了较全面的考察,[2]P56按照其分布的范围,我们分为三种类型:大同型,占绝对优势的总括范围副词"全";并州型,占绝对优势的总括范围副词"都";吕梁型,两个表示总括的范围副词"全"和"都"。我们按照这些类型的不同特点,具体描述如下:①

二、大同方言"全"和"都"的类型差异

大同方言属于晋语中的大包片,这里的"全"是一个占有绝对优势的范围副词。在老派人的口语中,很少说"都"。如果有些句子不能说"全",他们会说"也",而不说"都"。我们把"全"和"都"不能互换的四种类型的句子与大同方言作了一个比较。

表1 大同方言中"全"和"都"的比较分析

序号		普通话——都	普通话——全	大同方言——都	大同方言——全	大同方言——也
（1）	a	人人都要守纪律。	—	—	人人全要守纪律。	—
	b	个个都是好学生。	—	—	个个全是好学生。	—
（2）	a	谁都知道这件事情。	—	—	—	谁也知道这件事。
	b	他哪儿都不去。	—	—	—	他哪儿也不去。
（3）	a	任何人都不会知道这件事。	—	—	—	任何人也不会知道这件事。
	b	每个青年都要努力学习。	—	—	年轻人全要努力学习。	—
	c	所有公民都要遵守交通规则。	—	—	所有公民全要遵守交通规则。	—
（4）	a	这个星期他都没来上班。	—	—	这个星期他全没来上班。	—
	b	我在上海、杭州、广州都遇见了我的老同学。	—	—	我在上海、杭州、广州全遇见了我的老同学。	—
	c	无论夏天、冬天,我都坚持锻炼。	—	—	无论夏天、冬天,我全坚持锻炼。	—

从表1我们看到,在现代汉语中,可以用重叠、疑问代词和一些特殊的成分,如"任何"、"每"和"所有"等来表示任指。在这些表任指的句子中,可以用范围副词"都",但不能用"全"。不过,在大同方言中,这四类句子都可以不出现"都",用"全"或"也"来代替。

---

① 文章所用方言材料除特别说明外,均为本人调查所得。

1. 用重叠表示任指

第一种类型，用重叠表示任指。（1）a 和（1）b 在大同方言都可以用"全"代替。只是在这类句子中，如果要表示强调，还可以在"全"前面加上"一"，如：

（5）人人一全走了，我也走了。（你们都走了，我也走了。）

（6）个个说的一全是假的。（每个人说的话都是假的。）

这里的"一"表示"都"、"一概"（据《汉语大词典》）[3]P1837。这里的"一全"更凸现地表示肯定的意义，一般用在肯定句中。其实，在大同方言中，如果主语不是"用重叠表示任指"的句子，"一全"也可以用在这些句子的否定式中。如：

（7）你们一全甭走，咱们把话说清楚。（你们都别走，咱们把话说清楚。）

（8）他们一全不说话，不知道做啥呢？（他们都不说话，不知道为什么。）

据李斌（2012）[4]P32统计，《现代汉语方言大词典》中有语素"一"的"都"类范围副词有16个，分别是：一股脑儿（哈尔滨）、一抹（儿）（哈尔滨）、一呼拢统（济南）、一遭儿（牟平）、一忽拉（徐州）、一古辣塔子（南京）、一下（成都、贵阳、于都）、一划子（西安、太原、忻州）、一挂（西宁）、一里（银川）、一满（乌鲁木齐）、一伙（万荣）、一概（太原）、一水（忻州）、一塌刮子（杭州、丹阳）、一塌孤橹（丹阳）。我们看到，这里没有"一全"，说明"一全"在汉语方言的使用范围较小。我们查阅了《现代汉语方言大词典》（第二卷）[5]P1481，其中"全"表示"完全"、"都"这类义项的汉语方言也比较少，只有5本方言词典有。如：

（9）今天底考试题我全做对咧。（全，完全；都。乌鲁木齐）

（10）两套书不全（人力）。（全，完备；齐全。绩溪）

（11）人总是到不全。（全，齐全。南昌）

（12）全食米，（人不）食面粉。（全，整个；全部。福州）

（13）耶副（口迫）子（扑克牌）无全啦，欠几支子啦（差了几张牌）。（全，齐全。雷州）

《现代汉语方言大词典》中的山西方言词典是《太原方言词典》、《忻州方言词典》和《万荣方言词典》，这些方言词典均没有收录"全"。

2. 用疑问代词表示任指

第二种类型，用疑问代词表示任指。这类句子在大同方言也不能用"全"。周韧（2012）[6]P139认为：疑问词不能和"全"搭配使用，是因为"全"要求其总括的对象是一个说话人高度熟悉的整体。而疑问词的使用显然表明说话人对总括对象并不知晓，就更谈不上熟悉了。所以，疑问词既表示个体的性质，也不为说话人熟悉，这些性质都和"全"的特征相悖，所以不能和"全"搭配使用。

这类句子在大同方言虽然不能用"全"，但是也不用"都"，而是用"也"表示。这里的"也"表示同样、并行等意义。（《古代汉语词典》）[7]P1833这一用法在汉语方言的使用范围比较广泛，《现代汉语方言大词典》（第一卷）[8]P423例举的方言比较多。如：

（14）侬姓张，我也姓张。（你姓张，我也姓张。上海）

（15）汝去，我也去。（你去，我也去。黎川）

（16）带淡薄钱，路里也通用。（多带一点钱，路上用。厦门）

这一用法在普通话中也有使用，如《现代汉语八百词》[9]P523 "'也'前面是表示任指的指代词，有'无论…'的意思。'也'后面多数是否定式。"（以下例句均引自《现代汉语八百词》）

（17）夜行军时谁也不说话，只听见沙沙的脚步声。

（18）说什么咱们也不能灰心。

（19）只要大家团结一致，什么困难也能克服。

（20）怎么扳也扳不动。

吕叔湘认为，这是从"也"的基本用法引申出来的，"谁也不说话"等于"老张也不说话，老李也不说话，……"。我们认为这种解释是合理的。

3. 用一些特殊成分来表示任指

第三种类型，是用一些特殊成分来表示任指。这里的"全"不能单独使用，一定要说"全要"，强调的语气更明显。不过，这种类型在大同方言中出现了分化，在表示肯定的句子中仍用"全"，如例（21）、例（22）和例（23）中的肯定式；但在表示否定的句子中要用"也"，如例（21）、例（22）和例（23）中的否定式。这类句子的肯定式与否定式差别较大。如：

表2　大同方言"全要"的肯定式与否定式

序号　　肯定式与否定式	"全要"——大同方言肯定式	"全要"——大同方言否定式
（21）	任何人全要知道这件事情。	任何人也不会知道这件事情。
（22）	每个青年全要努力学习。	每个青年也不用努力学习。
（23）	所有公民全要遵守交通规则。	所有公民也不用遵守交通规则。

在这一类型的否定句中，强调的是总括中的每一个成员，所以用"也"来表示。这也印证了吕叔湘的观点，即"'也'前面是表示任指的指代词，有'无论……'的意思。'也'后面多数是否定式"。

"全要"在大同方言的使用频率比较高。如果"全"和"要"拆开使用，则其表达的意思不够完整。如下面的句子就不能成立。

＊（21）任何人要知道这件事情。

＊（22）每个青年要努力学习。

＊（23）所有公民要遵守交通规则。

大同方言"用一些特殊成分来表示任指"的肯定句式，一定要出现表示总括的范围副词"全要"。《现代汉语方言大词典》和《现代汉语八百词》都没有收录"全要"，但在大同方言，它是作为一个词来使用的。

4. 在总括的对象方面也有差异

第四种类型，"全"虽然可以总括主体和动作行为的对象，但一般不能总括动作行为发生的时间、处所和条件。而大同方言中的"全"却可以没有这样的限制，在这类句子中，都可以使用"全"。如：

（24）这个星期他全没来上班。

（25）我在上海、杭州、广州全遇见了我的老同学。

（26）无论夏天、冬天，我全坚持锻炼。

周韧（2011）[10]P133认为，"'全'一般是不能总括时间的，这是因为类似于'这星期'、'这段时间'、'这几个小时'和'这几天'这种时间上的表述，本身无法统一于一个时间点，因此无法形成时间上统一的总括扫描模式，所以不能和'全'连用。"如（4）a；同样，对于不同的几个地点，也很难将这些地点上发生的事情集中到"一张照片"上来展现，如（4）b；也不能在时间上同步，如（4）c。而反过来，"都"侧重个体的功能，是可以和表示次第扫描的事件搭配使用的，所以这些地方可以用"都"。

但是大同方言，这些无法"形成时间上统一的总括扫描模式"的句子仍然可以用"全"，它强调的是其共同性。如例（24）强调的是：这个星期的每一天他都没来上班；例（25）强调的是：我在上海、杭州、广州这几个地方都遇见了我的老同学；同样，例（26）强调的是：无论什么季节，我都坚持锻炼。

三、其他方言"全"和"都"的类型差异

1.占绝对优势的范围副词"都"——并州型

在晋语的其他方言片，范围副词"都"的使用频率还是比较高的。如并州片、五台片和上党片，我们以并州片为代表进行说明。

这几个方言片在使用范围副词方面比较一致，那就是一般使用"都"，有时也用"全"、"也"和"就"。如可以说"都来了"，也可以说"全来了"；不过，使用"都"的频率更多些。在我们所讨论的"全"和"都"不能互换的四种类型的句子里，这三个方言点只有第二类，即"用疑问代词表示任指"的句子里，是用"也"而不用"都"，与大同型相同，与后面我们要讨论的吕梁型也相同；其他三种类型的句子基本上用"都"。只是在第三类的（3）a"任何人都不会知道这件事"，这三个方言点也比较一致地用"也"，而不是用"都"，这一点也与大同型相同，与后面我们要讨论的吕梁型也相同。

2.范围副词"都"和"全"同时使用——吕梁型

在吕梁市及周边地区，范围副词"都"和"全"同时在使用，也可以叠加在一起使用"全都"，表示程度进一步加深。在这一类型里，"全"的使用范围逐渐缩小，只能用在肯定句中，不能用在否定句里。否定句为"都"所取代，"都"的使用范围在逐渐扩大。如表3所示。

表3　吕梁方言"全"和"都"的比较分析

例句 \ 句型	肯定句	否定句
"全"	人们全来了。	——
"都"	人们都来了。	人们都没来。
"全都"	人们全都来了。	人们全都没来。

吕梁方言没有"用重叠表示任指"的习惯，不能说"人人"、"个个"，一般说"你们"或"人们"。另外，吕梁方言也不能说"任何人"、"每个人"等。这样，我们可以把第一类的（1）a、（1）b，和第三类的（3）b、（3）c，和第四类的（4）a、（4）b、（4）c合并为一类。如：

（27）你们青年们全要好好学习。（每个青年都要努力学习。）

（28）这个星期他就都没啦来上班。（这个星期他都没来上班。）

（29）我在上海、杭州、广州全碰见过我的老同学。（我在上海、杭州、广州都遇见了我的老同学。）

（30）夏天、冬天我都锻炼呢。（无论夏天、冬天，我都坚持锻炼。）

例（27）中的"全要"可以换成"全"或"都"，但所表达的语气略弱一些。例（29）中的"全"不可以替换为"都"，但可以用"全都"替换，表达的语气更强些。例（28）是个否定句，不用"全"。这里的"就"表示强调。例（30）虽然是肯定句，但是不用"全"而用"都"。说明在一些肯定句中，"全"的使用范围也在缩小。

四、结语

晋语总括副词"全"和"都"，在由北向南的发展过程中，"全"的使用范围在逐渐缩小，"都"的

使用范围在逐渐扩大，并占有明显的优势地位，以至于《太原方言词典》、《忻州方言词典》和《万荣方言词典》中均没有收录总括副词"全"。

"全"和"都"在其演变过程中，既有向普通话靠拢的趋势，如并州片、五台片和上党片中的方言，在"重叠"、"一些特殊成分来"和"在总括的对象方面"表示任指的句子里，只能用"都"，这与普通话保持了一致；但在"疑问代词表示任指"的句子里，却不能用"都"，只能用"也"，无论在晋语的南北方言区，其用法都非常的一致，这又凸显了其地域的特点。

大同方言选用了"全"和"也"的组合来实现语义总括，也由"全"来实现对复数短语、统指短语和条件短语的总括。由于大同方言没有总括副词"都"，因此大同方言也没有对应的任指短语（即"每……"），而是采用复数短语（如"年轻人"）来代替这一表达。同时，与普通话相同的是大同方言采用了"也"来对任指短语进行总括。

并州片、五台片和上党片的方言使用了占绝对优势的范围副词"都"。这三个方言片在"全"和"都"的分工方面基本上表现出跟普通话更接近的特点，而在"都"和"也"的分工方面则表现出跟大同方言更接近的特点。也就是说，与普通话的"全"和"都"不能互换的四类情况中，除总括对象为任指短语外，其他的三类情况这三个方言片都是跟普通话的情况一致，只能采用"都"进行总括。当总括对象为任指短语时，这三个方言片则跟大同方言的情况一致，即只能采用"也"进行总括。

吕梁型方言片的特点是同时使用范围副词"都"和"全"。因为吕梁方言中缺乏重叠式和加"任何……"来实现任指短语，也没有用"每……"实现任指短语，而是通过复数短语来实现任指，所以"全"和"都"在这两类短语上的总括分工就不复存在，两者因而可以互换使用。

总之，"全"和"都"在晋语中的发展变化还在进行着，有待于我们进一步更加细致的研究。

参考文献

[1]马真.现代汉语虚词研究方法论[M].北京：商务印书馆，2004.

[2]侯精一主编.现代汉语方言概论[M].上海：上海教育出版社，2002.

[3][7]陈复华主编.古代汉语词典[M].北京：商务印书馆，2000.

[4]李斌.汉语方言"都"类范围副词考察[J].湖南工程学院学报，2012（2）.

[5][8]李荣主编.现代汉语方言大辞典[M].南京：江苏教育出版社，1994.

[6][10]周韧."全"的整体性语义特征及其句法后果[J].中国语文，2011（2）.

[9]吕叔湘主编.现代汉语八百词[M].北京：商务印书馆，1994.

两岸客家话中体助词"等"的语源补说[①]

温昌衍

（嘉应学院文学院　广东梅州　514015）

【提　要】两岸客家话中体助词"等"，相当于普通话动态助词"着"，表示动作的持续和进行。它来自表示进行和持续的体助词"紧"，是"紧"语音演变后的结果。本文对此进行补说。

【关键词】两岸客家话体助词"等"　语源　体助词"紧"　补说

笔者曾经指出：两岸客家话中体助词"等"，相当于普通话时态助词"着"，表示动作的持续和进行。它主要见于广东梅州一带的客家话（不含历史上属于潮州府的大埔县城、丰顺县城两地客家话）及从广东梅州流播出去的客家话（如广东中山客家话、广西贺州客家话、江西井冈山（黄坳）客家话、四川泰兴及合兴客家话、台湾客家话、印尼客家话）。它与客家话中的另一体助词"紧"的功能和表义是完全相同的，所以"等"应是"紧"语音演变后的结果。演变的音理是，声母 k 在前高元音 i 的同化下，发音部位前移，变成 t，然后，韵母中的"i"低化，变为"e/ɛ"，这样发音更省力。大致的过程是：$kin^3 \rightarrow tin^3 \rightarrow ten^3/tɛn^3$。（四川客家话进一步演变，过程如下：$tɛn^3 \rightarrow tiɛn^3 \rightarrow tiɛ̃^3$）从总体看，$kin^3$ 变为 $ten^3/tɛn^3$（台湾海陆腔客家话还进一步弱化为"nen^3"，广东五华客家话则在语流中进一步弱化为"en^3"），符合虚词语音通常弱化的演变规律（以上数字指调类，1—8分别代表阴平—阳入，下同）。[1][2]

这里再补充两点。

一、$kin^3 \rightarrow tin^3$ 在翁源客家话中找到了旁证[①]

翁源客家话表进行的体助词有"顶［tin^3］"、"紧［kin^3］"，另外，还有一个"稳［vun^3］"。"顶"和"紧"不可以互换，但是"顶"和"稳"可以互换，"紧"和"稳"也可以互换。江尾镇和坝仔镇只说"顶"，不说"紧"。有时会说"稳"，但一般说"顶"比较多，例如：

（1）佢洗顶嘞身。（我正在洗澡。）（"嘞"音［lei］，有时也被前面音节同化，音变为［nei］。下同）

（2）我上顶嘞课。/我上稳嘞课。（我正在上课。）

而新江镇、翁城镇、官渡镇、周陂镇、龙仙镇，只说"紧"，不说"顶"，也会说"稳"。例如龙仙镇话：

（3）佢食紧嘞饭。/佢食稳嘞饭。（他正吃着饭。）

（4）我看紧嘞书。/我看稳嘞书。（他正看着书。）

（5）佢打紧嘞篮球。/佢打稳嘞篮球。（他正在打篮球。）

① 本文为国家社会科学基金项目（13BYY050）和国家社会科学基金重大招标项目（14ZDB107）之前期成果。

我们从以上可以看出，客家话中体助词确实有"tin³"（顶）的形式，只是这种形式已经非常罕见；另外，"tin³"（顶）与"紧"不能互换，而"tin³"（顶）与"稳"、"紧"（顶）与"稳"都可以互换，也可以证明"tin³"（顶）来自"紧"（两者未在同一个方言点出现）。

二、"i"变为"e/ɛ"，"k"变为"t"，还和"紧（等）"经常跟的相当于"了"的助词"欸"、"嘞"的读音的影响有关

"i"低化，变为"e/ɛ"，与发音更省力有关（这也与虚词读音一般会弱化有关），而且与"紧"经常跟的相当于"了"的助词"欸"、"嘞"的读音有关。上文翁源客家话已经透露出"紧（顶）嘞"的用例。下面着重介绍梅县客家话"等（紧）欸"的情况（"欸"梅县音为 [e²]（有的记为ɛ，这只是记音符号的差别，为了简便，以下以"e"作代表，即将"i→e/ɛ"表述为"i→e"），早期读音为 [le²]，与流播到台湾的四县腔客家话相同，详见下文）。

根据林立芳[3]P131-132, 138，梅县客家话里的"等"（即"紧"）可以与"欸"组成"等欸"一起使用。"等欸"多用于句子末尾，"欸"兼有表语气的作用。有时为表示强调处于某种状态，"等欸"也用于句中（在动宾结构中间）。如：

（6）佢叫等欸，脉个都唔肯食。（他正哭着，什么都不肯吃。）（131页）

（7）佢两侪好等欸，食饭都共只碗公个。（他俩亲密得吃饭都共用一只碗。）（132页）

（8）佢紧讲等欸。（他不停地说着话。）（138页）

（9）雨紧落等欸。（雨不停地下着。）（138页）

（10）外背落等欸雨。（外面正下着雨。）（131页）

（11）佢读等欸书，唔好搅造佢。（她正在读着书，不要打扰她。）（132页）

由于"等欸"经常组合，所以甚至成为结合在一起的词条构成成分，进入方言词典。例如（《梅县方言词典》）：[4]P138,150,210

（12）含等欸 [hem² ten³ ne²]：含着。（"欸"原写"儿"，今统一为"欸"。声调原记为轻声，为与上文统一，还原为本调2，下同）（150页）

（13）哽等欸 [kaŋ³ ten³ ne²]：（吃饭）噎住了。（210页）

（14）心肝头轧等欸 [sim¹ kon¹ tʰeu² tsat⁷ ten³ ne²]：睡眠中做一种感到压抑而呼吸困难的梦．有的地区叫"梦魇"。（"欸"原写"了"，今统一为"欸"）（138页）

又如（张维耿《客方言标准音词典》）：[5]P143

（15）掼等欸 [kʰuan⁵⁶ ten³ e²]：怀孕中。

《客家话词典》收录了"记等"（记住），而例句中却用"记等欸"：[6]P68

（16）头先同伎讲个事记等欸么？（刚才跟你说的事记住了吗？）

这实际上也是同类例子。

从梅州流播到台湾的四县腔客家话的表现相同，例如（据网络版《台湾客家语常用词辞典》）[7]：

（17）佗网仔项卡等了。（在网子上卡住了。）（引者注："了"音 [le²]，与梅县客家话的"欸" [e²] 同源。）

由于使用上"紧（等）"、"嘞/欸"经常配合，所以语音易相互同化，即"嘞"、"欸"的韵腹同化了"紧"的韵腹"i"（导致i→e），同时，由于"嘞"及"欸"（早期）的声母是l，"紧"的声母"k"也易演变为与"l"同部位的"t"（还与韵腹i的拉动有关）。

我们可以将上述内容总结如下："等欸"的前身是"紧欸"，即：紧欸［kin³ le²/e²］→等欸［ten³ le²/e²］（作为意义较虚的体助词，"紧"本身的读音容易变化，受韵腹i的拉动的作用，特别是受后面音节的声母"l"的同化作用，声母"k"演变为与"l"同部位的"t"，韵腹i则在弱化趋势的驱动下，特别是在后面音节的韵腹"e"的同化下，演变为开口度更大的"e"）。这种变化结果又类推出去，将单用的体助词"紧"同化为"等"。

附带一提，据朱炳玉[8]P399，五华客家话也有类似表现。只是"等欸"的形式成了"等哩"。例如：

（18）菜煮等哩。（菜在煮了。）

（19）阿芹学等哩。（阿芹在学了。）

（20）佢已经看等哩。（他已经在看了。）

五华客家话的"哩"（li²），与梅县客家话的"欸"［e²］和四县腔客家话的"了"［le²］同源，都来自古代汉语中表完成的"来"（四县腔客家话的"了"［le²］是"来"弱化韵母后的结果，梅县客家话的"欸"［e²］是"了"［le²］继续弱化（失落）声母后的结果，五华客家话的"哩"［li⁰］是"了"［le²］继续弱化韵母后的结果），早期也应有"e"的读音。②

就广东梅州的表现看，很可能是中心区域梅县（包括原为梅县老县城今为梅州市区的梅城）完成了变化后传播出去的。可作旁证的是，丰顺县城客家话不用"等"，用"倒"，但靠近梅县（及梅城）的丰顺丰良客家话用"等"，应是梅县客家话影响所致。此外，大埔县城客家话不用"等"，而靠近梅县（及梅城）的大埔大麻客家话和大埔高陂客家话都用"等"（不过，也用"紧"，两者可换用。两地都以"紧"为主，"等"的使用不如"紧"多，因为"紧"是固有的、传统的，居于主要地位，"等"是外来的，后期渗入的，居于次要地位），这也可以作为旁证。[2]

附注

①翁源客家话的材料由暨南大学方言学硕士研究生吴碧珊同学提供，特此致谢！

②大埔客家话、平远客家话中与梅县客家话助词"欸"相当的词是"嘞"［le²］，其源头也是古代汉语中表完成的"来"。"来"用作表示完成的助词，中晚唐时已相当普遍，例如：

（1）生计抛来诗是业，家园忘却酒为乡。（白居易《送萧处士游黔南》，全唐诗）

（2）庄走出被赶，斫射不死，走得脱来，愿王哀之。（《朝野金载》卷2）

黄映琼、温昌衍《普通话助词"了"在梅州客家话中的对应形式及相关问题》(稿)对此有详细论述，此不赘述。

参考文献

[1]温昌衍.客家话中体助词"等"的分布及语源.第三届地理语言学会议论文，暨南大学，2014.

[2]温昌衍.两岸客家话中体助词"等"的语源[J].嘉应学院学报，2015(2).

[3]林立芳.梅县方言语法论稿[M].北京：中华工商联合出版社，1997.

[4]黄雪贞.梅县方言词典[M].南京：江苏教育出版社，1995.

[5]张维耿.客方言标准音词典[M].广州：中山大学出版社，2012.

[6]张维耿.客家话词典[M].广州：广东人民出版社，1995.

[7]台湾"教育部"客家语辞典编辑小组.台湾客家语常用词辞典[DB/OL].http://hakka.dict.edu.tw/hakkadict/index.htm.

[8]朱炳玉.五华客家话研究[M].广州：华南理工大学出版社，2010.

2004—2013十年国务院政府工作报告语篇衔接类型研究

刘文俊[1] 甘于恩[2]

（1.洛阳师范学院 河南洛阳 471000；2.暨南大学文学院/汉语方言研究中心 广州 510632）

【提 要】本文从公文语言学角度出发，以系统功能语言学为理论基础，选取2004—2013十年国务院政府工作报告为语料，通过分析、归纳、统计、举例等方法较为详尽地描述了政府工作报告语篇的衔接类型，进而探索政府工作报告在语篇衔接上所呈现的一些特点。

【关键词】政府工作报告 衔接类型 语法衔接 词汇衔接

国务院政府工作报告（以下简称"政府工作报告"）是国务院依据法律规定，由陈述者（即国务院总理）代表国务院在全国人民代表大会和政治协商会议（简称"两会"）上向大会主席团、与会人大代表或政协委员报告本届政府任职期间工作情况的一种政治文体形式。每年的政府工作报告经与会代表研讨、修改、表决，再由大会审核批准后，作为国务院依法开展行政工作的法定性指导文件。

政府工作报告程式化高，语料公开，文本可靠，本文选取2004—2013年十次国务院政府工作报告，共约20万字，作为研究语料。①

从文体角度看，政府工作报告属于机关事务性应用文书，是报告这一公文文种的一个分支，从受话方式来看，它是由有关领导人在特定会议上所作的一种以政论性为主的讲话文稿，所面向的受众群体差异大、层次复杂，所以它是一种兼具书面语体和口语语体、应用语体和政论语体的特殊语篇形式。语篇最终是通过其形式特征来表现的，从系统功能语言学角度出发，从形式特征来研究语篇连贯的唯一途径是通过语篇的衔接机制。衔接指的是"语篇中语言成分之间的语义联系，或者说是语篇中一个成分与另一个可以与之相互解释的成分之间的关系。"[1]P179 衔接区别于词、小句等语法概念，是它们实现意义相关性的具体体现形式。根据衔接所体现的语言层面的不同，可分为语法衔接和词汇衔接。

一、语法衔接

"语法是语言的构造规则。"[2]P167 语法衔接是指运用语法手段使句子产生联系，实现上下衔接，以达到连句成篇目的的连贯方式。主要的语法衔接手段有：照应，省略，替代和连接。

---

① 本文研究语料来源于中华人民共和国中央人民政府门户网站：http://www.gov.cn/guoqing/2006-02/16/content_2616810.htm。

（一）照应

"照应指的是语篇中一个成分作为另一个成分的参照点，人称代词、指示代词和表示比较的词可以起到照应的作用。"[3]P180 其中，人称照应和指示照应使语篇在语言上更为言简意赅，在结构上更为紧凑，语义上简明连贯，能够实现信息的有效传达，具有较强的衔接力。

1.人称照应

人称照应的衔接手段，通过人称代词与上下文中的名词建立起语义联系，从而达到上下文的意义连贯。经过统计，在这十年的政府工作报告中，第一人称复数形式"我们"出现最多，共计336次；其次是"我"，出现24次，"他们"出现13次，"自己"2次，"它"1次。没有出现"你"、"你们"、"他"、"它们"、"她"、"她们"。由此可以发现，在政府工作报告中第一人称使用居多，一般不使用第二人称，第三人称较少使用，用"他们"来复指少数民族、海外侨胞、特殊困难群众等部分群体。

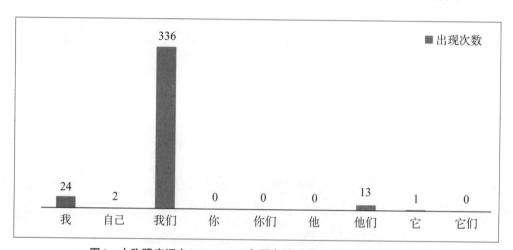

图1　人称照应词在2004—2013年国务院政府工作报告中出现次数统计

（1）一年来，**我们**按照执政为民的要求和建设法治政府的目标……（2004年）

在政府工作报告中，"我们"指国务院，作为每年政府工作报告的陈述主体，对工作进行总结汇报和部署，因而使用次数非常多。例（1）"我们"照应了报告开头的"我代表国务院"中"国务院"一词，一方面遵循了语言的经济原则，避免了语句的赘余；另一方面，相较于"国务院"，更能拉近与听众的情感距离，增强听众的参与感。第一人称照应词的频繁使用，展现了政府工作报告第一人称的发话语态，是对发话主体的重复强调，体现了政府的权威性、政府工作的主体性和政治话语的严肃性。

（2）**我**代表国务院，向全国各族人民，向各民主党派、各人民团体和各界人士，表示诚挚的感谢！（2006年）

国务院总理是国务院最高领导人，全面领导国务院工作，《中华人民共和国宪法》规定："总理代表国务院对全国人大及其常委会负责。"因此，政府工作报告中的"我"本指宣读者个人，但在该语境中，实际是指国务院总理。因而，文中所用到的"我"均照应了开头，指国务院总理。

（3）关心和支持残疾人事业，为**他们**平等参与经济社会生活创造良好环境。（2007年）

（4）**我们**相信，有伟大祖国作为坚强后盾，香港、澳门同胞一定能够把**自己**的家园建设得更加美好！（2012年）

（5）科学发展观是中国共产党对社会主义现代化建设指导思想的新发展。**它**进一步明确了发展是硬

道理……（2005年）

政府工作报告中人称代词"他们"、"自己"、"它"的使用并不多，从以上例子中可以发现，这些词通常都以回指的形式实现照应，即对前文中出现过的人或事物进行指代，使小句间实现意义的关联，以此实现衔接。例（3）中，"他们"回指"残疾人"；例（4）中，"自己"回指"我们"，即国务院；例（5）中，"它"回指"科学发展观"这一理念。

2. 指示照应

2004—2013年的政府工作报告中，"这"作为指示代词单独出现118次，常与"个"、"方面"、"次"、"项"等量词连用，用以指示目标、领域、会议、政策等，与文中相关信息实现照应。"这"的复指形式"这些"出现了47次，近指照应"这里"出现11次。"这"及由"这"构成的指示代词经常与"是"或"就是"连用构成判断句，用以陈述某种客观情况。而"那些"在2004—2013年的政府工作报告中仅出现3次，复指一些企业、法律制度和会议庆典等。"那"没有单独出现，远指照应"那里"也未出现。

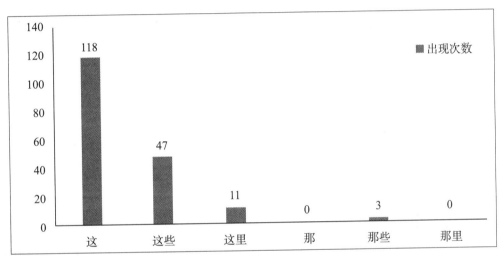

图2　指示照应词在2004—2013年国务院政府工作报告中出现次数统计

（6）在试点基础上，从今年秋季起全面免除城市义务教育学杂费，**这**是推动义务教育均衡发展、促进教育公平的又一重大举措。（2007年）

（7）"十一五"时期是我国发展进程中极不平凡的**五年**。

　　这五年，我国社会生产力、综合国力显著提高。

　　这五年，各项社会事业加快发展、人民生活明显改善。

　　这五年，改革开放取得重大进展。

　　这五年，我国国际地位和影响力显著提高。

　　这些辉煌成就，充分显示了中国特色社会主义的优越性……（2011年）

例（6）中"这"回指前文"免除城市义务教育学杂费"，即免除城市义务教育学杂费是推动义务教育均衡发展、促进教育公平的又一重大举措。"这"在政府工作报告中用于回指照应的现象很多，且这种照应不限于出现在同一句子中，它还有可能跨越句子和段落，实现语篇的照应衔接。如例（7）中"五年"实际指哪五年，读者可以参照"十一五"时期获知。同时，以下每段段首"这五年"也与"十一五"的五年相照应。通过四个"这五年"概括了"十一五"时期我国生产力和国力、社会和人民、改革开放以及国际地位所获得的成就。

（二）省略

"省略指的是把语篇中的某个成分省去不提。它是避免重复，突出新信息，并使语篇上下紧凑的一种语法手段。"[4] P181 省略不仅出现在小句内，也有可能出现在不同句子中，呈现跨句省略的现象，通常把重复的语言成分略掉，在句法上留下空位，但在上下文语境中可以找到所省略的部分，起到了连接语篇上下文的作用。

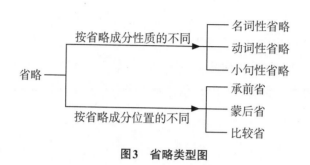

图3　省略类型图

1. 名词性省略、动词性省略和小句性省略

根据省略成分的性质不同，可以划分为：名词性省略、动词性省略和小句性省略。①

名词性省略在政府工作报告中极为常见，且多为对作为主语的名词的省略，因而政府工作报告中经常出现缺少主语的"谓语+宾语"这一句型结构，句子短小精练。主语代词"我们"、"我国"的省略出现最多，这与听众的认知是紧密相关的。众所周知，政府工作报告的陈述主体是国务院，即使省略，听众也可以理解其语篇意义。

（8）我们注重把握宏观调控的方向、重点和力度，牢牢掌握经济工作的主动权。"十一五"前期，针对投资增长过快、贸易顺差过大、流动性过剩，以及结构性、输入性物价上涨等问题，（我们）采取正确的政策措施，有效防止苗头性问题演变成趋势性问题、局部性问题演变成全局性问题。（2011年）

（9）《纲要（草案）》对推进信息化、发展高技术产业、振兴装备制造业、发展能源原材料工业等方面的主要任务和建设布局作了部署，（《纲要（草案）》）规划了一批重大建设项目。（《纲要（草案）》）提出要加快发展服务业特别是信息、金融、保险、物流、旅游和社区服务业，不断提高服务业的比重和水平。（2007年）

例（8）中，后句是没有主语的，通过前句可以找出其省略掉的主语"我们"。例（9）中《纲要（草案）》这一名词充当了首句的主语，同时充当了分句及下一句的主语，既有句内的省略，又有跨句的省略。

（10）各级政府都要自觉接受人大监督和政协民主监督，强化监察、审计等专门监督，（各级政府都要）高度重视人民群众监督和新闻舆论监督，（各级政府都要）做到行政权力运行到哪里，监督就落实到哪里，财政资金运用到哪里，审计就跟进到哪里。（2009年）

动词性省略在政府工作报告中出现最多的是对"要"的省略，还经常与主语一同省略，如例（10）。

政府工作报告中还存在小句性省略的现象，就是对小句的一部分或整个小句进行省略，这种省略较名词性省略和动词性省略出现较少。单就"我代表国务院"而言，具有主语、谓语和宾语，是一个完整的小句。但在例（11）中，"我代表国务院"作为小句性成分充当了"向……表示感谢！"的主语，并在

---

① 胡壮麟，朱永生，张德禄，等：《系统功能语言学概论》，北京．北京大学出版社，2008年，第181页。

下文中多次省略。例（12）同属小句性省略，"打好节能减排攻坚战和持久战。"是一个完整的动词性主谓句，实际充当了该部分语篇的主题，"一要，二要……"是对主题的分述。在形式上的省略不仅不影响读者对"一要，二要……"的理解，实则还起到了使读者自觉填补空位的效果，强化了语篇的主题，极具衔接力。

（11）**我代表国务院**向全国工人、农民、知识分子和干部，（我代表国务院）向社会主义劳动者和社会主义事业的建设者，向解放军指战员、武警部队官兵和公安民警，表示诚挚的感谢！（我代表国务院）向全国各族人民、各民主党派、各人民团体和各界人士，对政府工作的信任和支持，表示诚挚的感谢！（我代表国务院）向关心和支持祖国建设和统一的香港特别行政区同胞、澳门特别行政区同胞和台湾同胞，以及广大侨胞，向一切关心和支持中国现代化建设的各国朋友，表示诚挚的感谢！（2004年）

（12）**打好节能减排攻坚战和持久战。**一要……。二要……。三要……。四要……。（2010年）

2. 承前省、蒙后省和比较省

根据省略的位置，即省略成分与未省略成分所处的位置关系的不同，又可分为承前省、蒙后省和比较省。

承前省，就是省略的成分承接前文中的某一成分而省略，读者可以从前文中找到所省略的成分。分析例（8）至例（12）可知：例（8）中第二句所省略的主语"我们"可以通过第一句"我们注重把握宏观调控的方向、重点和力度，牢牢掌握经济工作的主动权。"获知；例（9）中《纲要（草案）》为主语成分的承前省略；例（10）中"各级政府都要"的省略、例（11）中"我代表国务院"的省略和例（12）中"打好节能减排攻坚战和持久战"的省略也都是对前文中已经出现的成分的省略。以上例子同属于承前省的现象。政府工作报告中，承前省居于多数。

与承前省相对的是蒙后省，即省略的成分是蒙下文中出现的某一成分而省略的。这在政府工作报告中也有出现。如下例中，第一句中主语缺失，可从下文中获知其主语为"我们"，属蒙后省略的情况。

（13）对这些矛盾和问题，（我们）必须高度重视而不可回避，认真解决而不可任其发展。政府工作任重道远。**我们要保持清醒头脑**……（2004年）

政府工作报告"对过去工作回顾"的部分，通常使用大量数据将该年度的财政支出、农业投入、人口数量、增长速度等各方面工作成果与上年度进行对比，直观准确、科学客观地向人大代表进行汇报，以期展现本年度的工作成绩，赢得与会代表的认可。在表示比较时，为避免比较项的重复出现常常使用省略来实现语法衔接。通过对语料的分析发现，政府工作报告中表示比较时所用到的典型句式为：

句式一：某方面总值/总额比上年增长a%，达到b单位。

（14）全国财政收入3.93万亿元，比上年增加7694亿元。（2007年）

句式二：某方面总值/总额达到b单位，比上年增长a%。

（15）国内生产总值达到33.5万亿元，比上年增长8.7%。（2010年）

句式三：某方面总值/总额比上年减少/下降a%。

（16）单位国内生产总值能耗比上年下降4.59%。（2009年）

句式四：某方面总值/总额比上年减少/下降b单位。

（17）农村贫困人口比上年减少290万。（2005年）

以上四个句式为政府工作报告表比较的常见句式，较为典型。仔细比较可以发现，句式一和句式二是由两个小句组成的，分别表示增长额和增长比例。句式一、二进行了语序上的前后颠倒，但都属于承前省略的现象，将主语"某方面总值/总额"在后句中省略。通过对语料的分析发现，政府工作报告中表比较时一般不使用蒙后省，这是因为蒙后省需要以回想的方式填补省略成分，且在政府工作报告中常用到专业术语，专业术语的记忆和回想难度大，这避免了受众在理解语篇时遇到语义断裂，影响语篇的连贯性。

句式三和句式四用于比较某方面总值或总额减小或下降的比例或数值。其省略较为特殊，出现在单独的小句中，这种情况称为"比较省"。所谓比较省，是指在表示比较的小句中，所省略的成分是对该小句中某个已出现成分的省略。通过上文例（8）至例（15）诸多案例不难发现，其省略均跨越了小句甚至句群或段落，无小句内省略的现象。所以就省略成分所处的位置而言，比较省区别于承前省和蒙后省，呈现小句内省略这一特殊性。如例（16）"单位国内生产总值能耗比上年下降4.59%"是指今年的单位国内生产总值能耗和上年的单位国内生产总值能耗相比下降4.59%，将比较项"单位国内生产总值能耗"作为省略成分，在小句内进行省略。若补齐省略成分，其完整表述应为"（今年的）单位国内生产总值能耗比上年（的单位国内生产总值能耗）下降4.59%。"如例（17）用"农村贫困人口"与"上年"做比，显然是不合语义和认知的，这其实是在语法上运用了比较省，将比较项略去不提，避免了重复造成句子冗杂，其完整表述应为"（今年的）农村贫困人口比上年（的农村贫困人口）减少290万。"因此例（16）和例（17）属于比较省的情况。

在政府工作报告中，比较省作为较为典型的省略形式时常出现。但有时难以从上下文中找出明显的省略成分，需要结合语境和受话人对话语语义的理解来进行补充［如例（18）中"今年"在上下文中未曾出现，是对发话者和受话者共有的已知信息时间背景的省略］，有时也会出现承前省和比较省同时出现的情况［如例（19）中"贸易顺差（二）"是对"贸易顺差（一）"的承前省，"贸易顺差（三）"是对"贸易顺差（二）"的比较省］，要在理解语篇语义、尊重语篇连贯的基础上对其进行分析。

（18）（今年的）农村贫困人口比上年（的农村贫困人口）减少245万人。（2006年）

（19）贸易顺差连续两年下降，2010年（贸易顺差）比上年（贸易顺差）减少6.4%。（2011年）
　　　　　　　（一）　　　　　　　　　　　　　　　　（二）　　　　　　　（三）

（三）替代

"所谓替代，就是用替代词去取代某一个成分，因此替代词只是形式，它的语义要从所替代的成分中去寻找。"[5] P183 替代从根本上来说，是对某一特定成分的简略表述，在明确语义的基础上，缩小篇幅、减少赘余、避免重复。过多的重复成分实则会阻碍连贯、弱化甚至泯灭语篇的重点，因而政府工作报告中往往巧用替代来避免了这一问题的出现，如以下案例：

（20）1998年以来，为了应对亚洲金融危机影响和国内需求不足问题，中央实行了积极的财政政策。实践证明，**这一政策**是正确的，取得了显著成效。（2005年）

（21）适当控制固定资产投资规模，坚决遏制部分行业和地区盲目投资、低水平重复建设，是今年宏观调控的一项重要任务。要坚持以市场为导向，主要运用经济、法律手段，辅之以必要的行政手段，加强引导和调控。一要……。二要……。三要……。四要……。五要……。通过**这些措施**……。（2004年）

（22）我们也清醒地看到，政府工作还存在不少缺点。政府自身改革和职能转变滞后，行政审批事项仍然过多，社会管理和公共服务职能比较薄弱；一些部门之间职责不清、协调不力，管理方式落后，办事效率不高；有些关系群众利益的问题还没有得到根本解决；有些政府工作人员依法行政观念不强；形式主义、官僚主义、弄虚作假和奢侈浪费的问题比较突出；腐败现象在一些地方、部门和单位比较严重。

对以上问题，我们要……（2005年）

例（20）中"这一政策"替代上句所交代的"中央所采取的积极的财政政策"，是对单个概念的替代。例（21）中，"这些措施"替代了该段中"一要"、"二要"、"三要"、"四要"、"五要"的所有内容，是对该段中多个内容的合并替代。例（22）在说到政府工作中的缺点如"改革滞后"、"职责不清"、"依法执政观念不强"、"形式问题"、"官僚主义"、"腐败现象"等均由"以上问题"替代，言简意赅地概括了上一段落的诸多问题，表意清晰，并和上一段中段首语"政府工作还存在不少缺点"形成呼应，紧密地将这两段内容以清晰明确的方式联系起来。

通过对语料的分析可知，替代衔接在政府工作报告中的出现频率很高。就所替代的内容而言，有时是对单个政策或问题的替代，常用"这一"进行单指，有时是对多项措施或相关联内容的合并替代，常用"这些"进行复指。就替代词与替代成分所处的位置关系来看，有可能出现在同一复句内或不同的句子间，甚至是不同段落间。替代衔接通过替代词的使用起到了联系上下文的作用，有助于政府工作报告语篇意义的实现。

（四）连接

"连接是通过连接成分体现语篇中各种逻辑关系的手段。连接成分往往是一些过渡性的词语，表示时间、因果、条件等逻辑上的联系。"[6]P184 政府工作报告属应用性政治文体，具有较强的逻辑性，较多使用连接词来说明事物之间的各类关系，较多出现的连接关系有："只要……就……"、"只有……才……"、"没有……就……"等所表示的条件关系［如例（23）；"一方面……，另一方面……"和序数词所表示的并列关系（如例24）等。

（23）只要切实加强领导，认真落实各项政策措施，上下共同努力，就一定能够保证市场供应和价格基本稳定。（2008年）（条件关系）

（24）五年来，我们主要做了以下工作：

（一）加强和改善宏观调控……

（二）毫不放松地做好"三农"工作……

（三）大力推进经济结构调整……

（四）坚定不移深化改革开放……

（五）加快发展社会事业……（2011年）（并列关系）

基于对2004—2013年政府工作报告的分析，可以发现：除条件关系和并列关系以外，转折关系、递进关系、目的关系、因果关系出现频率较高［如例（25）、（26）、（27）、（28）］，让步关系、假设关系比率很低［如例（29）、（30）］，原因在于政府工作报告一般是对以往工作的总结，属未然性的假设，让步关系自然较少出现。

（25）今年发展环境虽然有可能好于去年，但是面临的形势极为复杂。（2010年）（转折关系）

（26）国家发展、民族振兴，不仅需要强大的经济力量，更需要强大的文化力量。（2010年）（递进关系）

（27）为继续落实"两个确保"和"三条保障线"，2003年中央财政支出700亿元，比上年增长19.9%。（2004年）（目的关系）

（28）由于国内外经济环境和市场变化等影响，最终实现的国内生产总值增长速度与预期目标可能会有一定差距。（2007年）（因果关系）

（29）**尽管**实现这一目标的难度很大，但我们有信心、有决心完成。（2006年）（让步关系）

（30）**如果**任其发展下去，局部性问题就会演变为全局性问题。（2005年）（假设关系）

除了连接词，标点符号也在语篇中发挥了连接意义关系的作用。政府工作报告中，冒号和分号的使用非常多，分别表示递进关系和并列关系，如例（31）：

（31）一年来的成就集中表现在：经济保持平稳较快发展，综合国力进一步增强；改革取得重要进展，对外开放实现新突破；社会事业加快发展，人民生活继续改善。（2005年）（递进关系，并列关系）

二、词汇衔接

词汇衔接是实现语篇连贯的多种衔接机制之一，是语篇的表层特征。词汇是语篇最基本的要素，携带着大量的语篇信息。它们并不是简单的堆砌，而是通过词汇间的语义选择、组织和聚合形成。词汇衔接正是通过词汇的复现和同现来组织和连接语义，达到连词成句的谋篇功能。词汇衔接的主要形式是词汇的复现和词汇的同现两种。

（一）词汇的复现

词汇的复现指在语篇中某一词汇以原词、同义词、反义词、上下义词、概括词的形式出现。这样语篇中的句子通过词汇不同形式的出现实现了意义上的相关性，达到意合的目的和组句成篇的效果，有利于衔接的实现。

1. 原词复现

政府工作报告中出现最多的词汇复现形式是原词复现，是同一词汇或同一短语在语篇中反复出现，使该部分语篇语义凝聚、中心突出、主旨明确的语篇衔接手段。重复出现的原词通常是该语篇中的关键词，有的相隔较近，出现在同一句子内［如例（32）］，有的相隔较远，在不同层级和段落中重复出现［如例（33）］，重复较多的除普通名词外，还有组织机构名词、时间名词、地名或地区名、缩略词等。除此以外一些动词、代词、形容词等也较常重复出现。

（32）加快**农业**设施建设，改善**农业**技术装备，加强**农业**科研和技术推广，健全社会化服务体系，增强**农业**防灾减灾能力。（2007年）

（33）六、**加强政府自身改革和建设**

做好新形势下的政府工作，必须不断**加强政府自身改革和建设**。……

加强政府自身改革和建设，必须坚持以人为本……（2007年）

2. 上下义词复现

上下义词在政府工作报中十分常见，涉及广泛。所谓上下义关系，也叫"种属关系"，是指几个单词的词义属于另一个词的词义范畴。上义词是对事物概括性、抽象性的说明，下义词是事物的具体表现形式或更具体的说明。下义词的使用为语篇增加了信息量，通常表现为形式上的铺排和内容上的具体说明，使原本模糊的概念更为清晰明确，便于理解。下义词的出现符合读者和听众的获取信息的交际需求，也使政府工作报告内容充实，语义明确，因而在政府工作报告中很常见。

（34）确保**农产品**供给，多渠道增加农民收入。要把保障**粮食**安全作为首要目标，毫不放松地抓好农业生产。稳定粮食种植面积，支持优势产区生产**棉花**、**油料**、**糖料**等大宗产品。（2011年）

在该例中，上义词是"农产品"，"确保农产品供给，多渠道增加农民收入"总述了农产品政策。下文通过下义词"粮食"、"棉花"、"油料"、"糖料"等对上义词"农产品"进行了更具体的说明，阐述了具体策略，使上义词的语义更加明确。上下义词种属分明，意义相关，使上下文有效地衔接起来。

3. 同（近）义词复现

同义词、近义词指词汇意义相同或相近的词语，这些词在政府工作报告中的使用也很多。同（近）义词在意义上保持一致，在形式上略有差别，使行文错综变化，增强可读性。

（35）**推动**多哈回合谈判进程，积极参与多边贸易规则制定，稳步**推进**双边和区域自由贸易区建设。（2007年）

推动和推进都有"使事物前进，使工作展开"之义，属同（近）义词。通过对语料的分析，可以发现政府工作报告中经常出现的同（近）义词有：显著——明显，提升——增强，卓有成效——成效显著，改善——改进，着力——着重，加强——增强，建立——建设，注重——重视，必须——务必。这些词的使用避免了词汇上的多次重复而导致语句的枯燥，丰富了文章的表现力，同时词汇意义上的相似性加强了句子甚至语篇的意义联系。

政府工作报告中尽管出现了很多组同（近）义词，但同一词汇的近义词却不会过多出现。政府工作报告对于同一个词的相近意义词不会选用过多，其原因是多方面的：一方面，过多同（近）义词的使用会给人以眼花缭乱的感觉，政府工作报告无须卖弄文采，而是要力求客观、全面地对信息进行传达，这也正体现了其严谨的文体特点。另一方面，由于同（近）义词又存在着用法和意义本身的差异性，政府工作报告用语追求准确性，会选用最为精准合适的表达方式。如"推动"指事物发展停止或者缓慢，需要促使事物进一步发展；"推进"则指在原有的发展速度上加快事物发展的速度，因而在报告中采用了"推动进程"、"推进建设"这样的动宾搭配。若采用变换法将例中的两个词互换，则不符合事物实际发展状况：2006年多哈回合全面中止谈判，2007年则是多哈谈判和多边贸易体制的决定性一年，采用推进显然不符合谈判已中止的发展状态。足见政府工作报告在近义词的选用上注意到了词汇意义上的细微差异和搭配方式的不同，选词成句更多关注词的精准度，而非多样性。

（二）词汇的同现

"同现（亦称'搭配'）指的是不同的词汇在语篇中一起出现的现象。同现的词汇可以在同一个小句中，也可以在不同的小句中。"[7]P62 在语篇中，与一定的话题相关的词会同时出现，而其他的词就不大可能出现，这就叫词汇同现。也就是说，当某个词出现时，读者或听众会期待与之搭配的另外一个词的出现，这些词汇存在着一定的语义上的必然联系，因而具有某种连词成句、连句成篇的衔接力。在政府工作报告中，存在着两种类型的同现形式：一种是语域词汇同现，另一种是组合搭配同现。

1. 语域词汇同现

语域词汇是指具有相同话语范围的词汇。也就是说，处于同一语域的词汇，其语义要素和中心话题具有一致性。政府工作报告的话题较为固定，所供选择的意义范围有限，因而其语域具有一定的相对封闭性。封闭性越强的语域供人发挥个性和创造性的余地越少，其意义关联也更为紧密，内容上和顺序上趋于固定。"处于同一语域的词汇在语篇中的同时出现控制整个语篇的主题范围，从而加强了语篇，尤其是书面语篇的衔接力，使其语义连贯。"[8]P21

（36）**大力加强文化建设**。覆盖城乡的公共**文化设施**网络体系初步建成，博物馆、图书馆、文化馆（站）实现免费开放。国有经营性文化单位转企改制任务基本完成，公益性文化事业单位内部机制改革**不断深化。哲学社会科学、新闻出版、广播影视、文学艺术等更加繁荣，文化产业快速发展。文物保护、非物质文化遗产保护和传承取得重要进展。对外文化交流更加活跃。全民健身和竞技体育取得新成绩。（2013年）

对于"文化建设"这一话题，对于拥有一定知识背景且对国家发展有所关注的受众群体而言，能够共同想到的无外乎文化设施建设、文化机制改革、文化产业发展、文化保护、文化交流、新闻出版、文学艺术、体育等若干方面，它们不属于上下义词，但也并不是杂乱无章的，它们有着共同的倾向性，都是读者通常可以预测到的内容。写作者如此行文符合读者的预测，与读者实现了信息的认同和交互，因而语篇必然是具有连贯性的。

2. 组合搭配同现

"组合搭配同现指词汇由于某种语义上的联系，以搭配的形式必然共同出现在语篇中。"[9]P23 由于每年政府工作报告的内容都较为一致，话语范围较窄，具有较强的重复性。因而，词汇的搭配也比较固定化，有些词汇同现率极高，其中一个成分的出现有时预示着另一个成分的必然存在。并且这些搭配词在这十年的政府工作报告中具有较强的稳定性，已经形成了较为固定的组合形式。通过分析找出如下搭配：

在陈述"遇到哪些问题"时，常用到：面对……挑战/形势、处于……阶段/重要战略机遇期，出现……矛盾/问题等；

在阐述"实施哪些措施"时，常用到：以……为指导，在……领导下，贯彻/坚持……方针，加强……建设，提高/增强……能力，加强/改进/完善……监管，建立/完善……体系/机制，制定/实施/调整……规划/方案，推进/深化/开展……改革，实施/运用/执行/落实/完善……政策，解决……问题，完成……任务，参与/深化/促进……合作，转变……方式，履行/转变政府职能，加大/加强……力度，维护社会稳定，促进发展，严厉/依法/坚决打击，体制改革，做好/加强/改进……工作，开展……活动/运动/试点，履行……承诺，调整/优化……结构，提高……效益，整顿/规范/维护……秩序等。

通过以上对政府工作报告的语篇衔接类型的详细描述可知，政府工作报告的语篇衔接具有如下特点：采用以第一人称复数"我们"为主的人称照应衔接手段，未使用第二人称照应；时间指代多、空间指代少的指示代词照应手段；较少使用语篇内的比较照应手段；主语省略和主谓同时省略出现多，一般不省略宾语；逻辑关系丰富，连接词选用较为单一；原词复现较多，反义词复现较少；词汇组合搭配较为固定。

参考文献

[1] 胡壮麟，朱永生，张德禄，李战子.系统功能语言学概论[M].北京：北京大学出版社，2005.

[2] 邵敬敏.现代汉语通论[M].上海：上海教育出版社，2007.

[3] 胡壮麟，朱永生，张德禄，李战子.系统功能语言学概论[M].北京：北京大学出版社，2005.

[4] 胡壮麟，朱永生，张德禄，李战子.系统功能语言学概论[M].北京：北京大学出版社，2005.

[5] 胡壮麟，朱永生，张德禄，李战子.系统功能语言学概论[M].北京：北京大学出版社，2005.

[6] 胡壮麟，朱永生，张德禄，李战子.系统功能语言学概论[M].北京：北京大学出版社，2005.

[7] 朱永生，严世清.系统功能语言学多位思考[M].上海：上海外语教育出版社，2001.

[8] 赵永青.词汇同现在语篇中的作用[J].外语与外语教学，2000年第11期（总第139期）.

[9] 赵永青.词汇同现在语篇中的作用[J].外语与外语教学，2000年第11期（总第139期）.

清末民国岭南方言辞书叙录(上)①

曾昭聪

（暨南大学文学院　广东广州　510632）

【提　要】清末民国时期岭南有代表性的方言辞书中，粤方言辞书有孔仲南《广东方言》、尹士嘉《教话指南》课文部分、詹宪慈《广州语本字》，客方言辞书有黄钊《石窟一征》方言卷、温仲和《嘉应州志》方言卷、杨恭桓《客话本字》、章太炎《岭外三州语》、罗翔云《客方言》，闽方言辞书有陈凌千《潮汕字典》、翁辉东《潮汕方言》。对诸辞书作者、版本、出版时间、主要体例与内容等作简要述评，为进一步的相关研究打下基础。

【关键词】清末民国　岭南　方言辞书　叙录

中国古代有编纂方言俗语辞书的优良传统。自西汉扬雄著《方言》以来，历代学者对方言的记录与考证一直保持了浓厚的兴趣，各种注释训诂、笔记杂著中时见相关记载。但是，这些记载相对比较零散。一直到明清民国时期，编纂方言辞书才成为时代的学术风气。

这些方言辞书可分两类：一是分地方言辞书，即以某个地点或区域的方言作为调查考证对象的著作②；二是《方言》续补辞书，即征引古代文献中多地的方言材料以续补扬雄《方言》的著作。第一类辞书对某个地点方言或区域方言进行调查考证，其中虽也有引古书以证方言渊源有自，但主要成绩在于记录了不少当时当地活的语言。

本文所说的清末民国岭南方言辞书指上文所说的分地方言辞书——清末民国时期编纂的以岭南方言（包括粤、闽、客三大方言）的辞书。除了这一界定之外，还有两个方面要特别说明：

其一，本文指称的方言辞书主要指以词汇、本字为调查考证对象的辞书，不包括以考字音为主的著作（如《潮声十五音》等）。

其二，本文指称的方言辞书包括方志中的"方言"部分、方言教材中的"课文"部分（包括生词与

---

① 基金项目：2015年度《广州大典》与广州历史文化研究立项课题"清末民国时期岭南方言辞书研究"（2015GZY19）、国家社科基金一般项目"明清民国方言辞书及其所录方言词研究"（15BYY105）、国家社科基金重大项目"汉语词汇通史"（14ZDB093）。

② 分地方言辞书与俗语辞书的的区别是：古人"调查、辑录和考证方言俗语的著作"中"以比较通行的一般性的方言俗语作为调查、辑录和考证对象"即是俗语辞书，而"以某个地点或区域的方言俗语作为调查考证对象"的，即是我们这里所说的分地方言辞书。引文据见《中国大百科全书·语言文字》，中国大百科全书出版社1988年，第147页。《中国大百科全书·语言文字》中的论述并未有"俗语辞书"和"方言辞书"的术语，但其分类却正好可以用作区分"俗语辞书"和"方言辞书"第一类（即分地方言辞书）的标准。

会话）在内，因其内容与分地方言辞书性质一致。方志中的"方言"部分有词目、释义、书证，方言教材所录生词即词目，会话即书证，虽无释义，但符合辞书编纂中的"原则中心论"。[①]

清末民国岭南方言辞书数量较多，其中质量较高、影响较大的主要有下面这几种。兹分类叙录，少数文字有必要时保留繁体。

一、粤方言辞书

1.《广东方言》

《广东方言》，原名《广东俗语考》，十六卷，孔仲南撰，广州南方扶轮社民国二十二年（1933）出版。

孔仲南，字绂庵，广东高要人。该书封面题名"广东俗语考"（邹鲁署），版权页书名相同；但每一卷卷名则题为"广东方言"，首卷"广东方言卷一"下并以小字注明："原名广东俗语考"；书的天头亦均注明"广东方言"字样。今依正文卷数下小字注、天头及中国图书馆出版社《汉语方言文献研究辑刊》影印时所用名称，称《广东方言》。

该书分两册于1933年先后出版，共十六卷，其中上册七卷，下册九卷。上册正文前有《自序》、《凡例》，下册正文前又有南海江孔殷《弁言》、《凡例》（关于下册所收各类别的说明）。上册《自序》曰：

粤处中国之南方，其语言与各省不通，人几疑为南蛮鴃舌。不知秦主中夏，略定杨越。置郡后，以谪徙民五十万人戍五岭，与越杂处，直不啻为越地原民。厥后五胡乱华，中国民族播迁南省。迨宋南渡时，诸朝臣从驾入岭，不知几万家。宋末，陆丞相奉幼帝至厓门，兵数十万，皆从中原来也。故粤俗语言，本中土正音，非方言比。而何以其语言殊异，不能与各省通？则知黄农世胄之子孙，其式微也久矣。夫有声音而后有语言，有语言而后有文字。故按其语言而考证文字，即知其民族之根源。吾粤语言，多有合于古音古义者。如身体中之"头""面""颈""喉""大髀"，与夫"日头""月光"，若"粥"若"饭"，其名称皆本于五经，非同呼"脑袋""脸子""嗓子""腿子""太阳""月亮""稀饭干饭"之外省语，悉本方言土音之可比也。然粤语之名物虽正，而亦多有求其声而无其字者。何哉？则以语音与读音分而为二之故，于是轻重清浊之间而音变矣。"无"呼作"母"，"合"呼作"憾"，"返"呼作"翻"，"勿"呼作"米"，寻声者无从下笔，于是而生安白造之俗字出焉，此外省人所以谓广东多白字者也。不独外省人云然，即以屈翁山之博学，其所著《广东新语》，于"土言"一则，亦讹误甚多。书中生造之字，亦复不少；又如"来"有"离"音，"卵"有"春"音，而不之引正；鸡伏卵谓之"晡斗"，不知有"菢蒛"字。似此纰缪，不一而足。文学大家且如此，矧俗人乎？著者不敏，谨将平日考得粤语之字，分类而著之篇，名曰《广东俗语考》，是亦讲求广东言语学者所不废也。尤望博雅君子，匡其不逮，有厚幸焉。

从其《自序》中可以看出作者撰作此书有两个主要出发点：（1）"粤俗语言，本中土正音"，"多有合于古音古义者"；（2）"有声音而后有语言，有语言而后有文字"，故粤语中"多有求其声而无其字者"，或书作"俗字"（"白字"）。作者撰作此书，固然是以求得本字与准确的词义及其出处（较早的书证用例）为主要工作，但也是以民族大义为旗帜，"按其语言而考证文字，即知其民族之根源"。

该书以广东粤方言词语为训释对象，间考本字。全书正文内容仿《方言》，分18类。凡例第一条

① 辞书编纂的"原则中心论"不同于"释义中心论"，前者与中国自识字课本以来的辞书发展的历史一致，参见曾昭聪《论明清俗语辞书的收词特点》，《暨南学报》2012年第6期。尊重前人的著书传统和学界已有的习惯，行文求简，我们将"以词汇、本字为调查考证对象的辞书"以及方志中的方言部分与方言教材中的课文部分合称"方言辞书"。

说："本书仿《方言例》，分为若干卷，各以类从。其有无类可分者，则以'释词语'括之。"这18类分别是："释天时""释地理""释宫室""释衣服""释饮食""释形体""释疾病""释动作（上）""释动作（下）""释声气""释性质""释情状""释迭字""释名称""释器用""释动物""释植物""释语词"。然"释语词"仅目录列出，正文并无此类内容。①

每一类下面，先称列该卷所有词条（多用"某曰某"形式，前者为通语，后者为被释词目）。如卷一"释天时"："天曰天公。雷曰雷公。雷击曰劈。雷声曰雳。闪电曰雪电。微风曰风飔。恶风曰风飓，亦曰风旧。风热曰阵，亦曰朕。旋风曰鬼头风。顶头风曰逆风。风扫曰刮。细雨曰雨溦，又曰雨毛。雨声曰涑（通霅）。下雨曰零（通落），又曰霮。雨点曰滴沥。天欲雨曰阴霠。日而雨曰白撞雨。雨水曰湒兮。雨多曰滂濆。日热曰蒸。晒衫曰晾。星光闪动曰䁯䁯。长尾星曰落箭星。天将晓曰朦胧，又曰麻嗏。既晓曰朗白。早曰侵早。午曰晏昼。晚曰挨晚。夜曰黑后。中夜作食曰消夜。击柝曰打更。收更曰杀更。猝起曰暴。快曰霎时。慢曰耐久。由昔至今曰向来。一日为一工。尽日曰成日。一年曰周年。明日曰停日，又曰递日。等候曰停候。何日曰边日。不限定何日曰界日。后日之后日曰大后日。即刻曰就。偶然曰暂中清。紧急曰一时三刻。时尚曰时兴。以指占卦曰掐时。谓人折堕曰延世。年岁曰年纪。儿生一月曰满月，百日曰百倮，满一年曰对岁。死日致祭曰做忌。妇女谓初一日曰奤奤。热曰酷，又曰辣辣。冷曰冻，又曰滲滲。"

每一卷全部条目之后，再逐一分释。分释时将作者考证性单字（不区分是被释词目或释语）标为大字，居上，下面双行小字考释。如卷一：

天：粤人呼天曰天公。《羯鼓录》："明皇命羯鼓，临轩纵击，柳杏皆开。笑曰：'此事不唤我作天公可乎？'范成大诗：'一曲打开红杏蕊，须知天子是天公。'"

雷：呼雷为公，见王充《论衡》："画雷之状如连鼓形，又图一人若力士，谓之雷公。"杜甫诗："安得鞭雷公，滂沱洗吴越。"雷公之名甚古。

霮：《广韵》徒历切，音狄。霮，雨也。粤语有"雨水一霮"之说。按雨霮本作雨滴。《说文》："滴，水注也。"《增韵》："涓滴，水点。"又沥下也。

晾：粤谓曬衫为晒晾。"晾"音"郎"去声。有日谓之曬，无日谓之晾。《字汇补》："曬，晾也。"吕毖《小史》作"曬晾"。《说文》："曬，暴也。"

大：大者过也。《国策》："无大大王。""大"训"过"。大后日，过后日也。更后一日曰大大后日。

作者由语音分析入手，考本字，征书证，释词义，方法是审慎而正确的。如果没有分释的内容，则分释之前的释义有时会不显豁。如上引"后日之后日曰大后日"，颇会令人以为粤语"大后日"指"后日"的"后日"（明日之明日）。据分释语"大后日，过后日也"则知"大后日"乃是指"后日"再过一天，即"后日"之后的那一日；"大大后日"才是指"后日"的"后日"（明日之明日），即"后日"之后的第二日。

2.《教话指南》课文部分

《教话指南》（*Beginning Cantonese*），是清末来华的美国传教士尹士嘉（O.F.Wisner）编写的供外国人学习粤语的教材。《教话指南》由中国浸信会出版协会（Canton： China Baptist Publications Society）于

① 该书下册《凡例》最后一条已经说明："语词一类，缘尚未齐备，容再搜辑，归入续集。"又，该书共18个大类，除语词类未及刊行之外，其余17类分上下两册（十六卷）先后出版。参见丁介民《方言考》，台湾中华书局1969年，第115页。中国图书馆出版社《汉语方言文献研究辑刊》第十册收《广东方言》，其所标书名为"广东方言七卷"，卷一"释天时"，卷二"释地理""释宫室"，卷三"释衣服"，卷四"释饮食"，卷五"释身体"（引者按：目录作"释形体"），卷六"释疾病"，卷七"释动作（上）""释动作（下）"。《汉语方言文献研究辑刊》所收《广东方言》将书名标为"七卷"不确，且内容仅为全书的前一半，后面一半（从卷八至卷十六）未收，未为完备。

1906年出版①，全书包括序言、课文、附表。②

民国五年（1916）秋，《教话指南》被改名为《粤语全书》，由上海石印书局出版，出版者与编纂者姓名均与《教话指南》不同，内容上也仅有课文，序言与附表均被删除。该版封面题"粤语全书"；扉页中部题"粤语"二字，右上题"民国五年秋再版"，左下题"定价大洋五角"；版权页上，题"编辑者江南悟民氏"、"印刷者上海印务局"、"发行者上海石印书局"、"分售处各大书局"。

民国二十二年（1933），《粤语全书》由上海书局（上海图书局）再版。该书封面题"粤语全书"四字；扉页居中题"粤语"二字，右上署"民国二十一年冬月"（笔者按：此为题字时间，非出版时间），左下署"上海书局发行"；背面的版权页上，居中偏上题"版权所有"，右上署"民国二十二年春季出版"，右下署"粤语全书（全一册）"、"每本定价大洋三角"，居中偏左下署"编辑者 广东李一民"、"印刷者 上海印务局"、"发行者 上海图书局"、"分售处 各省大书局"。扉页所题书名跟版权页、封面都不一致，当依封面、版权页（版心亦为"粤语全书"四字）。其发行者，扉页题"上海书局"，版权页题"上海图书局"，不统一。中国图书馆出版社《汉语方言文献研究辑刊》2013年影印本即据民国二十二年（1933）上海印务局石印本影印。

因此，《粤语全书》的作者，民国五年版所署"江南悟民氏"与民国二十二年版所署"广东李一民"，实际上均是尹士嘉，但是不清楚是尹士嘉授权改名出版还是出版者盗版改名出版，推测后者的可能性较大。

既然《粤语全书》是《教话指南》的缩略本，那本现在学界为数不多的研究《粤语全书》的论文如改用《教话指南》作为研究对象就应更为妥当。中国图书馆出版社《汉语方言文献研究辑刊》的影印本以民国二十二年《粤语全书》为底本也有所不妥。理由有二：一是《粤语全书》是在《教话指南》的基础上删改而成的；二是《教话指南》包括序言、课文、附表三部分，而《粤语全书》仅收课文，未为完备。因此，当以《教话指南》作为研究的底本。

《教话指南》全书共75课③，开篇即为"第一课"，为展现其概貌，兹将第一课全部内容抄录于下：

书 部 呢 个 啲 系 乜 野 我 你 佢 哋 做 字 写 睇

书④部书啲书 个部书 一部书 呢一部书 呢个嗰个 个个 一个 呢啲 个啲 呢啲书 个啲书 呢个字 嗰个字 呢啲字 个啲字 个个字 一个字 我呢部 你个部 我呢啲 你个啲 佢个啲 我哋 你哋 佢哋 系咯 我系 你系 佢系 我哋系 乜野 做乜野 睇野 写野 写乜野 睇乜野 我做 你做 佢做 你哋做 写字 睇书 呢啲系乜野 呢 个啲系嗰啲系乜野 呢 个部系书 你做也野呢 我睇书 你睇乜野书呢 我睇佢嗰部书 佢做乜野呢 佢写字 你写乜野呢 我写呢啲字 佢哋睇乜野呢 佢哋睇你写字 我哋做乜野呢 我哋睇书 我写呢部书 呢个系乜野字呢 嗰个系野字 呢部系乜野书 系佢做个部书 做乜你做呢啲野呢 做乜你写个啲字呢 你写个字我睇喇

从以上内容可以看出，《教话指南》课文部分兼具方言教材与方言辞书的性质。从辞书角度看，《教话指南》课文部分以下两个方面的内容可证其性质：

其一，《教话指南》课文部分有明确的解释对象（粤方言）和一以贯之的编撰体例。每一课均是先列

① 第四十八课有"先七年个阵时，中国嘅皇帝立意维新"之语，维新变法是在光绪二十四年（1898），七年之后即光绪在三十一年（1905），这与《教话指南》的初版时间是一致的。丘宝怡《谈早期粤语选择问句析取连词"嗱"、"嗱系"》（第十届国际粤方言研讨会论文集，2005，香港）引用《粤语全书》，将此书时代标为1933，注释③又引片冈新先生观点"此书有可能是1906年的作品"。现在依据二书的关系，则1906年的出版时间是确定无疑的。

② 详参黄羽《尹士嘉〈粤语入门〉研究》，中山大学2014年硕士学位论文。

③ 《粤语全书》删去了《教话指南》第54课、第55课（两课课文是有关军事战争的），第59课、第60课和第61课（三课课文是有关耶稣信仰的），变成70课。

④ 按其体例，此"书"与上文重复，当是衍文。但是该字从《教话指南》到《粤语全书》一直存在。

单音节词（单字），然后是词和短语、句子（字、词、语之间空格）。从26课开始，词和短语之后或是句子（句子与句子之间不空格），或是短文（包括对话体短文与叙述体短文，句间不空格）。

其二，从语文辞书编纂的词目、释义、书证三个要素来看，《教话指南》课文部分收录的对象有粤方言单字（单音节词）、词语，这可以视为辞书的词目；在单字与词语之后有会话（包括短语、句子或短文），这可以视为书证。当然，视作词目的词语有极少数并不出现在后面的句子或短文中。例如第26课的主题是颜色，词目"蔗青色"之后，编撰者受"蔗"的影响，列出了"食蔗、竹蔗、枝蔗、肉蔗"，而这些内容在后面的句子中未出现。虽然有这种情况，但并不影响《教话指南》课文部分整体上作为一部方言辞书的性质。

3.《广州语本字》

《广州语本字》四十二卷，詹宪慈1924年撰，香港中文大学出版社1995年出版。

詹宪慈，字菊人，广东番禺人，清光绪癸卯恩科举人，曾赴日本宏文师范学校留学，先后任番禺县立师范学堂校长、交通部秘书、广东高等师范与省立女子师范等校教席。詹宪慈精小学音韵，所著《广州语本字》篇幅宏大，然未能及时出版，直至1995年方由香港中文大学据手稿直接影印出版，并据内文增编目录，且于目录中的每一词条之后加注国际音标[①]，极便学界进行相关研究。该书正文之前，分别有《出版说明》（主要是关于声调符号、声母符号、韵母符号的说明）、《自序》、《序一》（詹越华）、《序二》（李棪）、李棪《五十年前依稀往事》、《鸣谢》（詹德隆）及卷目（全书全部词目，均加标广州口语音国际音标）。全书正文均为影印，包括原书封面、作者《自序》、四十三卷正文。正文之后，附作者《〈铁城土语语原考〉序》。

《广州语本字》正文前面所载民国十三年（1924）《自序》：

广州之人操广州语，莫以为难也。而写之于氏，则迟疑不能遽下笔矣。盖广州常语往往口所能道，而笔不能写也。何以不能写？其本字未易一一知也。宪慈端居多暇，渊渊以思。思吾人期达意而有所语，一语必有一义。因义求字，庶几本字可得。于是屏除闲事，捐谢他欲，历读《尔雅》《方言》《释名》《广雅》，旁涉诸字书。其有关乎广州语本字者，悉记录之。两年以来，惟有凝坐，血脉郁积，病者屡矣，未肯辍也。迨且大病，三日不食。人以为病之生，生于览阅过劳，余未之承。洎乎病愈，蚤起翻书，目眩而神疲也。乃不敢复事求索，而总计所记广州语本字，都一千九百余字矣。重为审汰，存者一千三百有奇。从容写定，名之曰《广州语本字》。其曰某某切、音某、读若某，盖皆覃思所采录。其曰俗读若某者，以广州通行之音儗之也。虽无扬子云澹雅之才、沈郁之思，而亦经年锐精，始成斯编。达人硕士指其谬误，是所企想也。民国十三年七月一日番禺詹宪慈。

由此《自序》，可知詹宪慈撰此书之目的乃在考证"广州常语"之本字。其所用研究方法，乃是从小学书中搜求当时广州话口语中仍在使用的语言现象，"历读《尔雅》《方言》《释名》《广雅》，旁涉诸字书。其有关乎广州语本字者，悉记录之"。其所记广州话语音，分读书音与口语音，前者用"某某切、音某、读若某"形式标示，后者用"俗读若某"形式标示。

该书之末附有詹宪慈为杨铁夫《铁城土语语原考》所作的序。此序深感"治方言之难"，因而作归纳总结，深刻揭示出了方言本字难明的原因及掘发本字的方法：

广东语言之难猝明者，为代语，为倒文，为古今字。何谓代语？口中之舌无异名，而广东多谓"舌"为"利"。以"利"代"舌"者，商贾营业忌亏蚀；舌、蚀同音，故以"利"代之也。即如是编之释"担湿"为"担干（干）"是已。何谓倒文？食饭尽一碗，复盛一碗，顺言之当曰"再食一碗"，广东则

---

① 该书《出版说明》："本书目的在考证广州话口语之本字，故注音一律以口语音（以别于读书音）为根据。广州音拼写方法大体依黄锡凌《粤音韵汇》（重排本，香港：中华书局香港分局，1983）所用之国际音标。"

－ 151 －

曰"食碗添"。添，益也。此倒文也。即如是编之释"雨微"为"微雨"是也。何谓古今字？《说文》多以"到"为"倒"，段玉裁谓"到""倒"古今字。盖"到"古字，"倒"今字也。广东亦多谓"倒"为"到"，如首足易位则云"打到顶"。顶，颠也，首也。到，倒也。此以"到"为"倒"也。古今字之例，是编所未言，治方言者不可不察也。三例而外，又有三事。

其一，因音求字。广东语多以音变而失其本字者。如饮酒至尽曰"饮胜"，本为"饮罄"。读"罄"若"胜"者，音变也。人翻身使首在下、足向上，广东谓之"打觔斗"者，"觔"者"跟"之音变，"斗"者"头"之音变也。《广雅疏证》曰："水中虫不动时，跟向上，头向下，名跟头虫。"人首足倒置似此虫，故曰翻跟头。自读若"翻觔斗"，遂不知其本字。此亦治方言者不可不察也。

其二，古已声误而今犹沿用之。广州读"无"字音若"武"，阙"有"字中二画为"冇"字。虽通人所不用，而流行已久。《礼记·礼器》："周坐尸，诏侑武方。"郑玄注："武当为无，声之误也。"古读"无"若"武"，由声之误。今广州沿之，故亦读"无"若"武"。不用本字，而自制"冇"字，殆浅者之所为。此又治方言者不可不察也。

其三，因叶音而忘其本字。广东谓物之立体而四旁广狭略相等者曰一具，《汉书》"美玉十具"是也。"具"本忌玉切，而叶音则为忌救切。汉马融《广成颂》："上无飞鸟，下无走兽，虞人植旍猎者效具。"是已。广州语有时读"具"为"旧"，用叶音也。此又治方言者不可不察也。

以上内容，虽是詹宪慈为他人著作所作之序，但所论及之研究方法，也完全适用于其《广州语本字》。诚如作者在该序中所言："明乎三例与三事，藉以考广东语之字，十获八九矣。"《广州语本字》凡四十二卷，共1405条。兹录其前两卷词目，以见其收词之梗概。

卷一：初不律、正中心、尾膬、事干过龋、才迟、恁样、郑是恁、鲫溜是恁、毕竟如是、求其是恁、不过恁只、怎样、去那、造乜、不而恁样、是我忌、等我凉一阵者、叫你嘈、乜哩、莫个、靡个、是耶、是卦、叫你去嗳、不该恁样、难通、不估、猜哑谜、我侧渠意思是恁、真定假。

卷二：天虹、风旧、风骚骚、落雨霏、雨淋淋、霑霑霎霎、溦霹雨、雪电、铃铃辚辚、过岗黟、日头、白日堂堂、日头晥晥、日头晟、日头振眼、日头晔眼、日头暝眼、天黑黕黕、旦晌、天昧爽、落更、晻晻黑、夜矔矔、䆩夜、扼天上粒星、今物、寻物、翼日、外后日、登时、递时、前党、尚先、一回、一泊、天气焙、热韝韝、矮暖、暖暄、冷冽冽、冷到濆濆振、冷到手都、凉澳、冷到油都凝、冷到牙齿打挂。

以上词目（包括词与短语，也有少数是短句），展现了近一百年前粤方言面貌，其中有一部分当今粤方言或已不用。结合作者的释义与出版社组织的专家为之增加的国际音标，我们可以对当时的粤方言有更全面深入的认识。作者在释义时已充分注意到研究方法（见上所录），考字与释词相结合，方言音韵与文献书证相结合，因而每多创见。唯下笔简洁，有的条目读之不易明了，疏证之后令人豁然开朗。兹列出其卷一前六条内容，或略加疏证，以见其考字释词之体例：

卷一"初不律"条："律"者始也，俗读"律"若"甩"，"初不律"者，言此为最先，莫有为之始者也，犹言首不先也。《方言》："律，始也。"

按，"律"有"始"义。《方言》第十二："鼀、律，始也。"戴震注："案，律亦作萃。《广雅》：'萃，始也。'义本此。"《广雅·释诂一》："萃，始也"王念孙疏证："《方言》：'鼀、律，始也。'律与萃通。……凡事之始即为事之法，故始谓之方，亦谓之律。""不"为助词，起加强语气作用。《诗·小雅·车攻》："徒御不惊，大庖不盈。"毛传："不惊，惊也；不盈，盈也。"中古近代汉语中亦多有用例。王引之《经传释词》卷十、蒋礼鸿《敦煌变文字义通释》"不"条均有详论。然则"不律"亦即"始"也。"初不律"者，"初"与"不律"同义复用。现在粤方言中有"不留""不嬲"之词，乃"不律"之音变，义为

"一向以来"①，亦"始"义之引申。

卷一"正中心"条："心"者"中"也。《太玄》："中，神战于元。"注："在中为心。"

按，扬雄《太玄经》："中：阳气潜萌于黄宫，信无不在乎中。……次二：神战于玄，其陈阴阳。"范望注："二火也，在中为心，心藏神内为玄。"

卷一"尾䑑"条："尾䑑"者，最后也；俗读"䑑"若"手挈手"之"挈"。《菽园杂记》："广东谓晚生之子曰䑑。"言"尾"而又言"䑑"，最后之意也。《字汇补》："䑑，泥台切，'奈'平声。"

按，明陆容《菽园杂记》卷十二："广东有'䑑'字，音'耐'平声，老年所生幼子。"清人钮琇《觚剩续篇·亚䑑成神》："'䑑'字不见于书，唯闽粤之俗有之，谓末子为'䑑'。"今粤方言中尚有"䑑尾""䑑仔""䑑女"等用法。据《现代汉语方言大词典》（1129页），吴方言（崇明、上海）有"䑑末头"一词，指最小的孩子。上海又叫"末拖"。崇明又有"䑑末头丫头""䑑末头儿子"，指排行在最末的女孩和男孩。"奶"与"䑑"当为同词异写。

卷一"事干过䢐"条：事干过䢐者，言其事已往也。俗读"䢐"若"阻"。《字汇补》："䢐，往也。音祚。"䢐古作祖。《后汉书·马成传》："祖，徂也。"《史记·五帝纪》："黎民阻饥。"索隐："祖、阻声近。"此"䢐"所以读若"阻"也。广州凡事之已过者皆曰䢐。

按，本条所考"䢐"今粤方言多作"咗"，表示动作行为完成。《字汇补·辵部》："䢐，昨误切，音祚。往也。"《广韵·暮韵》："䢐，往也。"周祖谟校勘记认为是"䢐"的讹字："䢐，《说文》作䢕，从且，虘声。当据正。"按《说文·且部》："䢕，且往也。"段玉裁注："且往，言姑且往也。匆遽之意。""䢕"之本义，段注既言"姑且往"，又说"匆遽之意"，然二义似并不统一。詹宪慈又说"䢐古作祖"，"祖"可指出行时祭路神，引申有"徂"（往）义。"祖"表"徂往"义再进一步虚化，可以表示动作行为完成。则粤方言"䢐"似当看作是表示动作行为完成的助词用法的方言俗字。

卷一"才迟"条：才迟，犹言"方才"也，俗读"迟"若"智"。《史记·春申君传》"迟令韩魏归帝重于齐"注："迟犹值。"值，犹"乃"也。《吕览》"义赏而霸者乃五"注："乃犹裁也。"裁，即"才"也。《汉书·王贡两龚鲍传序》"裁日阅数人"注："裁与才同。"才，即"财"也。《李广传》"士财有数千"注："财与才同。"财，即"才"也。《文帝纪》"太仆见马遗财足"注："财与才同。《广雅》：'才，暂也。'才迟，言暂也，有过去未久之意。既言'才'，又言'迟'，犹'整'即'齐'，而言者每兼言'整齐'也。"

按，此条释"才迟"实"才值"之方言音变。

卷一"恁样"条："恁"者，如此也。俗读"恁"若"绀"，或写作"咁"，误也。《朱子语录》："圣人作《易》，教人去占，占得恁地便吉，恁地便凶。"所谓"恁地"，即"恁样"也。广州人以"咁"为"恁"，不知"恁"之为本字耳。或谓广州语之"咁"当作"□"，其说曰："《方言》：'沅澧之间，凡言或如此者曰□。'若是，今广东谓如此曰'泔'，此即'□'字。"此说殆未审也。广州俗写之"咁"，谓"如此"也，非谓"或如此"也，不得借用"□"字也。俗写之"咁"，其本字为"恁"，了无可疑。《集韵》"咁"与"噤"通，"噤"者，口有所衔也。《玉篇》："咁，乳也。"是"咁"字无作"如此"解者也。《正韵》"恁"忍甚切，今读若"绀"音之转耳。南海西樵人尚读"恁"若"枕"也。

按，詹宪慈所批驳的"或谓"云云，实际上就是章太炎的观点。《方言》第十："潖，或也。沅澧之间凡言'或如此'者曰'潖如是'。"戴震疏证："或、潖，一声之转。"由《方言》"'或如此'者曰'潖如是'"可知"潖"并不是"或如此"义，而仅仅是"或"义。粤语中的"咁"从语义来说与之无关。

① 参见乌sirsir《不嬲，不留，不律》，《南方都市报》2014年10月14日。

章炳麟《新方言·释词》："今广州谓'何故如是'曰'溂'。音如'憨'，俗作'咁'。"按，粤语的"何故如是"之"溂"，音"憨"，是一个疑问语气词，与作为代词使用的"咁"不是同一个词。粤方言中的"咁"仅是借形记音而已。但是詹宪慈认为"咁"本字是"恁"，从语义来说没问题，但语音方面相差较远，尚需继续讨论。

二、客方言辞书

1.《石窟一征》方言卷

《石窟一征》，黄钊撰，光绪二十六年（1909）刊刻。台湾学生书局1970年据此影印。

黄钊，字香铁，一字谷生。嘉庆二十四年举人，官内阁中书，晚年任韩山书院山长，一生著述甚多。"石窟"为镇平（今蕉岭县）县治所在之地，《石窟一征》实际上就是"镇平县志"，因其为私家著述，故不称"志"。《石窟一征》共九卷，"目分九卷，部次井然，盖帅李艾塘《扬州画舫录》例，不居'志'之名而其事迹较'志'为详尽。有是书而足以知古今之沿革、芟薙之经营，天时、人事、成俗、化民以及典礼、文章，皆得有所考据。"[1]"是书于地理、礼俗、教养、语言、日用、饮食之等，采掇甚勤、工力细密，间或援古证今，淹贯博洽，引人入胜。"[2]足见学界评价之高。

《石窟一征》卷七、卷八是《方言》，收词目近四百。其收录对象有单音词、双音节词、三音节词以及谚语，"语""词"不分，综而收之，这是中国传统方言俗语辞书共有的特点。其所收词目，从类别来说大体有建筑、动作、人体、称谓、动物、植物、地理、性状、器物等。但这也仅是其大概，其中杂乱者不是少数。例如"凶横无赖曰烂，烂子曰烂崽。""烂崽"当与其他称谓词在一起，而入于性状类。少数排列集中在一起的可以"建筑类"词条为例，从中亦可看出其收词与释义方式（不同词条之间用句号分隔）：

居住曰核。正室谓之厅厦；房谓之间；阔而高者谓之楼，狭而矮者谓之棚；四面有庑可通者曰走马楼；椽谓之桁；榱谓之桷；屋顶谓之栋；宋庮谓之梁；檐谓之厕，亦谓檐；屋上薄谓之筦，廊下谓之厢。门扇谓之阖，又谓之门扇阒；门闭关谓之闩，亦谓之闑。圂曰粪寮。堤曰坑工。书塾曰学堂。女墙环堞曰枣子眼。

《石窟一征》方言卷释词仿扬雄《方言》，大字标示释语与被释词目，多用"某某曰某某"或"某某谓之某某"形式，释语在前，被释词目在后；然后用双行小字引用文献书证进行音义分析，作进一步详细解释，这主要表现在考据、文献分析与驳正俗说，例如（原文双行小字改用外加圆括号标示）：

居住曰戛。（或谓"宅"字之转音。按，《类篇》："得实曰戛。"《释名》："室，实也，人物实满其中也。"以"得实曰戛"之义参之，则"戛"字亦通。又，物不能脱亦曰"戛"。盖"戛"兼有深入之义，物不能得脱，其深入也可知矣。）

按，此条引他人"戛"乃"宅"转音之说，但同时指出"戛"有"实"义，则恰与《释名》所释词源相同。另外又补充了"物不能脱亦曰'戛'"，这是"戛"在客方言中的另一义项，由此亦可见其所释词义并非都体现在大字词条之中。

鬼祟曰拉飒。（按，《舆地纪胜》："潮阳县灵山院有'毛拉飒'者，身面俱毛，本漳州三平山之神也。凡僧之不律与馆于寺而扰者，必蒙击治。"据此，则'拉飒'并非鬼祟，疑俗所谓'拉飒'，乃不洁之谓也。）

---

[1] 余潗畴：《〈石窟一征〉序》，光绪二十六年刊本。
[2] 陈盘：《影印〈石窟一征〉序》，台北：台湾学生书局，1970年，序第3页。

按，作者"疑俗所谓'拉飒'，乃不洁之谓也"是对的。明方以智《通雅》卷六："拉眔，一作玃獉、鸜鹆、翾翾、邋遢、骊骝，犹拉杂也。拉杂，一作拉飒，转为楡腊。"又，台湾《重编国语辞典修订版》"垃圾"条："lè sè 秽物、尘土及被弃的东西的统称。亦作'拉飒'。""拉飒"条："lā sà 污秽、杂乱。"《晋书》卷二十八《五行志中》："京口谣曰：'黄雌鸡，莫作雄父啼。一旦去毛皮，衣被拉飒栖。'"①

间亦有探讨词的理据未确者，例如：

荷兰豆［曰］河南豆。（《邅斋闲览》云：瓮菜出东夷古伦国，番船以瓮乘归，故曰瓮菜。贺嚼［荷兰］豆种自荷兰来，今土语称为"河南豆"，音之讹也。）

按，此引宋陈正敏《邅斋闲览》观点，以为"瓮菜"的得名之由是"番船以瓮乘归"。按此当为流俗词源。"瓮菜"或写作"蕹菜"，其得名之由，明李时珍《本草纲目·菜部》说得很清楚："时珍曰：蕹与壅同。此菜惟以壅成，故谓之壅。……性宜湿地，畏霜雪。九月藏入土窖中，三四月取出，壅以粪土，即节节生芽，一本可成一畦也。""此菜惟以壅成，故谓之壅"，意思是说这种菜是靠"壅"的办法培育的，"壅以粪土，即节节生芽"，所以才叫"壅菜"。"壅"本指堆积、堵塞等义，引申可专指一种在植物根部堆积土壤肥料的培植方法。《康熙字典·土部》："一曰加土封也，培也，大江南道方语。凡培覆根土浇灌花草并曰壅。"此种方法至迟中古已见。《论衡·道虚》："物黄，人虽灌溉壅养，终不能青。"又，"荷兰豆"也并非"自荷兰来"，荷兰豆原产亚洲，17世纪荷兰人将其带入中国，故称。至于"土语称为'河南豆'，音之讹也"，其说是也。

除记录当时的客方言词语并作深入的词义考证之外，《石窟一征》方言卷还保留并阐释了一批颇含民俗事象的词语，体现了作者结合民俗考释词语的特点。例如：

局骗曰牵菜牛，局诈曰打社官。（菜牛，屠牛也，言置之砧几上也。按，《三才图会》："食犬，犹今之菜牛也。"谓可以当菜食者也。）

人之好谀者曰沙鼻牛。（谓稍驯扰之，即毛孔开张，其鼻可立拳也。）

再醮妇曰马头婚。（按"马头婚"当是"驾过"之义。"嫁"与"驾"同音。《学记》："始驾马者，反之，车在马前。"疏谓："马子始学驾车之时，大马驾在车前，将马子繫随车后而行，故云。"反之，马子是未经驾者，如女子之未曾嫁也。大马驾在车前，则已经驾过者也。在车前则当头，可知"马头婚"言已经驾过，且有驾轻就熟之义。又，再醮，离前夫家出着屐上轿，不许着鞋。盖以其永离此土之义也。）

以上不过略举数例。下面还要跟其他辞书作些对比。

2.《嘉应州志》方言卷

《嘉应州志》，温仲和撰，清光绪二十四年（1898）刊本。台湾成文出版社《中国方志丛书》第一一七号1968年即据此影印。

《嘉应州志》共三十二卷，其中卷七是《方言》，署名是：梁居实初辑，饶集蓉初辑，梁国璇初辑，温仲和覆辑。现在一般略称温仲和撰。温仲和实为《嘉应州志》总编。温仲和，广东嘉应州（今梅州市）人，陈澧门生，精通经史、音韵。光绪十五年进士，钦点翰林庶吉士，后授翰林院检讨，晚年任潮州金山书院院长、潮州中学堂总教习，开创岭东考据学之风。

《嘉应州志》方言卷袭自黄钊《石窟一征》方言卷，黄书原书收录近四百条，《嘉应州志》方言卷在基础上删定为近三百条。温仲和在《嘉应州志》方言卷最末写了一篇很长的案语（六页十二版），述客家播迁历史，然后述客方言之形成与特点：

今所编《方言》即客话矣。仲和昔侍先师番禺陈京卿，尝谓之曰：嘉应之话多隋唐以前古音，与

---

① 曾昭聪：《明清俗语辞书及其所录俗语词研究》，上海：上海辞书出版社，2015年，第373—375页。

林太仆所谓合中原之音韵者隐相符契。故今编《方言》以证明古音为主，而古语之流传、古义之相合者，亦一一证明之。……夫昔之传经者既以方音证经，则今考方音者自宜借经相证，其间相通者盖十之八九。以此愈足证明客家为中原衣冠之遗，而其言语皆合中原之音韵。林太仆这说为不诬，而先师所谓多隋唐以前之古音者，实有可征也。其以见于所编者，今不复赘录，而有不可不证明者，今坿见于此焉。……旧《志》无《方言》，此篇为特创，前无所因，惟黄香铁《石窟一征》有《方言》一门。镇平，本州岛地分建，其声音皆同，然其旨不以古音为主，今酌择可用者入之，其他服物、器用、鸟兽、虫鱼之名，多因时因地而异，今皆略之。编已成，为述所以编之意，俾览之者知客话源流之所自焉。

温仲和这段话有三个要点：其一，注重从语音演变角度对客方言释词，并对难字僻字注音。该书本于陈澧"嘉应之话多隋唐以前古音"，因而在编述此书时，"以证明古音为主，而古语之流传、古义之相合者，亦一一证明之"。其二，注重传统文献与当时口语的互证，"借经相证"。其三，该书在黄钊《石窟一征》方言卷基础上编成，因黄书"不以古音为主"，故"酌择可用者入之"。

《嘉应州志》方言卷的体例是：其一，词条的排列顺序大致按称谓、人体、性状、行为、性格、时间、天气、神态、动作、评价、动物、器物、饮食、器物、谚语。可以看出，其排序仅是大致以类相从，其中杂出反复者不是少数。其二，释词方式多是"某某曰某某"的形式，"曰"之前的是释语，之后的是被释词目。其三，在每一个条目之后，都有非常详细的案语，引书证，考语音，论词义。

为明其收词情况，慈列其称谓类词语于下，词条之间用句号隔开（词条后面的案语略）：

父母统称曰爷娘，亦曰爷哀。父曰阿爸、阿爹。母曰阿姆、阿妈、阿奶。祖父曰阿公，祖母曰阿婆，曾祖父曰公大，曾祖母曰婆大。祖之兄弟曰伯公、叔公；其妻曰伯婆、叔婆。妇人称君舅曰家官，君姑曰家娘。夫之兄曰阿伯，曰大郎；夫之叔曰阿叔，曰小郎。夫之姊曰姊，夫之女弟曰小娘姑。子之妻曰新妇。弟读为"大"之平声。妇人谓夫之兄弟之妻统曰子嫂，于弟之妻曰老弟新妇，于子女统曰子息，兄公称弟之妻曰姆。亲家翁曰且公，新家母曰且姆，亲家兄弟曰且伯、且叔。男子曰赖子，女子曰妹子。妻父谓之丈人老；妻母谓之丈尾哀，亦曰丈尾婆。子女之最小者曰满子，爱怜少子曰惜满子。妇人统称曰姑娘子。曾孙曰塞子。赤子曰孲㞞。童生考试皆曰相公。夫谓妻曰老婆，妻谓夫曰老公，亦曰夫主。妾谓之小，亦曰阿姆支。爱子曰吾子。年老无子者谓之孤老。掌炊爨者谓之火头。和尚曰和上，又曰秃子。

《嘉应州志》方言卷是在黄钊《石窟一征》方言卷基础上编成，那么它对黄书的因袭情况如何呢？我们可以做一个简单地比较。《石窟一征》方言卷所收称谓词条如下：

凶横无赖曰烂，烂子曰烂崽。婴儿曰赤虾。往来悠忽曰马骝精，能迷人妇女亦曰马骝精。讼师曰蛇师，操是业者曰食蛇饭。人之好谀者曰沙鼻牛。白丁谓之白役。和尚曰禾上。担夫谓之脚子，亦谓之脚子，担炭曰炭脚，担盐曰盐脚，趁圩担货曰圩脚。侄曰孙子。曾孙曰塞子。母曰𡟖子。产妇曰月婆。大公曰阿公，大母曰阿婆。媳曰心舅。胞伯曰血伯，胞叔曰血叔。子女之最小者曰满子。爱子曰吾子。自称曰吾，称人曰若。妾曰阿姆支。赤子曰孲㞞。妻曰辅娘。子曰薥子。

按，同为称谓词，《嘉应州志》方言卷收称谓词53个，此前的《石窟一征》方言卷收称谓词32个。其中二书相同的6个：禾上（《嘉应州志》方言卷作"和上"）、塞子、满子、吾子、阿姆支、孲㞞（《嘉应州志》方言卷作"㞞孲"）。由此可见，《嘉应州志》方言卷虽是在黄钊《石窟一征》方言卷基础上编成，但因袭成分并不多，确如其卷末案语所说，仅是"酌择可用者入之"而已。

释词方面，可以将《石窟一征》方言卷与《嘉应州志》方言卷作一对比。例如：

《石窟一征》方言卷：爱子曰吾子。（吾，土音读如"厓"，又读为"牙"。读如"厓"，则云吾也；读为"牙"，则云我也。亦微有辨："吾"字，《广韵》五加切，《集韵》牛加切，并音牙。按，《风诗·驺虞》，"驺牙""驺吾"并同。《汉书·地理志》"金城郡允吾"应劭曰："允吾，音鈆牙。"今俗，妇人爱怜少子曰吾子，音读如"厓"。按《管子·海玉篇》："吾子食盐二升少半。"注："吾子，谓小男小女也。"音亦从牙，"厓""牙"音亦相近。）

《嘉应州志》方言卷：爱子曰吾子。案：黄香铁云："吾，土音读如'厓'，今俗妇人爱怜少子曰吾子。"按，《管子·海玉篇》："吾子食盐二升少半。"注："吾子，谓小男小女也。"又按，《寂〔菽〕园杂记》："广东谓老人所生幼子曰豬。"惠州则谓小厮为豬子。今俗呼子曰豬子。又，寻常通称小儿为细豬子。豬，土音读如"赖"。

按，《嘉应州志》方言卷在《石窟一征》方言卷的基础上补充了《菽园杂记》用例与其他相关称谓词。

《石窟一征》方言卷：妾曰阿姆支。（俗呼妾曰阿姆支，轻贱之词也。按，陆放翁著《家世旧闻》有云"杜支婆"者，其自注云："先世以来，于诸庶母，皆称支婆。"盖谓"支庶"之"支"也。今俗骂妇人女子多曰支，亦以支庶非正室，贱之之词也。）

《嘉应州志》方言卷：妾谓之小，亦曰阿姆支。案：《汉书·元后传》："凤知其小妇弟张美人已尝适人。"颜注云："小妇，妾也。"《后汉书·赵孝王良传》："赵相奏干居父丧私聘小妻。"李注云："小妻，妾也。"《通鉴·汉纪永元五年》："梁王畅上疏曰：臣畅小妻三十七八。"胡注云："凡非正室者皆小妻。"《诗·柏舟》"愠于群小"集传云："群小，众妾也。"是皆以妾为"小"也。又，《水经·河水注》引佛经有"国王小夫人生肉胎，大夫人妒之"之语，是亦分妻妾为大小也。黄香铁云："俗呼妾为阿姆支，贱之之词也。"按，陆放翁著《家世旧闻》有云'杜支婆'者，其自注云：'先世以来，于诸庶母，皆称支婆。'盖谓'支庶'之'支'也。今俗骂妇人女子多曰支，亦以支庶非正室，贱之也。"

按，《嘉应州志》方言卷先征引《汉书》《后汉书》《通鉴》《诗》以及佛经等材料，说明历代典籍中均称妾为"小"。然后再引用《石窟一征》方言卷用的说法。

从上面的例子可以看出《嘉应州志》方言卷在引参证文献方面比《石窟一征》方言卷要广泛，温仲和自述《嘉应州志》方言卷"以证明古音为主，而古语之流传、古义之相合者，亦一一证明之"，确实如此。

当然，两书也有都不妥的地方，例如关于"和尚"词源的讨论，其误不烦赘论。《嘉应州志》方言卷不妥之处例如：

亲家翁曰且公，新家母曰且姆，亲家兄弟曰且伯、且叔。案，"且"，土音读入麻部。黄香铁云是"亲""家"二字叶为一字。盖缓读之则为"亲家"，急读之则为"且"。此说是也。案，"且"与"借"声相近，《檀弓》云："夫祖者，且也。且胡为其不可以反宿也。"凡言"且"者，皆谓姑且如此，即假借之意也。《曲礼》"有天王某甫"郑注："某甫，且字也。"何氏《隐义》云："且，假借此字也。"对本家父母伯叔言之，则"且公""且姆""且伯""且叔"，皆有假借之意也。

按，此处先是赞同黄钊"且"是"亲""家"二字的合音之说，然后又说"且""皆有假借之意"。依前者，则"且"是纯记音字；依后者，则"且"义为"假借"。二说不相统一。（未完待续）

参考文献

[1] 陈凌千.潮汕字典[M].汕头：育新书局，1935.

[2] 丁介民.方言考[M].台北：台湾中华书局，1969.

[3] 黄钊.石窟一征[M].清光绪二十六年（1909）刊本.

[4] 林伦伦.潮汕方言：潮人的精神家园[M].广州：暨南大学出版社，2012.

[5] 罗翔云.客方言[M].中山大学国学院丛书本，1932.

［6］孔仲南.广东方言［M］.广州:南方扶轮社,1933.

［7］温仲和.嘉应州志［M］.清光绪二十四年（1898）刊本.

［8］翁辉东.潮汕方言（十六卷）,涵晖楼铅印本,1943.

［9］许宝华,詹伯慧.汉语方言［A］.中国大百科全书（语言文字卷）［Z］.北京:中国大百科全书出版社,
　　1988.

［10］杨恭桓.客话本字［M］.清光绪三十三年（1907）刊本。

［11］尹士嘉（O.F.Wisner）.教话指南（*Beginning Cantonese*）［M］.广州:中国浸信会出版协会（Canton:
　　China Baptist Publications Society）,1906.

［12］曾昭聪.论明清俗语辞书的收词特点［J］.暨南学报,2012（6）.

［13］詹宪慈.广州语本字［M］.香港:中文大学出版社,1995.

［14］章太炎.岭外三州语［M］.章氏丛书本,1919.

韩国燕行文献中的方言词摭析

谢士华

（暨南大学文学院 广东广州 510632）

【提　要】韩国古典汉文文献《燕行录》记录了一些北方方言词。有的词形未见于大型语文辞书，如"柳狗儿""挪搲""柔薄儿""胡卢"等。梳理燕行文献中的方言词语，有利于解读这批域外汉籍，也有助于完善语文辞书或方言辞书的编纂。

【关键词】燕行录　域外汉籍　方言词

韩国燕行文献是域外汉籍的重要组成部分，由一批游历过中国的古朝鲜文人用汉文撰写而成的，主要产生于明清时期，属于近代汉语范畴。这批文献总体而言属仿古文言作品，主要采用的是文言的语法和词汇，但是，较之其他史书、政论文等，燕行文献又有较多的口语成分。朝鲜文人力图绘声绘色地展示当时情景，传达中国人的形象，因此，燕行文献尤其是对话体记录了不少口语词。其中有一些方言词值得关注。

所谓方言词，是指"限于某一方言地域内使用的词语，它与普通话词汇的最主要区别在于使用范围大小的不同"[1]P134。从汉语史角度来说，方言词是指"尚未进入当时通语的词语"[2]P281。某个词流行于某方言区，并不排除该词在其他方言区使用的可能性。燕行路线基本围绕着东北、山东、河北、北京等北方地区，因此，燕行文献出现的方言词主要是北方方言词。本文拟讨论五个词，即"柳狗儿""挪搲""柔薄儿""胡卢""真个"。

（一）柳狗儿

（1）其称柳絮为柳狗儿者，与东人土话暗合，亦不可晓也。[3]第42册，洪大容《湛轩燕记》P241

柳狗儿，即柳树的花穗。也称"柳树狗"或"柳狗子"。现当代文学作品中可见不少"柳狗儿"的用例。如范伯群、金名主编《中国近代文学大系》第7集第20卷《俗文学集一·春香闹学》："柳狗儿多着呢，管揪一捆，桃花儿当是少么，够拉一车。"[4]P58郝延超散文集《故国山河》："河岸的柳条在春风中摇曳了一阵，便吐狗儿了，鹅黄的柳狗儿在柳条上坠着，鼓溜溜的象玉琢的一般，……。"[5]P75姚惜云整理的曲子《游春》："姑嫂两个人，二十来岁，梳着马尾纂，带着柳狗儿，嫂子机灵鬼，小姑子小淘气，……。"[6]P40

由清代八旗子弟首创的讲唱文学《子弟书》记录了该词，如《车本》："柳狗儿一枝桃花儿一朵，青的青来红的红。两鬓斜插多俏丽，一身打扮更鲜明。"[7]P158形成于清中期的另一种八旗艺术岔曲也常使用该词，如《春景闲游》："……，见几个使女丫鬟，她把那掐了来的柳狗儿桃花戴满头。"[8]P228由于"狗"字太过鄙俗，故又作"苟"。清让廉《春明岁时琐记》："清明日，妇女儿童有戴柳条者，斯时柳芽将舒，苞如桑葚，谓之'柳苟'。"[9]P446何申《热河一梦》："四个凉菜分别是咸鸡蛋、曲麻菜、拌柳苟、

瘦肉丁，……。"[10]P133

据载，北方有清明节头戴柳树花的习俗。清让廉《春明岁时琐记》载："谚云：'清明不戴柳，死后变黄狗。'其义殊不可晓，或曰：'清明不戴柳，死在黄巢手。'盖黄巢造反时，以清明为期，带柳为号，故有此谚也。"满族人对"柳狗儿"情有独钟，今天在某些满族人家还保留这种习俗。[11]P282

洪大容曰"其称柳絮为柳狗儿"，将"柳狗儿"和"柳絮"视作一物，其实二者所指并不同。陆衣言编著《中华国语大辞典》："柳狗儿结了籽儿，上头有毛似的东西，叫柳絮．一般人误以为是花儿。"[12]P450柳狗儿是条状物，形似狗尾巴，故曰"狗儿"；柳絮形似棉花，团形，轻飘，故曰"絮"。

朝鲜语也称柳树的花穗为柳狗儿。李瑢默编著《中韩大辞典》有"柳狗儿"条，并释为①버드나무꽂．②버들 개지"。[13]P1311버들［beo/deul］为柳树，개지［gae/ji］为狗，"버들 개지［beo/deul/gae/ji］"即柳狗儿。《井上ポケット日华辞典》也记录了该词："りうじょ 柳絮（名）柳絮、柳绒子、柳狗儿"。[14]P753

现今河北一些地方以及天津、老北京话仍称柳树花为"柳狗儿"。该方言词有一定的历史，许多大型语文辞书（如《汉语大词典》《汉语方言大词典》等）未见收录，可补。

（二）挷搥

（2）时遇赭衣者，一车载数十人，问之多是挖挷搥。挖挷搥者，采参犯罪之称。其以铁锁系颈者，罪重当死。[3]第42册，洪大容《湛轩燕记》P220

"挷搥"，又作"棒槌""棒棰""棒锤"，是东北对人参的土俗叫法。同样的说法也见于朝鲜时代的汉语教科书，如《汉语》："你们里头挖挷搥的也有么？"《老乞大新释》："你不知道，这几年我们那里挖棒槌的少，所以价钱狠贵了。"[15]P74

众多辞书已收该词及该义项，如许宝华、宫田一郎主编《汉语方言大词典》，曲彦斌主编《中国隐语行话大辞典》，李治亭主编《关东文化大辞典》等皆收录之。张拱贵主编《汉语委婉语词典》"棒棰"条："旧时传说，人参通灵气，故采参时讳言参字，因其形似棒棰，故以婉称。"[16]P230解释了对该词义的理据。

文学作品中也多见指人参的"棒槌""棒棰""棒锤"等，如《中国民间传说》："大家乐的忘其所以，使劲喊了一声'棒棰'。"[17]P147王宗汉《关东响马》第一章："他的西宫娘娘得了抽风病，专想咱关东的棒棰吃。"端木蕻良《花石宝人参》："采参的避口不吐参字，都用棒锤两字来做它的名字。因为一提起参字，人参就知道自家被人发现了，不待来挖，它就先逃走了。"[16]P230

但中国文献未见写作"挷搥"的。《湛轩燕记》与《汉语》写作"挷搥"，是受"挖"的偏旁影响类推的结果，他们可能并不知晓"挷搥"乃人参之俗称。

《汉语大词典》"棒槌"条未收该义项，当补。

（三）柔薄儿

柔薄儿，即"肉包儿"的记音词。燕行文献常见记录，如：

（3）所谓柔薄儿，以面造，似我国霜花而皱其缝，似我国馒头。此盖古之馒头也。其啖猪肉和蒜为之。[3]第32册，金昌业《老稼斋燕行日记》P327

（4）所谓柔薄儿，以面造之，如我国霜花而皱其缝，盖古之馒豆也。其馅以猪肉和蒜以实之，饼饵中最佳。[3]第66册，李海应《蓟山纪程》P.542

（5）饼饵中所谓<u>柔薄儿</u>者，称最佳。以面（真末）捏造，如我国霜花而皱其缝，似我国馒头。盖古之馒头也也。其馅以猪肉和葱蒜为之。[3]第72册，金景善《燕辕直指》P261

韩国《国语字典》"馒头"条："用荞麦粉或面粉和水和在一起，揉成大的粗面团，包上馅儿，用水煮或用油煎，称为馒头。"馒头在韩国史料上称为霜花或霜花饼。朝鲜语만두［man du］发音类似汉语"馒头"，但其实是现代汉语所称的带馅儿的"包子"。刘顺利《李海应〈蓟山纪程〉细读》第450页注释："霜花，也作双花，原稿所说，即朝鲜人吃的有馅儿的包子。高丽忠烈王时即有《双花曲》、韩国首都师范大学金根洙教授《校本乐学轨范》附录《校注丽谣》第十一即是该曲。金教授注说，双花，馒头。"[18]P450刘顺利认为："清朝中后期有大量山东人进入东北地区，朝鲜使节团沿途所见饮食也多有齐鲁之风。"[18]P450称"肉包儿"恐非山东专用。

（四）胡卢

（6）京外店铺肴羞专用猪肉汤，如<u>胡卢</u>粉汤，便食之属，和以葱蒜，骤尝之，臊辣逆胃，往往呕哕，不能近口，但晓夜风雪，非此不可御寒。行次凤城，直入食铺。铺内可十余间，分列椅卓，可坐百人，傍有店小二十数人，鼎俎刀匕，挥霍并作，叫声"高丽老爷要吃甚么东西？"余亦戏叫："掌柜的，拣着好东西来。"即进<u>胡卢</u>一椀。<u>胡卢</u>者，汤面也。[3]第42册，洪大容《湛轩燕记》P430

何谓胡卢？赵兴元认为："从记载看，洪大容在凤城吃得挺舒服的'胡卢'，当是满族很有特色的酸汤子。"[19]P84-85其实，"胡卢"未必就是满族的酸汤子，赵兴元没能说明洪大容何以称其为"胡卢"。

胡卢，即饸饹，读hé·le。《现代汉语词典》（第6版）"饸饹"条："食品，用饸饹床子（做饸饹的工具，底有漏孔）把和（huó）好的荞麦面、高粱面等轧成长条，煮着吃。"[20]P526文献也有记载，如李季《王贵与李香香》第一部五："放着白面你吃<u>饸饹</u>，看上王贵你看不上我！"中国歌谣资料《内蒙古民歌·诉苦歌》："婆婆让我压<u>饸饹</u>，大姑子让我擀面条。"[21]第12卷P537

又作"河漏"，如元代王祯《农书·荞麦》："北方山后诸郡多种，治去皮壳，磨而为面，摊作煎饼，配蒜而食。或作汤饼，谓之河漏，滑细如粉，亚于麦面，风俗所尚，供为常食。"也称"河漏子"，如《水浒传》第二十三回："他家卖拖蒸<u>河漏子</u>，热烫温和大辣酥。"[22]P693也作河洛、河落、河捞等。如清王士禛《池北偶谈·谈异五·热洛河》："今齐鲁间以荞麦作面食，名<u>河洛</u>。"赵树理《邪不压正》："生客细客吃挂面，熟客粗客吃<u>河落</u>。"[21]第5卷P10531934年《井陉县志料》："邑人以麦面、豆面或荞面，由铁床压入锅中，成为粗细相等之面条，名为<u>河捞</u>，本邑方言，与河洛音同，与河漏音亦相近。"[23]第3卷P3625又作合酪、合落、合饹、饹酪等。如元孙仲章《勘头巾》第三折："丑云：'哥哥，<u>合酪</u>熟了么？'张千云：'早哩，早哩。'"《西游记》第六出："等他们来家，教他敷演与我听，我请他吃分<u>合落儿</u>。"[22]P693

清末高润生《尔雅谷名考》记载了"饸饹"的做法。即用一种木头做的"床子"，架在锅台上，把和好的面（经常饸饹用的是荞面）塞入饸饹床子带眼儿的空腔里，人坐在饸饹床子的木柄上使劲压，将饸饹直接压入烧沸的锅内，等水烧滚了，一边用筷子搅，一边加入冷水，滚过两次，就可以捞出来，拌上酱油、醋、蒜泥、芥末等作料，或者浇上事先用豆腐或者肉、红白萝卜等做好的"臊子"。可冷食，也可热吃。[22]P693

清山西《阳曲县志》记载："附近居民各种面食曰河漏，荞面为之。"并引傅青主注"河漏"曰"高齐时所谓'促律忽塔'是也。"可见1500多年前，饸饹已成为北方的一种大众化面食了。[24]P956

李治亭主编《关东文化大辞典》"酸汤子"条："北方民族风味面食。流行于东北农村，亦称为'礻子'、'饸饹'、'酸浆子'、'臭米子'等。将玉米置水中泡开，磨成水面，用吊包布滤去残渣，盛在盆桶内发酵至呈酸味，便可制作。做时左手拇指上带一铁片制成锥形'汤筒'，右手将玉米面糊塞入'汤筒'并用力挤压，使面糊从筒之细端挤出成条状，随挤随甩入锅内沸水中，熟后拌以酱、葱花、辣椒油或菜卤而食之。其味微酸可口。也有用荞麦面者在一块猪哈拉巴板上凿成若干小洞，以为挤压之具。夏季可拌以狗奶子、蜂蜜、芝麻等食用。是满族锡伯族家庭最常见主食之一。"[25]P937 可见，东北满族的"酸汤子"的做法确与"饸饹"相似，但具体制作过程略有差异。

洪大容记作"胡卢"，说明他当时听到的音是"饸饹"，而非"酸汤子"。

（五）真个

近代汉语中"个"是类词缀，可放在某些形容词或副词之后。"真个"表确实、实在义，唐代已产生，王维、韩愈诗中就很常见，宋朱熹《朱子语类》颇多。[26]P84 燕行文献也频现，如：

（7）闻其贵来舍人指其中"压买"二字而言曰"老爹真个是压买，何以禁他"云。[3]第6册，许篈《朝天记》P100

（8）余谓湾校曰："一行中，红人参真个有之，何独搜吾箱为？搜吾箱而无，则臀汝矣。"[3]第94册，徐庆淳《梦经堂日史》P164

（9）盖福也，年少初行，性又至迷。同行马头辈多以戏语诳之，则福也真个信听。[3]第53册，朴趾源《热河日记》P279

"真个"的口语色彩非常浓，它到底是何处方言词？据《汉语方言大词典》，冀鲁官话、中原官话、晋语、西南官话、吴语、赣语六大方言区还保留该词[23]第4卷P4609-4610，笔者家乡江西赣州蟠龙客家话也有该词。可见，该词是个南北通用的方言词。但"真个"的"今籍"可考，"古籍"难明。

此外，燕行文献还大量使用的"儿"化词，尤其是记录地名的儿化词，非常具有北方方言色彩。

参考文献

[1]邵敬敏.现代汉语通论[M]，上海：上海教育出版社，2009.
[2]曾昭聪.明清俗语辞书及其所录俗语词研究[M]，上海：上海古籍出版社，2015.
[3]林基中.燕行录全集[G]，首尔：韩国东国大学校出版部，2001.
[4]范伯群，金名.中国近代文学大系[M]，上海：上海书店，1992.
[5]郝延超.故国山河[M]，武汉：长江文艺出版社，1993.
[6]曲艺选 第二集（单弦）[M]，天津：百花文艺出版社，1961.
[7]郭晓婷.子弟书与清代旗人社会研究[M]，北京：中国社会科学出版社，2013.
[8]金启平，章学楷.北京旗人艺术：岔曲[M]，北京：北京师范大学出版社，2007.
[9]任骋.中国民间禁忌[M]，济南：山东人民出版社，2012.
[10]何申.热河一梦[M]，石家庄：河北教育出版社，2009.
[11]王宏刚，等.追太阳：萨满教与中国北方民族文化精神起源论[M]，北京：民族出版社，2011.
[12]陆衣言.中华国语大辞典[Z]，北京：中华书局，1947.
[13]李璿默.中韩大辞典[Z]，沈阳：辽宁民族出版社，2007.
[14]井上翠.井上术クット日华辞典[Z]，大陆影印版，1955.
[15]汪维辉.《汉语·华语抄略》札记[J]，中文学术前沿（第7辑），2014.
[16]张拱贵.汉语委婉语词典[Z]，北京：北京语言文化大学出版社，1996.
[17]香港世界出版社编辑部.中国民间传说[M]，香港：世界出版社.

［18］刘顺利.李海应《蓟山纪程》细读［M］，北京：学苑出版社，2006.

［19］赵兴元.康乾时期燕行使眼中的满族习俗［J］，满族研究，2007（2）.

［20］中国社会科学院语言研究所词典编辑室.现代汉语词典［Z］（第6版），北京：商务印书馆，2012.

［21］罗竹凤.汉语大词典［Z］，上海：汉语大词典出版社，1987—1993.

［22］华夫.中国古代名物大典［M］，济南：济南出版社，1993.

［23］许宝华，宫田一郎.汉语方言大词典［Z］，北京：中华书局，1999.

［24］徐海荣.中国美食大典［Z］，北京：华夏出版社，2000.

［25］李治亭.关东文化大辞典［Z］，沈阳：辽宁教育出版社，1993.

［26］陈明娥.朱熹口语文献词汇研究［M］，厦门：厦门大学出版社，2011.

19世纪美北浸信会潮汕方言文献的方言用字①

徐晓娴

（中山大学中文系　广东广州　510275）

【提　要】1841年美北浸信会的传教士璘为仁（William Dean, 1807—1895）在泰国曼谷传教时编写了第一本使用罗马字注音的潮汕方言文献——《潮州话》。随后，美北浸信会的一批传教士先后在曼谷、香港、潮汕等地编写出版了一系列潮汕方言字典、辞典、课本等。这些文献的方言用字综合使用了本字、借字和俗字三种类型，用字特点各异。本文对美北浸信会传教士编写的潮汕方言文献的方言用字做穷尽性的统计，探讨其用字特点，从中窥探一百多年前潮汕方言的用字情况。

【关键词】潮汕方言　美北浸信会　本字　借字　俗字

一、引言

从16世纪中叶开始，一批又一批西方传教士进入中土传教，语言文字的学习和使用成为传教士首要攻克的难关。意大利耶稣会传教士罗明坚（Michel Ruggieri，1543—1607）和利玛窦（Matteo Ricci，1552—1610）先后抵达中国，一般认为他们俩是最早学习和研究汉语汉字的西方人，也是西方最早的汉学家。②清康熙后期由于禁教政策，传教士活动一度处于低迷，因此传教士编写的汉字辞书直到19世纪初才逐渐恢复。

1832年，美北浸信会（American Baptist Foreign Mission Society）的庄约翰（John Taylor Jones）到暹罗（今泰国）曼谷进行传教。3年后，美北浸信会的另一名传教士璘为仁（William Dean, 1807—1895）与庄约翰一同前往美北浸信会在暹罗的潮州社区进行传教工作。到了1841年，璘为仁在曼谷编写和出版了第一本使用罗马字注音的潮汕方言文献——《潮州话》（*First Lessons in the Tie-Chiw Dialect*）。此后的大半个世纪内，美北浸信会的一批传教士相继编写出版了一系列潮汕方言字典、辞典和课本等。

1847年，美北浸信会的另一名著名传教士高德（Josiah Goddard,1813—1854）在曼谷出版了《汉英潮州方言字典》（*A Chinese and English Vocabulary in the Tie-Chiu Dialect*），正文达174页。另一名女传教士菲尔德（A. M. Fielde，又称斐女士，1839—1916）也于1861年到达暹罗传教，后转入汕头，并于1878年先后出版了《汕头方言威廉辞典索引》（*An Index to William Dictionary in the Swatow Dialect*，与Mass. A. S. A合作）和《汕头方言初级教程》（*First Lessons in the Swatow Dialect*）。1883年，菲尔德编写的《汕头方言的发音及释字辞典》（*A Pronouncing and Defining Dictionary of the Swatow Dialect*）在上海美华书局（American Presbyterian Mission Press）出版。

到了1884年，耶士摩在汕头的英国长老会书局出版了《汕头话口语语法基础教程》（*Primary Lessons*

---

① 本文是国家社科基金一般项目"明末以来西方人创制的汉语罗马字拼音方案研究"（13BYY103）、国家社科基金重大项目"海外珍藏汉语文献与南方明清汉语研究"（12&ZD178）的阶段性成果。

② 庄初升，陈晓丹：《19世纪以来潮汕方言的罗马字拼音方案》.陈春声，陈伟武主编：《地域文化的构造与播迁》，北京：中华书局，2012年。

in Swatow Grammar［*colloquial*］）^①

同属基督教新教的一个教派，使用的方言用字有很多共同点，但也不尽相同。美北浸信会传教士编写的一系列潮汕方言文献大多使用罗马字拼音注音，附英文释义，使用汉字的文献相对有限。目前学术界还鲜有人对这类文献进行方言用字的整理和研究。本文拟利用excel软件，对已经搜集到的19世纪美北浸信会的潮汕方言文献，包括《潮州话》《汉英潮州方言字典》《汕头方言初级教程》《汕头方言的发音及释字辞典》，进行系统录入，并做初步的整理、归纳和分析^②，从侧面窥探一百多年前潮汕方言用字的历史。

二、《潮州话》的方言用字

从目前掌握的资料来看，1841年美国传教士璘为仁（Williams Dean）在曼谷编写的《潮州话》（*First Lessons in the Tie-Chiw Dialect*）是第一本关于潮州话的课本。为了传教工作，一本适用于西方传教士学习的潮州话教材在当时显得十分迫切。全书共计48页，正文包括数字、家庭关系、建筑、家具等32个章节。编者将英文单词和句子翻译为潮州话，使用汉字书写，采用罗马字注音。

（一）用字的基本类型

从整体上看，美北浸信会传教士文献中用字的基本方法可以归结为以下三类：①使用本字。②使用借字。借字又可分为三类，一是同音字或近音字；二是训读字，即字义相同但字音不同；三是借用字，即字音和字义与本字都不同。③使用俗字。这部分先对《潮州话》中汉字的用字类型进行举例和介绍。

1. 本字

糴：［teă/tiaʔ²¹］^③买米，如"糴米"。(6)"糴"是古汉语中的字，《说文·入部》："糴，市穀也。从入从糴。""糴米"即是买米。"糴"字在《广韵》中属于入声锡韵字，徒歴切。"锡"韵字在潮州音中有许多发［iaʔ］音的，如"壁［piaʔ²¹］、锡［siaʔ²¹］"等，"糴"今读为［tiaʔ²¹］，音、义上皆可通。

气：［kui/kʰui²¹⁴］，气息，如"偷气"。(26)《广韵》上声未韵："气息也。去既切。"未韵字在潮州话中读为［ui］的有很多，如"胃［ui¹¹］、贵［kui²¹⁴］"等。"气"读为［kʰui²¹⁴］是白读音，其文读音是［kʰi²¹⁴］。

2. 借字

（1）同音或近音字

芬：［hun/hun³³］香烟，如"食芬"。(7)《说文·屮部》"芬，草初生其香分布。从屮从分，分亦声。"《潮汕方言词考释》考其本字为"薰"。^④

（2）训读字

夜：［mey/me⁵⁵］夜晚，如"夜昏"。(8)"夜"用为"暝"的训读字在明本《荔镜记》里已经出现过，第七出《灯下搭歌》中有"今夜正是元宵节"。^⑤

① 由于《汕头话口语语法基础教程》的潮州白话都用罗马字拼音写成，没有涉及方言用字，故本文不做分析。

② 本文对原文句子或英文释义的引用均在末尾处标明页码。

③ 斜杠前为原文中的罗马字拼音，斜杠后为转写的国际音标。

④ 李新魁，林伦伦.潮汕方言词考释［M］.广州：广东人民出版社，1992年，第85页.

⑤ 吴南生.明本潮州戏文五种［M］.广州：广东人民出版社，1985年，第385页.

（3）音义皆不合的借用字

乜：［mi/miʔ²¹］什么，如"尔是乜名"。(13) 粤方言的借用字。《广韵》明母马韵："乜，蕃姓，弥也切。"记载清初粤语语音的《分韵摄要》中提到"乜"是明母，毕韵，"是甚麽之词。"

3. 俗字

编者在《潮州话》中还使用到一些在方言区流传已久的俗字。

□：［bou/bəu⁵³］老婆，如"伊翁不相合"。(27) 明本潮州戏文《荔镜记》将其写为"厶"，如"我今请你无别事，那因无厶费心情"①《潮汕方言词考释》释其本字为"母"。②

厝：［chu/tsʰu²¹³］房屋，如"伊是厝边人"。(12) 闽方言区常见的方言字。

墘：［ki/kĩ⁵⁵］旁边，如"海墘"。(18) 闽方言区常用的俗字，如潮安县彩塘镇的杨墘村、台北市的港墘路。

□：［tʼoi/toi¹¹］硬，如"共石平□"。(10) 在《潮声十五音》ᶜ中属于肩部上去声。据《潮汕方言词考释》，本字应当是"模"。④

（二）《潮州话》方言用字的基本特点

对《潮州话》的方言用字进行几近穷尽性的统计，得出汉字用字的大体比例，如下表：

表1　《潮州话》方言用字比例

用字类型		用字数量		百分比	
本字		867		81.71%	
借字	同音或近音字	182	39	17.16%	3.68%
	训读字		89		8.39%
	借用字		54		5.09%
俗字		11		1.04%	
错别字		1		0.09%	

1. 尽量使用本字，具有一定的系统性

原文一共使用了3199个汉字，其中用字多有重复，该表对重复使用的汉字只作一个统计，不计其次数，而计其类型（下同），共计1061个不同的汉字。从统计的结果可以看出：本字的使用在全书中占有绝对的比例；其次是借字，借字中又以训读字和音义皆不同的借用字居多；极少另造新字，用的多是闽方言区常用的方言俗字。

从使用汉字的频率看，在具有本字可写的情况下，《潮州话》的编写者都会尽量使用本字书写，且使用的水平较高，如"转""加""卵""掌"等，这些字都是目前学界公认的潮汕方言的本字。能这样准确地书写出来，对早期的编写来说实属不易。

在本字难以满足编写的需要时，为了保持字义或词义的一致性，编者首先会选取意义相近或相同的

① 吴南生.明本潮州戏文五种［M］.广州：广东人民出版社，1985年，第375页。

② 李新魁，林伦伦.潮汕方言词考释［M］.广州：广东人民出版社，1992年，第42页。

③ 《潮声十五音》全名为《字学津梁：潮声十五音》，由澄海商人张世珍编写，成稿于清末，正式出版于民国初年，曾在当地产生深远影响，据李新魁（1985）《潮声十五音源流考略》，其编撰参照了福建漳州的"十五音"。

④ 李新魁，林伦伦.潮汕方言词考释［M］.广州：广东人民出版社，1992年，第237页。

训读字来代替本字。音义皆不同的借用字的用字数量比起同音和近音字的情况还要略多一些，主要是因为一些方言词汇的本字未考，编者为照顾本义，选用一个意思相同的词语代替，本文暂且将这类词语称为训读词，如用"守宫"表示［chi leng］，用"霎时"代替"［kun kia］"。这基本反映了原书的用字规律。

2. 不同借字表示相同字词

本字未考的方言词语，原文在用字方面也出现了不严谨的地方。相同的字词用不同的借字代替，其中以代词的数量居多。

［ti/ti^{11}］的本字是"底"，作为一个疑问代词，在原文中共使用了3个汉字表达，分别是"值"、"何"、"那"，如"伊去值處"；(13)"何時落船"；(14)"那箇是"。(13)"何"和"那"都是训读字，"值"当是近音字，"值"表示疑问代词在明本潮州戏文中已出现过，《荔镜记》第十二出有"未得知值日再相见"[1]。

［chi/zi^{33}］表示近指代词，相当于"这"，《潮汕方言词考释》考其本字为"只"[2]。编者共使用了3个汉字，分别是"这"、"此"、"止"，如"這"(5)；"此物還我"(9)；"挈來止"(6)。"这"和"此"都是训读字，"止"则是近音字。

草创之初，编者对潮州话中部分词语尚缺乏完整的理解，难免有些疏漏，在用字的科学性上存在一定的不足，但总的来说，《潮州话》的用字尽量地使用本字，比较系统、规整。

三、《汉英潮州方言字典》的方言用字

1844年，美北浸信会的传教士高德（Josiah Goddard），针对传教士缺乏潮汕方言字典的情况，编写了《汉英潮州方言字典》[3]（*Chinese and English Vocabulary, in the Tie-Chiu Dialect*）。

据统计，全书共5592个汉字。每个汉字均附上英文释义，使用罗马字注音，按照罗马字拼音首字母的顺序，由A到Y进行编排，与传统英美词典的体例一致。书的末尾附有索引目录，以部首为纲，按笔画排序。

编者也看到了潮汕方言中文白异读的情况，有意识地在正文部分只使用白读音注音。他也发现同在潮汕地区，不同地方的口音相差甚大。其编写的严谨性及对当地语音的了解程度，不得不令人佩服。

（一）用字类型

由于《字典》中以本字占主导地位，使用到的借字相对较少，此处只对其比较典型的方言俗字进行解释。

冇：［p'á/phã^{213}］东西中空。(119) 张世珍《潮声十五音》柑部下去声冇："冇，不实曰冇，谷冇，空冇。"[4]据《潮汕方言词考释》，本字当是"奅"[5]

鈸：［p'wat/phuat^{21}］暹罗的货币单位Tical。(132) 文中提到的"Tical"现已不再使用，19世纪40年

① 吴南生.明本潮州戏文五种［M］，广东人民出版社，1985.397.

② 李新魁，林伦伦.潮汕方言词考释［M］，广东人民出版社，1992.265.

③ 本文据其第二版（1883年于上海发行）进行研究，下文简称为《字典》。

④ 南江涛选编.汉语方言研究文献辑刊（第十一册）［M］，北京：国家图书馆出版社，2013.156.

⑤ 李新魁，林伦伦.潮汕方言词考释［M］.广东人民出版社，1992.237.

代以后泰国的货币改称为铢（Baht），推测原文要表示的就是"铢"，[p'wat]的读音与Baht十分相似，可能是根据形声方式生造的方言俗字，取"末"的读音，取"金"的含义。

鮧：[ni/ni⁵³]一种小鱼。(115) 今潮汕地区将鱿鱼称为"鲜□[ni⁵³]"，"鮧"当是采用形声造字的方式。

（二）《字典》的用字特点

表2　《汉英潮州方言字典》方言用字比例

用字类型		用字数量		百分比	
本字		5274		98.18%	
借字	同音或近音字	58	5	1.08%	0.09%
	训读字		44		0.82%
	借用字		9		0.17%
俗字		21		0.39%	
错别字		19		0.35%	

《字典》收集的汉字数量颇丰，大量地使用了本字，字义也严格遵照字书对汉字的解释，编写严谨，解释详尽。从《字典》的编排体例看，编者应当是借助当时现成的字书，在其基础上将字义翻译成英文，再请当地人对照汉字发音，使用罗马字拼音标上潮州音，按照字母的顺序重新编排。

使用大量本字的同时，《字典》也收入了大量民间老百姓使用的俗字。这一类俗字大多是意义相同的异体字，并不是潮汕方言区特有的俗字。举例如下：

羘（83），羘的俗字。《说文·羊部》："羘，夏羊牡曰羘。从羊夅声。公户切。"《字汇·羊部》："羘，俗羘字。"

宼（173），《正字通·宀部》对宼字的解释中便提到其是冤的俗字。《字汇·宀部》有："从兔，在冖下，此正字也，后人作宀。"

愒（135），惕的俗字。《正字通·心部》："愒，俗惕字。"

欵（89），《广韵》上声缓部称欵为款的俗字。

氷（125），常见的俗字，《康熙字典·水部》俗冰字。

栢（121），柏的异体字，一般视柏为正字，栢为俗字，如《康熙字典·木部》："栢，俗柏字。"

騐（112），《正字通》俗验字。

从现在的眼光看，这一类选字阅读起来并不方便，但我们也不能否认，这类俗字在一定程度上反映了当时民间用字的情况，更有利于传教士和普通民众的沟通。

《汉英潮州方言字典》的编写出版，是美北浸信会传教士在潮汕地区布道传教跨出的又一大步，在当时的背景下填补了一方空白。但其主要目的仍是服务于在当地传播福音的传教士，其英文释义的方式也决定了其在当地不可广泛传播的局面。

四、《汕头方言初级教程》和《汕头方言的发音及释字辞典》的方言用字

《汕头方言初级教程》①（*First Lessons in the Swatow Dialect*）目前藏于纽约哥伦比亚大学图书馆，是菲尔德女士在汕头期间编写的一本用于学习潮汕话的基本教材，成书于1878年。全书427页，共200课，

---

① 下文简称《教程》。

以汉字为纲，附英文释义和罗马字拼音注音的例句。菲尔德认识到潮州话的口语与书面语相差甚远，汉字在表达时未能尽如人意。对本字未考的汉字，菲尔德使用意义相同但读音不同的汉字，并用*标记[①]。

菲尔德女士编写的另一本重要文献是《汕头方言的发音及释字辞典》[②]（*Pronouncing and Defining Dictionary of the Swatow Dialect*），历时4年，于1883年由美国长老会出版。全书共631页，正文部分是613页，共包括5442个汉字，按照罗马字的首字母排序。书中采用潮州府城音，举例多涉及日常用语，内容十分丰富。用字方面，使用水平较高，超过了之前的其他文献。

两本文献使用的汉字多有重复，此处一并讨论。

（一）两本文献的用字类型分析

1. 本字

臺：[tâi/tai^{55}] 复瓣的花，如："cíahuesĭténg-tâikâi"/这花是重台的。(辞典，530) "重台"的说法由来已久，前蜀文人毛文锡《月宫春》："红芳金蕊绣重臺，低倾马脑盃。"《汉语方音字汇》中将"台"的读音标为[tʰai^{55}]，"臺"在《广韵》中是平声咍韵字，徒哀切，属定母字。定母字在古音中属全浊声母，潮州话浊音声母清化的过程中，送气不送气不规则，从这个角度看，"臺"读为[tai^{55}]应当也是合理的。

抛：[pha/pʰa^{33}] 抛鱼是撒网捕鱼的意思，如："phamăngliâhhṳ́"/撒网捉鱼；(辞典，445) "phatîehcâpbúehṳ̂"/捕到十条鱼。(教程，128)《广韵》平声肴韵："抛，抛掷。"是批交切。今"抛"在潮州话中文读为[pʰau^{33}]，白读为[pʰa^{33}]，肴韵字中"骹"白读音韵母也读为[a]。

擘：[peh/peʔ^{21}] 分开，掰开，如："pehkaⁿ"/剥桔子。(辞典，423)《说文·手部》："擘，撝也。"段玉裁《说文解字注》中提到："今俗语谓裂之曰擘开。"苏轼《席上代人赠别三首》中有："莲子擘开须见憶，椽枰着尽更无期。"擘开的说法由来已久。"擘"在《广韵》中属于入声麦韵，帮母字，博厄切。音义皆合，是本字。

2. 借字

（1）音近字

彀：[kàu/kau^{213}] 够，如："khîehkàulío"/拿够了；(教程，20) "m̄kàuēng"/不够用。(辞典，225)《说文·弓部》："彀，张弩也。"在古汉语中"彀"通"够"，即足够的意思。

（2）训读字

站：[khĭa/kʰia^{35}] 本字当是"徛"。如："khĭakhílâi"/站起来。(辞典，305；教程，130)

（3）借用字

睰：[thàn/tʰan^{213}] 赚，当是粤方言的借字。如："thàncîⁿ"/赚钱；(辞典，577) "kâigûehthànjîehcōicîⁿ"/一个月赚多少钱。(教程，162)《广韵》去声谏韵："睰，支才货，出，文字指归。"音义皆不合。

煲：[pû/pu^{55}] 煮，如："pûcọhkúncúi"/煮些开水。(辞典，439)[③] 早期传教士粤语文献中也用到这个字，如美国传教士裨治文（Elijah Coleman Bridgman）《粤语中文文选》（*A Chinese Chrestomathy in the Canton Dialect*，1841）中有"鹿筋煲脸有益"。

3. 俗字

两本文献使用的方言俗字较少，使用到的"冇""冎""墺"等在前文中已分析过，兹不赘述。

（二）《教程》的用字特点

表3　《汕头方言初级教程》方言用字比例

用字类型		用字数量		百分比	
本字		1931		75.58%	
借字	同音或近音字	604	12	23.64%	0.47%
	训读字		402		15.73%
	借用字		190		7.44%
方言俗字		5		0.19%	
错别字		15		0.59%	

经统计，《教程》用字俭省，一字表多字的现象比较突出，一个汉字的条目下有多个罗马字注音，其中多是训读字的用法，借字的使用占23.64%，相对较高。编者主要考虑字义上的一致性，基本不使用同音或近音字。书中第189课开始谈及双音节词，其中多使用训读词，如：

（1）训读词音节个数与本词相等

表4　训读词音节个数与本词相等

原文词语	罗马字拼音/国际音标	本词
清晨	[mṅgkhí/muŋ^{11}k^{h}i^{53}]	眠起
明天	[mùakhí/mua^{213}k^{h}i^{53}]	□起
岳父	[tĩⁿ-nâng/tiẽ^{35}naŋ^{55}]	丈人
岳母	[tĩⁿ-ḿ/tiẽ^{35}m^{53}]	丈母
戲法	[pahìⁿ/pa^{33}hi^{213}]	把戏
蜻蜓	[suame/sua^{33}me^{33}]	蚴蛱
垢穢	[nahsap/na^{21}sap^{21}]	擸撍（垃圾）
白鴿	[húncío/hun^{53}tsiəu^{53}]	粉鸟
蝦蟆	[kappê/kap^{21}po^{55}]	蛤婆
欠伸	[huahhì/hua^{21}hi^{213}]	喝呬
瞎眼	[cheⁿmê/tse^{33}me^{55}]	青盲
潮濕	[ipcîp/i^{21}zip^4]	湆□
蝴蝶	[bóiîah/bue^{53}ia^4]	尾□
瀉肚	[làusái/lau^{213}sai^{53}]	漏屎

（2）训读词音节个数多于本词

这一类情况只有6个。这一类本字大多难以考释，若不使用双音节词语表示，也许根本找不到合适的训读字。

表5　训读词音节个数多于本词

原文词语	罗马字拼音/国际音标	本词
我等	［ún/un^{53}］，［ẃn/uen^{53}］	阮[1]
俺们	［nán/nan^{53}］	俺[2]
汝们	［nín/nin^{53}］	恁[3]
随便	［jǔan/zuan^{35}］	□
便宜	［phiⁿ/pʰĩ^{33}］	□
饭汤	［ám/am^{53}］	饮[4]

（3）训读词音节个数少于本词

表6　训读词音节个数少于本词

原文词语	罗马字拼音/国际音标	本词
舅	［ta-kuaⁿ/ta^{33}kuã^{33}］	大官
姑	［ta-ke/ta^{33}ke^{33}］	大家
男	［ta-po/ta^{33}pəu^{33}］	丈夫
女	［ca-bó/tsa^{33}pəu^{53}］	□母
偕	［cè-pû/tso^{213}bu^{55}］	做□

(三)《辞典》的用字特点

表7　《汕头方言的发音及释字辞典》方言用字比例

用字类型		用字数量		百分比	
本字		3673		73.21%	
借字	同音或近音字		29		0.58%
	训读字	1328	1108	26.47%	22.08%
	借用字		191		3.81%
方言俗字		10		0.20%	
错别字		6		0.12%	

以下从几个方面阐述其用字特点：

1. 借字使用比例高，方言俗字较少

《辞典》成书时间最晚，其借字的使用比例较高，方言俗字的使用却逐渐减少，就连闽方言区常见的"厝"字也没有收入，改用训读字"屋"。但却在更大程度上受到粤方言用字的影响，如"乜""煲""睇"。另外，在本字未考的情况下，《辞典》除了运用训读字，还借用了大量较生僻的汉字进行解释，这可以称得上是菲尔德本人的独创，如：

瞥：［bîe/bie^{55}］眼睛眯着。(13)《广韵》去声泰韵："眉目之间。"

---

① 明代潮州戏文、《汉语方言词汇》都使用"阮"这个借字。

② 明代潮州戏文、《汉语方言词汇》使用"俺"，当是借用其他方言的说法。

③ 明代潮州戏文、《汉语方言词汇》使用"恁"这个借字。

④ 据李新魁、林伦伦《潮汕方言词考释》第79页，"饮"字当为本字。

繓：[nîap/niəp⁴] 手工缝补。(404)《集韻》："逢玉切，音幞。繓或作繓，帕也。"音义不同，意思上与布有关联。

此外，还有"嶇""鷿""顚""摅"等，这类字在日常口语中出现的频率应当很低，属于较生僻的汉字，但意思上与本字有一定的关联。

2. 变调的字分别阐述

表8 变调举例

汉字	罗马字拼音/国际音标	原文例句/汉字翻译
縱	[còng/tsoŋ²¹³]	còng-îongi./纵容他（65）
	[cong/tsoŋ³³]	conghûeⁿ/纵横（65）
操	[chau/tsʰau³³]	chaulīen/操练（85）
	[chàu/tsʰau²¹³]	cak-chàu/节操（86）
竟	[kèng/keŋ³⁵]	ikèng-jîenm̄hío./他竟然不懂。（233）
	[kéng/keŋ⁵³]	kiù-kéngsĭcò-nî./究竟是怎么了。（233）
念	[līam/liəm³⁵]	līam-līam, putbûang/念念不忘（349）
	[līam/liəm¹¹]	līamcụ/念书（349）
累	[lúi/lui⁵³]	lúi-chù/累次（368）
	[lŭi/lui³⁵]	lîen-lŭiikâihiaⁿ-tĭ./连累他的兄弟。（368）
	[lūi/lui¹¹]	thoalūikàuichámcăi./拖累到他很惨。（369）
折	[cih/tsiʔ²¹]	káucih/九折（55）
	[cîh/tsiʔ⁴]	ácîh/折断（55）
摇	[îe/ie⁵⁵]	îebúe/摇尾（188）
	[ĭe/ie³⁵]	m̄hóĭe./不可以摇。（188）

《辞典》中收录的许多变调，有些读音现在已经没有区分了，如表格中的"縱""操"。变调的情况菲尔德在《辞典》前言中已阐述过。由于潮州话文白异读、训读的情况比较普遍，一字多用的情况在前三本文献中都出现过，但对变调的字分开解释、逐字举例却是首例。能清晰地阐述汉字不同声调的使用场合，足以表明编者对潮州话的了解颇深。

笔者还发现，菲尔德对潮州话中合音的现象已有所了解，编者用"孬"表示"不"和"好"的合音字，即"a contraction of m̄-hó, not good"，如"isimọ́nâng"/他是坏人（384）。虽然这类例子在《辞典》中出现的不多，但其用字的水平和对语音的敏感性，相较于之前的文献，是一个很大的进步，即使用今天的眼光去看，仍相当了得。

3. 一字多形

编者力求释义和用字的全面，常省略一些字固有的字义，而借用其他字的字义进行补充，另列条目，其实过于累赘了。

如"轉""返""回"三个字，本字是转，返、回都是训读字。"返"今读为[hueŋ⁵³]，"回"今读为[hue⁵⁵]。"轉"例句中有"ibūetńglâi"/他还没回来（549），"返"例句中有"bŏitittńglâi"/没得回来（549），使用训读字"返"，其实是多此一举了。另外，"轉"的字条下没有收入次数的义项，而用"回"表示，如"khùkúitńg"/去几回（549）。

原文中类似的用字情况有很多，如"打"和"拍"，本字是"拍"，"打"是训读字。"底"和"里"，

"分"和"给","堆"和"墩","攧"和"鑿","偱"和"糙"等都是同样的情况,本字和训读字都出现了,有的意义互相补充,有的意义重复。这或许反映了当时用字混杂不一的情况,或许是编者多此一举了。

《教程》和《辞典》都反映了菲尔德不同于前两本文献的用字习惯。总体而言,《辞典》的用字水平相对较高,却也是最复杂的。

五、结语

从璘为仁的《潮州话》到菲尔德的《汕头方言的发音及释字辞典》,美北浸信会传教士编写的潮汕方言文献,普遍反映了一字多音的现象,体现出文白差异,也各有不同的用字特点。其中某些本字的用字水平颇高,在大量借用其他汉字的同时,也创造性地生造了个别方言俗字。传教士的编写工作,应当离不开当地人的协助,而当地已有的传统文献,亦为他们提供了丰富的材料。在戏剧歌册方面,明嘉靖年间刊刻的《荔镜记》、万历刻本《荔枝记》、万历刻本《金花女》、明嘉靖年间潮剧抄本《蔡伯皆》、宣德年间潮剧写本《刘希必金钗记》①,还有民间流传的潮州歌册等,展现了当时当地丰富的用字面貌。传教士文献对潮汕传统文献的方言用字当是有所借鉴,它们之间的相关性还有待进一步的研究。

潮汕方言的用字一直比较复杂,而且尚未像粤方言一样形成一个相对统一的规范。受普通话影响,当地人对许多方言俗字已逐渐陌生,用字不规则的情况在一定程度上造成了文献阅读的困难,也对潮汕方言乃至闽方言的研究造成阻碍。19世纪美北浸信会传教士编写的潮汕方言文献反映了100多年前潮汕方言的用字现象,为研究和规范方言用字提供了珍贵的文献资料。本文利用Excel进行统计,结合罗马字注音和英文解释,对其中的汉字进行用字分析,为进一步的研究提供材料基础。

参考文献

[1]北京大学中文系语言学教研室编.汉语方音字汇(二版重排本)[M].北京:语文出版社,2003.

[2]北京大学中文系语言学教研室编.汉语方言词汇(第二版)[M].北京:语文出版社,1995.

[3]北京图书馆出版社编.稀见旧版曲艺曲本丛刊·潮州歌册卷[M].北京:北京图书馆出版社,2002.

[4]李新魁,林伦伦.潮汕方言词考释[M].广州:广东人民出版社,1992.

[5]李榭熙.19世纪中期(1835—1860)华人浸信会教民的曼谷—香港—潮州跨国网络[J],岳峰译.东南学术,2002(1).

[6]南江涛选编.汉语方言研究文献辑刊(第十一册)[M],北京:国家图书馆出版社,2013.

[7]吴南生.明本潮州戏文五种[M].广州:广东人民出版社,1985.

[8]庄初升,陈晓丹.19世纪以来潮汕方言的罗马字拼音方案[A],陈春声,陈伟武主编.地域文化的构造与播迁[C].北京:中华书局,2012.

[9]A. M. Fielde(菲尔德).*First Lessons in the Swatow Dialect*(汕头方言初级教程)[M].Swatow: Swatow Printing Office Company, 1878.

[10]A. M. Fielde(菲尔德).*A Pronouncing and Defining Dictionary of the Swatow Dialect*(汕头方言的发音及其释字辞典)[M].Shanghai: American Presbyterian Mission Press, 1883.

[11]Josiah Goddard(高德).*A Chinese and English Vocabulary in the Tie-Chiu Dialect*(汉英潮州方言字典·第二版)[M].Shanghai: American Presbyterian Mission Press, 1883.

[12]William Dean(璘为仁).*First lessons in the Tie-Chiw Dialect*(潮州话)[M].Bankok, 1841.

---

① 具体可参见吴南生:《明本潮州戏文五种》,广州:广东人民出版社,1985年。

《语言田野调查实践指南》评介

骆　妮

（广东人民出版社　广东广州　510102）

【提　要】国内大部分语言田野调查教材用较大篇幅讲授国际音标的理论知识以及字词句的记音上，比较少涉及语义和语法，鲜有介绍自然话语和长篇语料的记录方法；在记音方法上几乎仅限于耳听手记，鲜有跨学科方法和现代科技手段。国内语言调查理论和实践有待与国际前沿接轨，课程和教材不能很好地反映当代田野语言学科学体系。（*Linguistic Fieldwork: A Practical Guide*）（《语言田野调查实践指南》），一书以语言田野调查实践为重心，结合作者多年的田野调查经验，全面、有针对性地、跨学科阐述前期准备，音系、词汇、语法、语义、长篇语料等的有效调查方法，此外还涉及田野调查中的伦理问题、经济问题和生活注意事项等。本书不仅适用于田野调查的"新手"，对田野调查的"老手"也很有帮助；不仅可以为国内编写语言田野调查教材提供借鉴，还有助于推进我国语言田野语言学紧跟时代潮流，不断完善和发展。

【关键词】语言田野调查　理论创新　实践指南

Linguistic Fieldwork: A Practical Guide（《语言田野调查实践指南》）为美国耶鲁大学Claire Bowern教授所著，麦克米兰公司2008年出版。Claire Bowern是澳大利亚人，曾调查了近30种澳洲土著语言和美洲印第安族群语言，田野调查经验丰富，在历史语言学、濒危语言研究方面颇有建树。本书是她在莱斯大学执教期间的课程讲义，现已被英美多所大学作为田野语言学教材。

一、内容介绍

　　全书共14章。第一章"绪论"，第二章"田野中的技术"，第三章"如何开始语言调查"，第四章"材料的组织和存档"，第五章"田野调查中的语音学和音系学"，第六章"启发式调查：形态和句法"，第七章"形态和句法的进一步调查"，第八章"词汇和语义材料"，第九章"话语、语用和叙述材料"，第十章"发音人和调查点"，第十一章"田野调查伦理"，第十二章"基金申报书的写作"，第十三章"处理现存材料"，第十四章"田野调查的成果"。每章末尾有"小结"和"拓展阅读"。另有7个附录：附录A"元数据样表"，附录B"未记录语言的田野调查顺序建议"，附录C"基本语音和音系调查内容项列表"，附录D"基本形态和句法调查内容项列表"，附录E"发音人同意书样表"，附录F"设备清单"，附录G"基本词表"。书后提供了有关语言田野调查资源的网站。以下择要介绍。

绪论分析和阐释了语言田野调查的概念、田野工作者的角色和任务、语言学者为何要进行田野调查、田野调查和研究试验、田野调查研究及公正性等问题。

第二章阐述了录音技术在当代语言田野调查中的应用,强调当代语言田野调查必须利用数字录音技术采集材料。语言田野工作者应熟悉录音设备的操作,懂得根据不同的田野环境选择合适的设备,以获得高质量的录音语料。此外还要懂得运用音频视频处理软件对语料进行加工处理。

第三章介绍了语言调查和记录的顺序与方法。记录一种陌生语言应从基本词开始,初始阶段应有几个发音人合作,避免所得词汇的片面性。对把握不准的现象以及音位遗漏、合作人发音不一致等问题,应做好记录,通过前后对比和分析来解决。记音要用严式标音,田野工作期间要学会所记录语言的基本词汇。本章还介绍了10个调查要诀,皆为作者经验之谈。

第四章讲述如何组织材料和立档保存。田野工作中收集和记录的材料,应组织和存放要有序,要归类和建档。每个工作段应做哪些工作、有哪些注意事项,大到编制元数据表、数据备份、撰写田野工作笔记、寻求语料存档机构,小到记录表的编排格式、使用的钢笔墨水等等,都有较详细的介绍。

第五章首先介绍记音方法,根据具体情况综合使用两种标音方法(严式标音和宽式标音),前期要精心设计语音调查词表,记音按规范程序进行。先作初步调查,了解该语言的基本音系和特点后,再有针对性地询问一些词语,进行验证。语音调查可以采用询问、模仿、看口形、仪器测定等多种方法,要善于运用发音语音学、感知语音学和声学语音学的知识。记音时既要注意音段特点,也要注意超音段特征。最后指出了整理音系时应注意的一些问题。

第六章介绍形态和句法的初步调查,重点介绍了"启发法",以引导发音人说出自然话语。作者强调形态和句法调查要从简单句开始,每次变换其中一个成分得到一个新的例句,积累了一定数量的句子以后,初步归纳一些形态和语法的特点,根据这些特点提出某些形态和语法范畴的假设,再有针对性地调查和印证。初始阶段积累基本语料,再综合运用翻译法、判断法、问卷法、演示法、刺激对话法作深入的启发询问。例如,设计一些错误的语句给说话人听,让他判断和纠正,从而获得正确形态和句法材料。要避免发音人简单地直译例句,注意发音人对例句理解的偏差;还要注意及时整理笔记,查漏补缺。

第七章进一步介绍形态和句法的调查。常见的形态和语法现象有派生、屈折、性、范畴标记、格标记、时和体标记等等,要注意语法范畴和句法特征的不同表现形式。如,有的语言用数词或量词来表征数范畴,而有的语言则是不使用数词和量词。形态和语法特点不但要从词句中归纳,还要从自然话语中发现。材料收集要有系统性,也要避免长时间机械地使用同一种方法。本章还介绍了语义类、语序、处置结构等一些不常见的形态和语法现象的调查,以及对于未知的语法、形态的发现和处理方法。

第八章介绍词汇和语义的调查记录。可以通过现场指认实物、反义联想、同类下位概念联想等方法收集大量词汇;也可按义类询问,例如,从身体部位、房屋用品、本地动植物、地名、亲属称谓等日常生活领域入手。询问身体部位词,要注意当地人的禁忌,可用婴儿或小孩图片演示。记录动植物词汇,最好能和当地动植物学者一起。调查中药要注意辨别发音人的错误表达、同音词和一词多义现象。要重视词汇的分类整理,可按首字母排序法、词根归类法、同源归类法编成词表。

第九章介绍如何采录自然话语。应尽量收集不同体裁和题材的话语材料,同时注意收集前人的文本语料。口语材料都要转写,转写时注意口语和书面语的差异,将口语转写成大众能阅读的书面语,还要用软件工具将录音和转写文本同步对齐。此外,要重视对记录材料立档或建立数据库。书中提供了一些转写软件的下载网址。

第十章介绍了语言田野调查的准备工作。首先是选择调查点,目的不同,选择的调查点也不同,应避免去不被当地人欢迎、极难到达或可能危及生命安全的地方。其次是物色发音合作人，不同调查点决定了挑选发音人的条件和方式。在政治敏感地区，应通过政府部门物色发音人。此外，什么季节外出、驻扎时间多长、如何选购和维护器材、需要办理哪些证件、田野工作期间的食宿、安全和健康、材料保存和传送等方面，都要有充分的准备。

第十一章讨论语言田野伦理问题。不同国家和地区，不同的民族和社群，可能有不同的伦理准则。如，采用偷录偷拍方式获得材料在很多地方是不合伦理的。记录材料的存档和访问权限，调研成果的发表、出版和传播，也涉及伦理问题。田野调查活动征得语言社群和发音人对笔记、录音录像、转写、论文和出版物等事项的授权许可。如涉及未成年人，还需获得特别许可证或有父母陪同。此外还有田野工作者和语言社群因价值观不同引起的文化冲突、获取语言材料与回报语言社群的不平衡、不合理支付发音人报酬对当地薪酬惯例的干扰等伦理问题。在民族地区和濒危语言社区调查，要注意当地人对外来人员的接纳态度、融入语言社群的方式和途径，以及如何与当地的其他外来人员相处等问题。在殖民地或长期受欺压的社群调查，对所谈论的话题以及如何咨询、提问和处理敏感材料等，都要充分考虑。

第十二章介绍项目申报书写作。先选定调查点，与当地人联系并征得许可以后，才能撰写申报书。项目申报书主要有四部分：项目简介、发音人授权书、伦理问题陈述、资金预算。调研内容必须真实、明确、有针对性。资金预算要细致、清晰，每项费用有具体用途、理由、时间、人员，以便审计。

第十三章介绍如何使用前人的材料和成果。在实施语言田野调查之前，要广泛搜集和研读前人的成果，包括著述、档案、笔记、录音等等。在此基础上设计自己的调查目标、内容和方法，开展进一步调查研究。应将前人的成果资料要点汇集起来，供田野调查时参考。

最后一章谈论语言记录材料的后期加工处理。将语言材料根据不同用途，采用不同方法对其加工处理，制成多种形态的资源并授权有关机构存档，才算一个完整的语言田野工作过程。田野工作是获取和回报的双向过程。在语言社群的帮助下完成了调研任务，这只是索取过程。田野工作者还应力所能及回报语言社群。如，为他们制订拼音方案，编写语言课本、读物、词典和语法书，建设网站，制作电子和多媒体产品，开展语言记录技能培训，呼吁政府在当地学校开展双语教学，振兴濒危语言和文化。

二、简评

《语言田野调查实践指南》有以下两方面的显著特点：

（1）对当代田野语言学的性质、原理、理论、方法和实践操作进行了全面的阐述，体现了田野语言学的科学体系。

田野语言学是国外高校语言学专业基础课之一。国内习惯用"语言调查"这个名称，但经验式"语言调查"不等于田野语言学。国内的大多数语言调查教材用大量篇幅讲授国际音标和发音记音，而且集中在对字、词、句的记录，比较少涉及语义和语法，鲜有自然话语和语篇的调查记录方法；调查方法和手段大多还停留在耳听手记，缺少跨学科方法和技术手段。汉语方言学教师和学生缺少少数民族语言理论和调查实践的相关知识，而少数民族语言学教师和学生也缺少汉语方言理论和调查实践的相关知识，语言学和应用语言学专业的教师和学生则普遍缺少语言调查理论和技能。这说明我国语言调查理论和实践有待与国际前沿接轨，课程和教材不能很好地反映当代田野语言学科体系。《语言田野调查实践指南》可以为我国语言调查课程和教材建设提供重要借鉴。

（2）以语言田野调查实践为中心，注重知识的系统性、全面性、针对性和实用性，将跨学科的理论和应用融为一体。

田野调查的任务不只是收集语料，也要调查语言社区的传统环境知识系统。田野工作不是个人行为，语料也不是个人私有财产，田野工作者要有责任、义务、权益、合作和服务意识。田野语言学必须为语言田野调查实践问题提供系统、简明、实用的理论知识和操作技艺，体现跨学科知识和应用属性。拿它同国内语言调查教材比较，不难发现其内容上的新点和亮点。例如，国内有语言调查者在田野工作中不合伦理行为发生，甚至造成了不良影响，却没有教材严肃地阐述过田野伦理问题。又如，我国几十年来调查了上千种语言或方言，但材料分散在个人手中，没有加工和存档，写完论著以后大都被闲置和毁弃；后来者不断重复调查从而造成大量浪费；而国内的语言调查著作和教材也没有专门阐述材料如何加工和存档。再如，我国政府每年资助不少语言调研课题，教师和研究生忙于申报项目，也没有教材和课程讲授项目书的选题、设计和写作。田野伦理、调查材料加工和立档、项目书写作，在这部教材中有专门的篇幅作针对性阐述。此外，自然话语如何记录、如何利用调查成果为语言社区群众提供服务等都是亮点。从附录表格上也可看出它与国内语言调查著作的内容有很大不同。

不过，这部教材主要是针对英美学生编写的，语言本体调查内容缺少汉藏语言材料和相关操作，是其不足之处。但瑕不掩瑜，它不仅仅能为我国语言田野调查教材编写提供借鉴，更重要的是能够促使我们用田野语言学的思想体系审视我国语言调查的理论和实践，促进我国田野语言学的创新和发展。

参考文献

[1] Daniel L.Everett. Linguistic Fieldwork: A Student Guide[M]. UK: Cambridge University Press, 2008.

[2] 岑麒祥.方言调查方法[M].北京:文字改革出版社,1956.

[3] 邢公畹.汉语方言调查基础知识[M].武汉:华中工学院出版社,1982.

[4] 詹伯慧.汉语方言及方言调查[M].武汉:湖北教育出版社,1991.

[5] 傅懋勣.论民族语言调查研究[M].北京:语文出版社,1998.

[6] 高华年.少数民族语言调查研究教程[M].南宁:广西教育出版社,1990.

[7] 戴庆厦.语言调查教程[M].北京:商务印书馆,2014.

[8] 陈其光.语言调查[M].北京:中央民族大学出版社,1998.

广东勾漏片粤语语音研究

黄拾全

导师：伍 巍　暨南大学　答辩年份：2011年

【提　要】本文选取广东勾漏片粤语语音作为研究对象，以第一手调查材料和前人的研究为基础，参考其他地区粤语材料及相关历史文献材料，第一次全面揭示广东勾漏片粤语的语音面貌，并通过共时与历时的比较，探讨广东勾漏片粤语语音的历史演变过程及其演变规律。

全文分三章。第一章，概说，主要介绍广东勾漏片粤语语音研究的现状以及本文的研究目的、意义、方法及材料来源。第二章，广东勾漏片粤语的语音特点，全面阐述广东勾漏片粤语的一般语音特点及自身语音特点，总结出广东勾漏片粤语语音的内部一致性与差异性，以展示广东勾漏片粤语的语音内涵。第三章，广东勾漏片粤语语音专题探讨，主要讨论全浊声母不送气的演变、精知庄章组的历史分合、精清母今读t、tʰ的演变、四会城东蟹流摄的连读变韵与异调分韵、四会城东古上去调的演变等五个问题。最后是结语，对全文论述进行概括。

广州话语法变异研究

单韵鸣

导师：郭 熙 暨南大学 答辩年份：2011年

【提　要】在描写语言学和中国传统音韵学的结合下，现代方言学研究已取得了巨大的成功。从社会语言学变异的角度研究方言语法，在引入研究新视角、拓展研究领域、革新研究方法等方面有着重大的意义。

本文在广州话与普通话（共同语）之间必定会产生语言接触的预设下，经过一系列步骤，在广州话语法系统中选取了9个（组）具有方言特色的项目，综合使用问卷调查和语料库搜索的方法，在不同年龄、不同文化水平的群体中进行调查，掌握它们的社会分布现状，了解它们与其他相关项目的竞争状况。

研究表明：（1）有的特色项目在语言竞争中占优，有的落败，有的与竞争对手处于并存并用的状态。广州话和普通话相互影响、渗透，局面呈双向性和多层次性。（2）老、中、青三个年龄段的语言距离不均等，中老年人的语言较为接近，青年人的语言与中老年人的语言差异较大，揭示语言随社会的加速发展而加快发展的步伐。（3）不同文化水平的中年人，语言差异最大，其次是老年人。不同文化水平的青年人语言差异不大。（4）受教育程度越高的人，表达的方式越接近共同语的标准形式，教育对人们语言的影响重大。（4）语法项目在语言竞争中处于优势或劣势的原因主要跟语言内部因素相关，外部因素有触发作用。

向共同语靠拢是广州话语法发展的趋势，靠拢的过程是一场漫长的拉锯战。语法体系的简化是广州话语法发展趋势的另一个表现。人们对语言形式有意识的选择将会影响语言的发展。

广东四邑方言语音研究

曾建生

导师：甘于恩　暨南大学　答辩年份：2012年

【提　要】广东四邑方言语音具有粤语语音的诸多一般特点、核心特点，同时又具有不少个性特征。

广东四邑方言塞音声母格局迥异于汉语方言塞音声母的基本格局。浊音清化之前，四邑方言部分古溪母字在强送气作用下擦音化为h-、f-等声母。浊音清化之后，古透母及定母平上声字在强送气作用下也擦音化为h-声母，这样t^h-声母出现空位。其中台山台城、开平赤坎、鹤山雅瑶的端母及定母去入声字又发生平行性音变读零声母，于是t-、t^h-都留下空位，进而拉动精组的塞擦音声母塞音化以填补这一对空位；而鹤山沙坪、斗门斗门的端母及定母去入声字仍然读t-声母，于是就拉动精知庄章组的次清声母塞音化以填补t^h-这一空位。此外，开平赤坎、鹤山雅瑶的滂母及并母平上声字也在强送气作用下部分（开平赤坎）或全部（鹤山雅瑶）擦音化为h-声母，而帮母及并母去入声字则音变读v-声母，以致鹤山雅瑶p-、p^h-声母缺位；而开平赤坎尽管今读p^h-声母的字流失不多，但今读p-声母的字所剩无几。

台山话、开平话部分曾梗摄三四等字文读时收-n、-t尾，是广东四邑方言阳声韵尾、入声韵尾最显著的变化。这种音变的重要诱因是，主要元音e的舌位较前较高；而这种变异最终变成现实，应该与客家话的影响有重要关联。

三百多年前，广东四邑方言的阴平调主动向33或近似33的阴去靠拢，最终归并到阴去；两调合一之后，宜称之为阴平去。四邑多数方言点阳上、阳去均为降调，调值相差又不大，加之浊上分化之后阳上调统字更少，最终恩平君堂话等率先开始了阳上归阳去的演变。四邑各方言点的名词或名词性成分有低降调、降升调、高升调等变调形式，其中恩平沙湖话部分低降变调的阳声韵字出现了"促化"现象，起的是与形态变调异曲而同工的作用。

高阳片粤语音韵研究

翁砺锋

导师：伍　巍　暨南大学　答辩年份：2012年

【提　要】本文在前人研究的基础上，结合自己调查的一手资料，对高阳片粤语音韵进行了较为全面的研究。本文一是从综合的角度详尽描述并阐释各方言点音韵之间的共时异同及特色；二是通过比对历时材料和广州粤语等其他粤语材料，观察这些对比材料来揭示高阳片乃至更大范围的语音历时的动态演变过程，并探讨其中的变化规律与机制。

全文共分三章。第一章，绪论，介绍高阳片粤语所处之地的地理历时情况，高阳片粤语的研究概况以及本文研究的目的、意义、方法与材料。第二章，高阳片粤语的音韵特点，详细介绍了高阳片粤语的声母特点、韵母特点及声调特点等，并指出内部的异同，同时适当与其他粤语比较。第三章，高阳片粤语音韵专题研究，主要探讨六个问题：分别是精知庄章组声母历时演变；古全浊声母的历时演变与分片依据；日疑母细音字的历时演变；缺乏撮口呼的机制；从宕摄字的演变看i介音后的低元音高化的不确定性；鼻音与塞音韵尾的历时演变。最后为结语，总结本文的论述，并指出本文的不足。

广州话否定范畴研究

郑 媛

导师：邵 宜 暨南大学 答辩年份：2013年

【提 要】论文在对方言调查得到的语言材料和现有的语言文献资料的基础上，主要对广州话的否定范畴进行系统的描写、归纳，并与粤方言其他片区进行比较和分析，挖掘其方言内部的共同特征和差异性。在此基础上，将广州话的否定范畴与闽、客家方言进行比较和分析，观察地理位置毗邻的汉语方言之间否定范畴是否存在共同特征以及差异性。同时，以类型学理论为背景，探讨否定范畴在横向共时平面上的分布情况和规律，不同表现类型之间的内在联系和原因，彼此之间是否相互影响及发展等，深入挖掘否定范畴的类型学意义，并试图解释其原因；然后从纵向探索否定范畴在历史发展过程中的演变轨迹，根据现存的粤方言材料和汉语史材料，找出不同历史层次的否定范畴在方言中的表现。最后，再将共时平面与历史链条相结合，进行横向与纵向的多维观察，寻找历史链条在共时平面中的反映和表现，分析并试图进行解释，以期对广州话的否定范畴有一个相对全面、深入的理解，并深化对否定范畴的理论和实践认识。

论文在对方言调查得到的语言材料和现有的语言文献资料的基础上，主要对广州话的否定范畴进行系统的描写、归纳，并与粤方言其他片区进行比较和分析，挖掘其方言内部的共同特征和差异性。在此基础上，将广州话的否定范畴与闽、客家方言进行比较和分析，观察地理位置毗邻的汉语方言之间否定范畴是否存在共同特征以及差异性。同时，以类型学理论为背景，探讨否定范畴在横向共时平面上的分布情况和规律，不同表现类型之间的内在联系和原因，彼此之间是否相互影响及发展等，深入挖掘否定范畴的类型学意义，并试图解释其原因；然后从纵向探索否定范畴在历史发展过程中的演变轨迹，根据现存的粤方言材料和汉语史材料，找出不同历史层次的否定范畴在方言中的表现。最后，再将共时平面与历史链条相结合，进行横向与纵向的多维观察，寻找历史链条在共时平面中的反映和表现，分析并试图进行解释，以期对广州话的否定范畴有一个相对全面、深入的理解，并深化对否定范畴的理论和实践认识。

粤语—普通话高熟练度双言者语言脑表征及脑结构的影响因素的研究

涂 柳

导师：卢 植 暨南大学 答辩年份：2013年

【提 要】二语学习起始年龄是否影响双语者的脑表征是一个至今仍有争议的问题。通过考察相关文献，我们发现，在这个问题的研究中，对语言暴露程度这一因素的影响过于忽略，亦尚未有研究专门考察语言暴露程度变化对脑表征的影响。本研究以粤语—普通话高熟练度双言者为研究对象，从双言者的角度来考察这个问题，并期待研究结果能为双语研究所借鉴。本文设计了四个实验考察高熟练度粤—普双言者的脑表征和脑结构。

实验一和实验二分别考察了10名高熟练度同时粤—普双言者在语言暴露程度发生改变前后使用双言时的脑表征以及脑结构的变化，结果显示：（1）暂时语言环境的改变引起被试语言脑表征的变化，普通话的较少使用使得被试使用普通话时需要较多的注意和认知控制；（2）相对短期的语言暴露程度的变化没有引起被试脑结构的变化。

实验三和实验四分别比较了三组高熟练度的具有相同的双言暴露程度的粤语—普通话双言者（普通话起始学习年龄分别为0岁、3岁、7岁）使用双言时的脑表征及其脑结构的异同。实验结果显示：（1）早期双言者比后期双言者能够用较少的大脑皮层区域和皮层下结构更有效地进行语言控制；（2）早期双言者在额叶有较高灰质密度；后期双言者在某些皮层下结构以及扣带回前部和顶叶有较高灰质密度。

以上实验证明，至少在以图片为提示，要求被试对昨天某个时段所发生的事情不出声地"描述"的实验范式中，双言暴露程度和普通话起始学习年龄是高熟练度粤—普双言者脑表征的非常重要的影响因素；另外，普通话起始学习年龄对高熟练度粤—普双言者脑结构有影响。

《南方语言学》1～9辑目录汇总

（横杠前为辑数，横杠后为页码）

两广汉语方言研究/岭南汉语方言研究/南方汉语方言研究

语音学和实验语音学

方言历时研究

词汇学与语义学

博士论文撮要

研究机构

书刊介绍/刊海推介

动态

（吴碧珊 整理）

后 记

时间很快来到2016年的3月下旬，《南方语言学》第10辑即将编定。故此我们安排了一期纪念刊，纪念《南方语言学》7年来走过的路程。除了封面的设计有所体现之外，我们将1—9辑的内容，分类排成目录，附在最后，也方便有需要的读者检索和查找。

7年的时间，说长不长，说短不短。7年够攻读一个"本科+硕士"的学历，也可能令一对夫妻产生"七年之痒"，但我不希望《南方语言学》有"七年之痒"。《南方语言学》得到众多著名学者的关爱，每辑的特稿就是这种体现。当然，《南方语言学》更得到广大读者的支持，从默默无闻的年刊，成长为今天的半年刊，如果读者不支持，很难走到现在。我们还有一个"奢望"，就是未来的一天，《南方语言学》成为一份季刊，可以更定期地出版（目前的状况还有待改善），或者正式取得刊号，那样便更有利于获得更好的稿源，为汉语语言学的发展做出应有的贡献。

务实、平和、不哗众取宠，是《南方语言学》的一贯风格，也是她能够在激烈竞争的语言学出版物中占有一席之地的主要原因。我们不搞"人情稿"、"关系稿"，强调论文质量第一的原则。虽然她不列入CSSCI或所谓的核心、统计源刊物，但这不会阻止我们的步伐。我们既不自大，也不自卑，不会为了取得名家的青睐，而降格以求。我们相信，时间会说明一切，我们现在做的，并不是无意义的自娱自乐，中国语言学史，会留下《南方语言学》的痕迹的，只是我们需要做得更细致、更出色、更有韧性，也更需要虚心倾听各方面的建设性意见。

从下辑起，《南方语言学》将开辟"南方语言资源保护与开发"专栏，从实践和理论两方面为我国语言资源的调查研究和开发利用提供一个发声的平台、承载的平台，欢迎各位学者赐稿。

更细致、更出色、更有韧性，并且更加虚心，这就是《南方语言学》追求的品质！我们一直在努力，永远也不会放弃，因为在我们身后，是一群热爱中国语言学和地方文化的热心人，是一帮潜心学问、勇于前行的开拓者。我们的目标一定可以实现！

《南方语言学》主编　甘于恩

2016年3月28日午间于地理语言学研究所

首届两岸客家方言比较研究高端论坛
征稿启事

　　为了推动客家文化研究的深入进行，更好地传承母语方言，同时促进两岸之间的学术交流，"首届两岸客家方言比较研究高端论坛"将于2016年6月10～11日在暨南大学汉语方言研究中心和翁源翁山诗书画院举行，邀请境内外的知名学者出席。现向海内外学者征稿，以共襄盛举。

一、撰稿要求
　　1. 本届论坛将围绕"客家方言的分布与特点、客家方言文化的独特性、客家方言与古汉语及周边方言的关系"等重大理论议题，展开深入研讨。其他与客家方言相关的论文，亦属征稿范围。
　　2. 稿件以5000～9000字为宜（特稿可以不受此限制），请统一用页脚注。
　　3. 2016年5月31日前交稿，经审议合乎要求者将寄出正式邀请函。

二、主办单位
　　本届论坛的主办单位是暨南大学汉语方言研究中心和嘉应学院客家学院，协办单位是翁源翁山诗书画院、越秀区书协。

三、投稿邮箱
　　ohyfy@163.com。请勿发给个人。
　　特此公告。

暨南大学汉语方言研究中心　嘉应学院客家学院

2016年3月13日